König Macht und Reiz der Mode

RENÉ KÖNIG

Macht und Reiz der Mode

Verständnisvolle Betrachtungen eines Soziologen

Econ Verlag · Düsseldorf · Wien

Lektorat: Arne D. Pahl

1. Auflage 1971

Gesetzt aus der 10 Punkt Garamond / Lino
Gesamtherstellung: Gerhard Stalling AG, Oldenburg (Oldb)
Printed in Germany
ISBN-Nr. 3 430 15550 9

Für Irmgard

Inhalt

Vorwort

Es ist ein eigen Ding um die Mode: Man kann von ihr nicht mehr lassen, wenn man sich erst einmal mit ihr beschäftigt hat. So ging es auch mir.

Es fing ganz harmlos an: Vor mehreren Jahrzehnten hielt ich in Zürich einen Vortrag über Mode, den ich nicht, wie so manches andere, bald wieder vergaß. Vielmehr kehrte ich immer wieder zu ihm zurück und entwickelte von da aus eine ganze Reihe von Veröffentlichungen über die Mode. So erschien eine Sammelarbeit in Zürich im Jahre 1958, dann 1968 ein kleines Buch in Deutschland. Das vorliegende Buch ist eine neuerliche Weiterentwicklung, was sich auch in dem beträchtlich vergrößerten Umfang zeigt.

Man spricht heute so viel von der Zusammenarbeit verschiedener Wissenschaften bei der Analyse bestimmter Gegenstände. Dabei greift man vor allem sehr gewichtige Probleme heraus wie die Gesamtentwicklung der modernen Gesellschaften, die Entwicklung der Dritten Welt oder auch die Entwicklung der Wirtschaft insgesamt. Man vergißt nur, daß das großartigste Beispiel für eine solche interdisziplinäre Zusammenarbeit das Problem der Mode ist. Hier stoßen wirtschaftliche, psychologische, soziologische, sozialpsychologische, tiefenpsychologische und psychoanalytische, allgemein anthropologische und ethologische (Tier- und Humanethologie umfassend) Methoden zusammen. Die Mode ist in der Tat, wie man gesagt hat, ein soziales Totalphänomen, und das fordert eben eine Vielfalt von Perspektiven. Ich habe versucht, in diesem Band dies Prinzip durchzuhalten.

Es gibt aber noch eine weitere Schwierigkeit bei der Darstellung des Problems der Mode. Im Buch selber zitiere ich ein Schelmengespräch aus einem Stück von Shakespeare. Darin heißt es, daß die Mode den »wirbelig« mache, der sich mit ihr beschäftigt. Auch davor muß man sich hüten. Man darf, um der Mode auf ihre Schliche zu kommen, sich nicht zu sehr an sie verlieren. Wer sich an eine modische Form klammert, ist notwendigerweise immer verspätet. So kann es nicht Aufgabe eines solchen Buches sein, einzelne Moden anzupreisen, wohl aber sollte es zeigen, was allen Moden in der Geschichte gemeinsam ist.

Ob dies viel oder wenig ist, muß der Leser entscheiden. Mir selbst lag daran, das Phänomen ganz unbefangen anzugehen und in möglichst vielen Winkeln auszuleuchten.

Im März 1971

R. K.

Für und wider die Mode

There is no arguing with the fashion
William Graham Sumner

Von alters her haben die Mode und ihr schillerndes Spiel in der menschlichen Gesellschaft die Denker aller Schattierungen und aller Nationen beschäftigt. Wenn wir uns deren Äußerungen unbefangen vor Augen führen, tritt jedoch eine auffällige Verschiedenheit in der Bewertung hervor, die uns zu denken geben muß. Dem einen erscheint die Mode als das schlechthin Böse, als das Verdammenswerte an sich. Für die anderen erschließt sie mit dem Neuen, das sie bringt, dem Leben auch immer neue Horizonte, macht es reicher, vielfältiger und anziehender; sie wirkt sich auch als mächtiger Antriebsfaktor der Wirtschaft aus, wogegen die ersteren in ihr nur Verleitung zum Luxus und Wohlleben, schließlich zur Verderbnis der Sitten erblicken. Zwischen diesen beiden Fronten scheint keine Versöhnung möglich, gibt es keine Übergänge und Kompromisse, sondern einzig denkbar schroffe und einseitige Werturteile.

So verheißt schon der Prophet Zephanja das Gericht all denen, »die sich kleiden in fremdländische Kleider« (Zeph. 1, 8). Noch deutlicher wird Jesaja, der uns gleichzeitig – gewissermaßen wider seinen Willen – ein anschauliches Bild des modischen Zubehörs einer eleganten Dame seiner Zeit gibt (Jes. 3, 16–24): »Und der Herr sprach: Weil die Töchter Zions hoffärtig sind und im Gehen den Kopf hoch tragen und mit den Augen nach der Seite blinzeln, weil sie trippelnd einhergehen und mit ihren Fußspangen klirren, wird der Herr den Scheitel der Töchter Zions kahl machen, und der Herr wird ihre Schläfe entblößen. An jenem Tage wird der Herr die ganze Pracht wegnehmen: die Fußspangen, die Stirnreife und Möndchen, die Ohrgehänge, die Armketten und die Schleier, die Kopfbunde und die Fußkettchen, die Gürtel, die Riechfläschchen und die Amulette, die Fingerringe und die Nasenringe, die Feierkleider und die Mäntel, die Umschlagtücher und die Taschen, die feinen Zeuge und die Hemden, die Turbane und die Überwürfe. Und statt des Balsamduftes wird Moder sein und statt des Gürtels ein Strick, statt des Haargekräusels eine Glatze, statt des Prunkgewandes der umgegürtete Sack, das Brandmal statt der Schönheit.«

Ein diametral entgegengesetzes Urteil über die Mode gibt uns am Anfang des 18. Jahrhunderts der witzige Londoner Arzt Bernard de Mandeville in seiner »Bienenfabel«, das hier statt zahlloser anderer Zeugnisse stehen möge:

Die Sucht, sich als modern in Speisen,
In Kleid und Möbeln zu erweisen,
Stets ein Objekt des Spottes zwar,
Des Handels wahre Triebkraft war.
Gesetze werden umgestaltet
So schnell als wie die Tracht veraltet;
Was heut als gut und löblich galt,
Man übers Jahr Verbrechen schalt.
Doch grad durch diese Flickarbeit
An Recht und Brauch zu jeder Zeit
Gar mancher Schaden Heilung fand,
Den Klugheit nie vorausgeahnt.

Gewiß treten in der radikalen Entgegensetzung dieser beiden Beispiele verschiedene Momente zutage, die nicht unbedingt mit der Mode verknüpft sind, so die Abtötung des Leibes und eine leicht politisch gefärbte Verachtung des Reichtums beim einen; beim anderen eine ebenso ausgesprochene Weltlichkeit und auch einige Körnchen Ironie, die sich darin gefällt, den Leser vor den Kopf zu stoßen. Trotzdem läßt sich jedoch mit Leichtigkeit zeigen, daß in diesen entgegengesetzten Urteilen keineswegs nur persönliche Vorlieben oder Idiosynkrasien, sondern offensichtlich viel mehr zum Ausdruck kommt, dem im folgenden nachgegangen werden soll.

Es ist überhaupt höchst auffällig zu sehen, in welchem Maße sich die zwiespältige Stellung der Öffentlichkeit zur Mode durch die Jahrtausende gleichgeblieben ist. Sokrates sprach im Namen aller Ehemänner, als er seiner Gattin Xanthippe, die sich weigerte, bei einer Prozession – wie damals allgemein üblich – sein eigenes Himation zu tragen, entgegenhielt: »Du gehst nicht aus, um zu sehen, sondern um gesehen zu werden«, wie uns Aelian berichtet. Daß sich die Spartaner störrisch weigerten, irgend etwas von athenischer Lebensart anzunehmen und damit zwei Jahrtausende später zum Vorbild ebenso provinzieller, deutschtümelnder Modekritiker wurden, über die sich schon Schiller und Goethe lustig machten, zeigt, daß weder der antiwelsche Affekt noch der Puritanismus etwas Neues sind. Auch in Rom finden wir neben dem Arbiter elegantiarum einen Horaz, der in seinen Oden wie in seinen Satiren die Modeträger von damals wie die Nachahmer persischer Bräuche angreift: »Persicos odi, puer, adparatus«, wie es früher schon am seleukidischen oder am ptolemäischen Hofe der Fall gewesen war, wo die militärisch kargen Diadochen – sehr im Gegensatz zu ihrem verstorbenen

Herrn, dem prunkgewohnten Alexander – ihre primitive Feldtracht mit Soldatenschuhen, Chlamys, einem einfachen Überwurf, und dem mazedonischen Hut der kostbaren persischen Kleidung entgegenhielten. Ähnliche Einstellungen finden wir in Rom auch bei den Satirikern Martial und Juvenal, wie überhaupt Sittenkritik und Modekritik von jeher Hand in Hand gegangen zu sein scheinen.

So eiferte im 15. Jahrhundert der Florentiner Savonarola nicht nur gegen das sittenlose Leben in Rom und Florenz, sondern gleichzeitig gegen Schmuck und Mode; das hinderte allerdings nicht, daß die Sprache, die er zum Predigen benutzte, getreulich dem neuen, ästhetisch aufgeschlossenen Zeitstil folgte, worin wir eine Art lachender Ironie der Mode erkennen, die sich unter Umständen auch diejenigen gefügig macht, die sie verachten. Im 16. Jahrhundert fällt in England Roger Ascham, der Lehrer der späteren Königin Elisabeth, mit ungeheurer Heftigkeit über die italienischen Moden her, wobei neben den politischen Untertönen, die im Kampf der englischen Reformer gegen das katholische Rom nicht verwundern werden, eine starke antiitalienische Stimmung zum Ausdruck kommt, der auf dem Kontinent der antifranzösische Affekt der Deutschen entspricht; damit vereint sich die Meinung, daß modisches Verhalten, sittliche Verwilderung und Laszivität im Grunde ein und dasselbe seien. In wortreichen Schimpfkaskaden läßt sich am Anfang des 17. Jahrhunderts Johann Michael Moscherosch über die welsche Entartung der Deutschen aus, worin er dem kaiserlichen Bußprediger aus Wien, Abraham a Santa Clara, getreulich folgt, während dagegen zahlreiche Bücher erscheinen, die als Lehrmeister der höfischen Lebensart eine durchaus positive Stellung zur Mode einnehmen, wenn sie auch vor geschmacklosen Übertreibungen warnen, wie etwa die Humanisten durchwegs. Im 18. Jahrhundert wird schließlich in Deutschland das modische Verhalten soviel wie das entscheidende Etikett für alles Französische, wofür Lessing nur ein Beispiel unter Dutzenden sein soll, die wir übergehen.

Noch um die Mitte des 19. Jahrhunderts greift Friedrich Theodor Vischer mit beispielloser Grobheit das gleiche Thema wieder auf, indem er »Mode und Zynismus« in einem Atem nennt; Zynismus soll hier soviel wie Schamlosigkeit bedeuten. Das rote Tuch für ihn ist die gerade um diese Zeit zu höchster Eleganz aufblühende Mode des Zweiten Kaiserreichs in Frankreich, wobei es ihm vor allem der »Cul de Paris« angetan hat. Dagegen geht um die gleiche Zeit ein Dichter wie Charles Baudelaire in feinnervigen Kritiken dem Zusammenhang von Kunst und Mode nach, wie bald darauf auch die Brüder Edmond und Jules de Goncourt in ihren charmanten Studien über die Frau im 18. Jahrhundert, wohingegen im letzten Viertel des 19. Jahrhunderts ein Dichter vom Range Stéphane Mallarmés nicht davor zurückschreckte, geradezu als Herausgeber eines Modejournals aufzutreten. Auch das sind nur einige herausgegriffene Namen, denen ganze Reihen von anderen angeschlossen werden könnten. Immer wieder, scheint es, bricht die Beschäftigung mit der Mode in zwei Parteien auseinander, die in schroffem und unversöhnlichem Gegensatz stehen. Wenn wir zum Abschluß noch eine denkbar deutliche Antwort auf die Suada des Propheten Jesaja geben sollten, so würden wir ein Wort anführen, das im 19. Jahrhundert des öfteren aufgegriffen wird. Danach heißt es, daß das Gefühl, mit der Mode in Einklang zu sein, dem Menschen eine Sicherheit gibt, die ihm die Religion niemals vermitteln kann. Diese Formel ist insbesondere durch Oscar Wilde bekanntgeworden.

Noch vor wenigen Jahrzehnten wäre die Feststellung einer so zwiespältigen und antithetischen Reaktion mehr oder weniger als bloße Paradoxie empfunden worden, die höchstens als Warnung vor jedem Versuch einseitiger Deutung und vor der Unterschätzung des »Menschen mit seinem Widerspruch« dienen konnte. Nachdem wir jedoch durch die Lehre der Psychoanalyse gegangen sind, wissen wir wesentlich mehr mit solchen Einstellungen anzufangen, die wir auch nicht mehr als einfache Unterschiede oder Gegensätze weltanschaulicher Natur verstehen. Vielmehr wissen wir heute, daß wir überall dort mit einem intensiven Interesse der Gesellschaft an dem bezielten Gegenstand oder Verhalten zu rechnen haben, wo wir solchen starren und unversöhnlich-entgegengesetzten Werturteilen der öffentlichen Meinung begegnen. Der Schweizer Psychiater Eugen Bleuler hat dafür den Ausdruck der »Ambivalenz« geprägt, der dann sowohl von Sigmund Freud wie überhaupt von der Psychoanalyse übernommen wurde. Dieser Ausdruck bezeichnet genau die geschilderte »Doppelwertigkeit« des Empfindens oder Verhaltens und besagt, daß ein bestimmter Gegenstand des Erlebens gleichzeitig gefühlsmäßig positiv und negativ gefärbt ist. Während nun der Durchschnittsmensch imstande ist, diese verschiedenen Gefühle gegeneinander abzuwägen und irgendwie zum Ausgleich zu bringen, läßt sie der Kranke in »affektiver Ambivalenz« nebeneinander bestehen.

Nun wollen wir uns hier nicht mit pathologischen Phänomenen befassen, so interessant sie auch an sich sein mögen; wir haben es vielmehr mit dem Verhalten weitgehend gesunder Menschen zu tun. Aber auch hier finden wir unter Umständen diese Einstellung der Ambivalenz wieder, sowie es um Verhaltensweisen geht, an denen im weitesten Sinne Gefühle und Triebe beteiligt sind. Die Gesellschaft selbst produziert dann ein ambivalentes Verhalten. Mit den Worten von Freud: »Wo ein Verbot vorliegt, muß ein Begehren dahinter sein.« Im Unbewußten liegt vielleicht ein bestimmtes Begehren vor, dem im Oberbewußtsein durch entsprechende gesellschaftliche Regeln des Verhaltens entgegengewirkt wird. Das ist das eigentliche »Ambivalenzverhältnis«. Auf unseren Fall übertragen, können wir sagen, daß den sich durch die ganze bekannte Geschichte hindurch immer wiederholenden Kritiken und Ausfällen gegen die Mode auf der anderen Seite ein geheimes Bedürfnis nach ihr entspricht, welches sogar so stark ist, daß es durch keinerlei Verbot im Zaume gehalten werden kann und sich allen Widrigkeiten zum Trotz immer wieder durchzusetzen weiß.

Daß sich hier die Gesellschaft in ein Verhalten einmischt, das uns zunächst rein persönlich bestimmt zu sein scheint, darf uns nicht wundern, insofern unser ganzes Verhalten durch und durch sozialkulturell gestaltet ist. Denken wir an die vielen Gebote und Verbote, die unser Alltagsleben in seiner Triebstruktur, also in Hunger und Liebe, bestimmen, an die zahllosen Werturteile, die darüber entscheiden, was recht und unrecht, aber auch darüber, was als anständig und schicklich oder als unanständig und unschicklich in Wort, Sprechweise und Schrift, im Handeln oder Unterlassen und Meiden zu gelten habe, so finden wir immer wieder die umgebende Gesellschaft als den Wächter unseres Verhaltens.

Für den Alltag unseres Lebens gilt zweifellos, daß wir wie mit Mauern von einer Fülle gesellschaftlicher Regelungen und Normen eingeschlossen sind, die uns nicht nur rein tatsächlich in eine bestimmte Richtung drängen, wie etwa ein Felsblock auf dem Wege unseren Schritt hemmt, sondern uns auch ausdrücklich sagen, wie wir Rechtens handeln sollen. Wir können sogleich hinzufügen, daß diese Vorschriften und Rezepte um so strenger werden, je wichtiger das betreffende Verhalten für die Gesellschaft ist oder erscheint. So sind Sexualverbote denkbar eindeutig und von fast religiöser Unabdingbarkeit, wohingegen uns bei irgendeinem Brauche höchstens nahegelegt wird, uns nach ihm zu richten; im übrigen wird aber dem persönlichen Takt und Geschmack ein gewisser Spielraum gelassen.

Wenn nun angesichts der Mode so außerordentlich zugespitzte Werturteile auftreten, so bedeutet das zugleich, daß auch in diesem Falle die Gesellschaft in größtem Ausmaß am Verhalten des Menschen interessiert ist, im Tun wie im Unterlassen. Das heißt aber nicht mehr und nicht weniger, als daß die Mode keineswegs nur eine äußere – verschönernde oder auch verunstaltende – Zutat zum Leben ist, sondern daß sie ein wesentliches Regelungs- und Ausdrucksmittel der gesellschaftlich lebenden Menschen darstellt. Wir werden bald im einzelnen zu zeigen haben, in welchem Ausmaß diese Behauptung zutrifft. Die Selbstdarstellung des Menschen in der Gesellschaft, seine Selbstbehauptung, innerlich wie äußerlich, aber auch seine rangmäßige Einordnung und wetteifernde Abhebung von seinem Nächsten sind – seit Menschen in Gesellschaft leben, also von Urzeiten her – in wahrhaft erstaunlichem Ausmaß von jener geheimnisvollen Kraft abhängig, die wir mit dem schlichten Wort Mode bezeichnen.

Schon hier erhebt sich die Frage, wieso denn dieser scheinbar so harmlosen Erscheinung wie der Mode eine so große Bedeutung gegeben werden soll, daß wir sie in einem Atemzuge mit religiösen Verboten nennen. Heißt das nicht, die Dinge ganz grundsätzlich überspannen? Nun – wenn wir an die psychoanalytische Argumentation zurückdenken, offensichtlich nicht. Denn gerade der Widerwille und die Entrüstung, welche die Mode immer wieder erweckt hat und wovon wir vorher einige kleine Beispiele zu geben suchten, beweisen uns schlagend, daß hier zweifellos ein gewichtiges gesellschaftliches Anliegen verborgen sein muß. Nun wird jedermann gern zugestehen, daß die Kleidung der Menschen, an der sich ja ursprünglich die modische Gestaltung zu vollziehen scheint, sicher einigermaßen wichtig ist, insbesondere in unseren vom Wettergott nicht gerade gut bedachten nördlichen Breiten. Andererseits scheint aber auch die Kleidung nicht so wichtig zu sein, da ja noch immer ein großer Teil der Menschheit ohne sie oder doch mit einem Minimum auskommt. Eine Sache, die in einem so weiten Rahmen schwankt, scheint wirklich nicht geeignet zu sein, ein so starkes Interesse zu erregen. Die Frage ist aber, ob wir uns nur an die Kleidung halten dürfen und ob die Mode nicht weit darüber hinausgeht.

In seinem Werke »Totem und Tabu« (zuerst 1912) äußert sich Sigmund Freud folgendermaßen zu der eben aufgerollten Frage: »Ein unbewußter Impuls braucht nicht dort entstanden zu sein, wo wir seine Äußerung finden; er kann von ganz anderer Stelle herstammen, sich ursprünglich auf andere Personen und Relationen bezogen haben und durch den Mechanismus der Verschiebung dorthin gelangt sein, wo er uns auffällt. Er kann ferner dank der Unzerstörbarkeit und der Unkorrigierbarkeit unbewußter Vorgänge aus sehr frühen Zeiten, denen er angemessen war, in spätere Zeiten und Verhältnisse hinübergerettet werden, in denen seine Äußerungen fremdartig erscheinen müssen. All dies sind nur Andeutungen, aber eine sorgfältige Ausführung derselben würde zeigen, wie wichtig sie für das Verständnis der Kulturentwicklung werden können.« Mit anderen Worten, selbst wenn die Mode zunächst nur mit der Kleidung zusammenzuhängen scheint, kann doch das Interesse an ihr wesentlich von anderswoher dahin »verschoben« worden sein, zum Beispiel aus der Sphäre des Erotischen. Damit stehen wir aber vor einer eigentlich triebhaften Wurzel der Mode, was uns auch die Polemik gegen die Mode in einem völlig anderen Lichte erscheinen läßt. Denn diese Polemik enthüllt sich jetzt als Ausdruck bestimmter gesellschaftlicher Sanktionen, die sich von jeher gegen alle Äußerungen des Geschlechtlichen gewendet haben. So kommt es denn auch, daß J. C. Flugel, ein wichtiger Vertreter der Psychoanalyse, in seiner »Psychologie der Kleidung« (zuerst 1930) hervorhebt, daß unsere Einstellung zur Kleidung von Anfang an ambivalent sei, wobei die zentrale Entgegensetzung die von schmückender Auszeichnung einerseits und Züchtigkeit oder Sittsamkeit andererseits ist. In der Tat versucht die Kleidung, zwei in sich widersprüchliche Dinge zum Ausgleich zu bringen: Sie unterstreicht unsere Reize und dient gleichzeitig der Sicherung des Schamgefühls. Beidem gemeinsam liegt aber die geschlechtlich triebhafte Wurzel zugrunde, die das eine Mal bejaht, das andere Mal verneint wird. Dies würde nun aber genau mit der oben geschilderten Zwiespältigkeit der öffentlichen Meinung gegenüber der Mode übereinstimmen. Die ambivalente Einstellung zur Kleidung ist offensichtlich durch Verschiebungen dorthin gelangt. Wir heben übrigens schon hier hervor, daß dieser Mechanismus der Verschiebung keineswegs bei der Kleidung haltmacht, sondern von dort aus in zahlreichen Dimensionen der Kultur weiterwirkt, so daß das Phänomen der Mode sicher nicht allein mit der Kleidung verbunden ist, wie auch sein Ursprung jenseits der Kleidung liegt. So hat sich die Mode in ihrer Entwicklung durch die Geschichte der Menschheit immer mehr Erscheinungen der Kultur dienstbar gemacht, bis sie als eines der wesentlichsten Gestaltungsprinzipien der modernen Massengesellschaften erscheint. Hier findet sich auch die Ambivalenz der Einstellung wieder in der positiven oder negativen Bewertung des »Konsums«, der gewissermaßen den weitesten Hintergrund modischer Variationsfähigkeit darstellt.

Inhalt und Form des modischen Verhaltens

Es ist nun keineswegs unsere Absicht, der Entfaltung der Mode vom Beginn ihrer Geschichte an nachzugehen, die sich im grauen Dämmer der Urzeiten verliert. Dies ist schon vielfach unternommen worden. Wir wollen uns vielmehr darauf beschränken, die bereits hervorgehobene besondere Beziehung der Mode zur menschlichen Gesellschaft für sich zu untersuchen (also im strengen Sinne »soziologisch« vorzugehen). Diese Beziehung wird dabei in einer doppelten Weise abgeklärt werden müssen, nämlich einmal mit Rücksicht auf die besonderen psycho-sozialen Voraussetzungen, die am Ursprung der Mode stehen, dann aber auch im Hinblick auf ihre gesellschaftlichen, wirtschaftlichen und kulturellen Auswirkungen. Das heißt mit anderen Worten, daß wir einem doppelten Verschiebungsprozeß werden nachgehen müssen, nämlich einmal von den psycho-sozialen Bedingungen, die am Ursprung des modischen Verhaltens stehen, auf die Entwicklung der Kleidung, ferner von dieser auf die weiteren Fragen der wirtschaftlichen und kulturellen Entwicklung.

Damit ist zugleich gesagt, daß wir weitgehend von den »Inhalten« der Mode absehen werden, die in jeder Kultur auf jeder Entwicklungsstufe, in den verschiedenen Zeiten und in den verschiedenen wirtschaftlichen und politischen Systemen jeweils immer andere sind; darüber kann man sich leicht in jeder Geschichte der Mode oder in der Sittengeschichte orientieren. Vielmehr wollen wir vor allem auf jene Prinzipien abstellen, die an der Wurzel der Mode wirksam sind, und ihren sozialen Funktionen und Verzweigungen nachgehen. Das heißt natürlich nicht, daß darum alle Seitenblicke auf die Geschichte der Mode ausgeschlossen sein sollen. Aber diese werden nur als Beispiele von Bedeutung sein. Einzig am Schluß soll auf gewisse grundlegende Wandlungen der Mode in der Gegenwart hingewiesen werden, die der Mode im modernen Wirtschaftssystem eine gegen früher wesentlich erweiterte Bedeutung geben, sie vor allem von ihrer Bindung an die »oberen« sozialen Klassen losgelöst, also mit einem Wort radikal »demokratisiert« haben. Aber bevor wir so weit kommen, werden wir erst eine Reihe verschiedener Ausbreitungsstile der Mode zu umschreiben haben, die sich aus den Grundstrukturen des modischen Verhaltens herleiten, um dann in der Geschichte immer wesentlichere Umformungen zu erleben, welche schließlich die Mode als unabtrennbar mit dem Schicksal der allgemeinen Entwicklung der Wirtschaftsgesellschaft verbunden erscheinen lassen. Auf die Geschichte der Mode im eigentlichen Sinne werden wir erst eingehen, nachdem sie jenseits der strukturellen Probleme geschichtlich aktuell geworden ist.

In der Nachzeichnung dieses Weges werden wir jedoch in verschiedenen, deutlich voneinander zu unterscheidenden Schritten voranzugehen haben. Zunächst müssen wir uns natürlich an das unmittelbare Erscheinungsbild der Mode halten, wobei uns diese vor allem als ein wichtiges Bewegungsgesetz der sozialen Dynamik von besonders kurzfristigem Charakter erscheinen wird. Das ist auch der Teil der Mode, der zuerst in die Augen springt, wenn man sich mit ihr befaßt, und mit dessen Erörterung sich die meisten Erforscher der Mode ausschließlich aufgehalten haben. Wie uns aber vorher die jahrhundertealte Auseinandersetzung mit diesem Bild der Mode als Ausdruck anderer, tiefer gelegener Kräfte erschien, die sich durch den Mechanismus der Verschiebung in dem äußeren Erscheinungsbild aussprechen, so müssen wir in einer zweiten Untersuchungsreihe diesen Wurzeln nachgehen. Der dritte Schritt unserer Untersuchung wird schließlich die Verzweigungen nachzuzeichnen suchen, in denen sich die Mode über die Gestaltung der Kleidung hinaus entfaltet, wobei wir naturgemäß der Geschichte der Mode immer näherkommen werden. Allerdings wird uns auch hier nur das Strukturelle zu beschäftigen haben, und zwar mehr als die Fülle der einzelnen Erscheinungsformen, so daß wir uns im wesentlichen auf die Entwicklung dessen beschränken werden, was wir als die verschiedenen Ausbreitungsstile der Mode bezeichnen wollen.

Wir unterscheiden also die sozialpsychologische Strukturform der Mode als ein gesellschaftliches Regelungssystem eigener Natur von ihren verschiedenen und ewig wandelbaren Inhalten. Das heißt zugleich: Wir nehmen die Mode restlos ernst als selbständige soziale Einrichtung. Sie hat – wie bald deutlich werden wird – ihren eigenen Platz im Gesamthaushalt geregelter sozialer Verhaltensweisen, woraus sich auch die gelegentlich geradezu elementare Wucht erklärt, mit der sie sich allen Widerständen zum Trotz durchzusetzen weiß.

Wenn wir in dieser Weise Mode behandeln, so heißt das auch, daß wir nicht zu einzelnen Moden Stellung beziehen wollen, wie es die vielen Modeberichterstatter in Zeitungen, Zeitschriften, Illustrierten und Magazinen tun. Die Absicht geht vielmehr auf die Analyse des »Systems der Mode«, wie eben angedeutet. Das bedeutet auch eine gewisse Distanzierung von der aktuellen Mode; denn wer sich mit aktueller Mode befaßt, verfällt ihr und wird automatisch hineingezogen in den dialektischen Wirbel ihrer unendlichen Wandlungen. Es ist jüngstens von Roland Barthes gezeigt worden, wie beim aktuellen Berichterstatter der Mode immer neue Sprachen zur Umschreibung des jeweils Neuen entstehen; eine wichtige Funktion dieser Sprachen unter anderen liegt darin, mit der neuen Sprache die Mode von gestern vergessen zu machen. Dagegen ist die Aufgabe des Analytikers der Mode eine andere: er will nicht vergessen, sondern umgekehrt die Mode von den ältesten Zeiten der Menschheit bis heute gleichzeitig präsent machen, um ihre Gesetzlichkeiten abhorchen zu können. Das gelingt ihm aber nur, indem er auf Distanz geht. Der Analytiker der Mode ist nicht dazu verpflichtet, selber modisch zu sein.

Die Mode erfaßt den ganzen Menschen

Von hier aus kann sogleich einem weitverbreiteten Vorurteil gegenüber Stellung bezogen werden, wonach die Mode einzig die äußere Hülle des Menschen in Kleidung, Schmuck und Ornament erfassen soll. Da sie eine allgemeine soziale Institution ist, erfaßt und gestaltet sie den ganzen Menschen. Demnach sind auch jene Darstellungen der Mode ungenügend, die sie einfach als Kostümkunde oder Kostümgeschichte auffassen. In Wahrheit ist die Mode ein universales kulturelles Gestaltungsprinzip, das nicht nur den Körper des Menschen im ganzen, sondern auch seine sämtlichen Äußerungsweisen zu ergreifen und umzugestalten vermag. Aus diesem Grund darf ihre kulturschöpferische Kraft nicht unterschätzt werden, wenn sie auch darum weder mit der Kultur im ganzen noch mit jener besonderen Erscheinung identisch ist, die wir als »Stil« bezeichnen. Erscheinungen wie die Renaissance, das Barock, das Rokoko, der Klassizismus, der Sturm und Drang, die Romantik, der Naturalismus, der Impressionismus, der Expressionismus, die Neue Sachlichkeit, der Surrealismus usw. sind solche weiter reichenden Gestaltungsweisen der Kultur, die diese in allen ihren Äußerungen durchziehen und damit sowohl längere Zeit benötigen, bis sie sich ganz ausbilden und zu einer inneren Anpassung gelangen, wie sie dann umgekehrt als Kulturgestalten eine starke Beharrungskraft beweisen, die auch auf eine gewisse Gleichförmigkeit ausgerichtet ist. All dies bezeichnen wir als Stil im Gegensatz zur Mode, die gerade umgekehrt eine beständige Abwechslung in das Bild bringt. Diese kann sich im vorgegebenen Rahmen halten, dann ist sie Variation eines gegebenen Themas; so beleben viele ungefähr gleichsinnige Moden ein und denselben Stil. Die Mode kann auch plötzlich alle Rahmen sprengen, wobei die Frage auftaucht, inwiefern sie akzeptiert wird. Wird sie aber aufgenommen, dann kann es geschehen, daß nach entsprechend langem innerem und äußerem Auspendeln eine neue Dauerform entsteht. Viele Gebilde der Kultur entspringen zwar der Mode, zahlreiche vermeintliche Stile haben sich bei späterer Betrachtung als bloße Moden erwiesen. Darüber hinaus liegt aber dennoch sowohl in der Kultur wie im Stil ein Element der Dauer und der Beharrlichkeit über größere geschichtliche Räume, das der Mode im wesentlichen abgeht. Bei ihr überwiegt dagegen das Dynamische, so daß ihre Bedeutung für die Kultur meist dann besonders hervortritt, wenn plötzliche Bewegungsstöße ein althergebrachtes System umzuformen beginnen. Wir werden später sehen, daß sich die Mode durch eine ausgesprochen kurzfristige Entfaltungsrhythmik auszeichnet. Dies schaltet aber trotzdem nicht aus, daß unter Umständen nach längerem Experimentieren aus einer Mode oder aus einer zusammenhängenden Reihe von Moden mit beschränkter Variationsbreite ein neuer Stil entstehen kann. Wir möchten sogar die Behauptung wagen, daß alle Stile einmal als Mode begonnen haben, sich dann aber nach mehr oder weniger umfangreichen Versuchen zu einer Dauerform entwickelt oder – wie man auch sagen kann – »kristallisiert« haben.

Kristallisations- oder Kondensationsvorgänge dieser Art finden wir übrigens nicht nur bei den Gebilden der Kultur, die »dem Augenblick Dauer verleihen«, sondern ebenso bei den sozialen Regelungssystemen, wo sich im Gegensatz von Mode und Sitte die Spannung zwischen Mode und Stil wiederholt. Genau wie vorher zeigt sich auch hier, daß keine Sitte ganz starr ist, sondern eine ganze Reihe modischer Abweichungen von kurzer Dauer und geringer Reichweite erlaubt. Es ist auch festgelegt, unter welchen Bedingungen von einer Sitte abgewichen werden kann und wie lange; diese legitime Abweichung gilt insbesondere für die Oberklassen. Man könnte geradezu sagen, daß eine Sitte (wie auch ein Stil) sich an ihrem Ende befinden, wenn sie keinerlei Varianten mehr zulassen und sich eigensinnig auf einen starren Kanon festlegen. Dann beginnt meist die Mode ihre Vorstöße in Neuland, die immer intensiver werden, bis eines Tages das alte System, meist sogar ganz unauffällig, zusammenfällt. Ob sich nun aus den vielen Moden eine neue Sitte herauskristallisiert, ist eine andere Frage, die nur der Historiker beantworten, der Zeitgenosse so gut wie niemals voraussagen kann, weil er viel zu sehr in der Gegenwart verhaftet ist, um ein guter Beurteiler zu sein. Darum darf aber der Gegensatz zwischen beiden keineswegs überspannt werden. Denn nur zu oft erweist es sich bei näherer Betrachtung, daß eine scheinbar althergebrachte Sitte, sowie man auf ihren Ursprung zurückgeht, in Wahrheit eines gar nicht so weit entfernten Tages eventuell sogar als ausgesprochene Modetorheit begonnen hat. Es ist im übrigen eine alte Erfahrung, daß die kurzlebigen Moden einen derart starken »Auffälligkeitscharakter« zeigen, daß sie die Erinnerung an das Gewesene gewissermaßen auslöschen.

Solche und ähnliche Erscheinungen sind aber einzig darum möglich, weil die Mode ein soziales Regelungssystem eigener Natur darstellt, das sich von anderen Regelungssystemen (wie dem des Brauches, der Sitte, der Konvention, der Moral und des Rechts) nur dem Grad und nicht dem Wesen nach unterscheidet. Selbst in ihrer Kurzfristigkeit kann sie sich also zu ausgesprochenen Dauerformen erweitern. Dies zeigt sich übrigens im Wirtschaftsleben auch darin, daß der Produzent irgendwelcher »Neuheiten« immer wieder versuchen wird, mit Hilfe besonderer Veranstaltungen (etwa der Werbung) seiner Ware den Charakter eines »Dauerkonsumgutes« zu geben, das nicht nur während einer »Saison«, sondern über lange Jahre oder Jahrzehnte »gefragt« wird, bis ein ausgesprochenes »Meinungsmonopol« entsteht. Auf der anderen Seite steht, was die Angelsachsen als »fad« bezeichnen, das heißt irgendwelche modischen Kleinigkeiten, die gerade um ihrer Originalität willen aufgegriffen, aber meist nach kurzer Zeit wieder aufgegeben werden, wie auch die im Englischen als »rage« oder »craze«, das heißt Modefimmel, bezeichneten Exzentrizitäten, die mit dem Tage kommen und gehen.

Man hat schon lange gelernt, Stil und Mode in einen Zusammenhang zu bringen und eine quantitative Darstellung ihrer respektiven Entwicklungen anzubahnen, so vor allem der bekannte amerikanische Anthropologe A. L. Kroeber (1919, 1940). Angesichts der scheinbaren Sprunghaftigkeit und völligen Willkür der jährlichen Moden zeigte sich, daß sie sich einbauen in relativ regelmäßige säkulare Rhythmen von manchmal großer Spannweite, die über mehrere Jahrhunderte zu reichen vermögen, also eigentliche Stilmerkmale darstellen. Diese weitergespannten Wandlungen etwa in der Länge oder der Weite des Kleides, des Umfangs und der Höhe der Taille, der Breite und Tiefe des Dekolletés werden durchbrochen von kleineren Oszillationen, gewissermaßen von kurzfristigen Konjunkturen, deren Richtung für den zeitgenössischen Betrachter unter Umständen sehr beträchtlich vom allgemeinen Trend abzuweichen scheint. Sieht man die Dinge aber aus der zeitlichen Entfernung, dann überwiegen die Regelmäßigkeiten in den langfristigen Entwicklungslinien durchaus über die kleinen Sprünge. Gerade hierbei zeigt sich auch, daß es Perioden gibt, in denen sich diese Wandelimpulse häufen, etwa während der Kriege und Revolutionen; dies leitet meist Richtungswechsel in der allgemeinen Entwicklung ein.

In diesem Sinne konnte Kroeber zeigen, daß um 1811 und 1926 die Frauenkleider zweifellos ein Minimum an Weite erreicht hatten und um 1749 und 1860 ein Maximum. Das gibt Wellenlängen von jeweils 115 oder 111 Jahren. Für andere Maße (Länge des Kleides, Höhe und Weite der Taille, Breite und Tiefe des Dekolletés) gelten andere Schwingungsperioden, was uns nicht wundern darf, da die Variabilität der einzelnen formalen Bestandteile der Kleidung nach verschiedenen Dimensionen der Kultur ausgerichtet ist und sich diese Bestandteile infolgedessen teilweise unabhängig voneinander bewegen. Von den langen Wellen werden die modischen Oszillationen unterschieden, die eigentliche »Abweichungen« von der normativen Generallinie des Stils darstellen. Dabei fällt es leicht, Perioden mit größeren und solche mit kleineren Häufungen von Abweichungen zu unterscheiden. Es ist höchst erstaunlich, zu sehen, in welchem Ausmaß diese Perioden der Modeentwicklung mit bestimmten geschichtlichen Entwicklungen übereinstimmen und entsprechend durch andere geschichtliche Wechselimpulse unterstrichen werden. So fand Kroeber starke Fluktuationen vor 1800, die dann zurückgehen, um nach 1815 bis um 1835 wieder zuzunehmen. Die Epoche der Revolution und des Directoire war zuhöchst unstabil, das Empire relativ unbeweglich, die Folgezeit zunächst wieder recht unstabil, bis sie zu einem neuen Ausgleich kommt. Eine weitere Epoche des Wandels beginnt seit etwa 1900 und wird auf einzelnen Gebieten besonders intensiv um 1911, 1920, 1923, 1930. Seit etwa 1933 ist diese Periode beschleunigter Veränderungen wieder zum Stillstand gekommen. Es erhebt sich die Frage, wie sich die Verhältnisse seit 1935 darstellen und ob sich die modischen Fluktuationen während und nach dem Zweiten Weltkrieg im gleichen Rhythmus wiederholt haben, wie ihn Kroeber für die vorangehenden Jahrhunderte schlagend belegt hat. Es wäre der Mühe wert, Kroebers Untersuchungen von neuem aufzugreifen und mit den von ihm benutzen Kriterien von 1935 bis 1970 fortzusetzen.

Die siebziger Jahre des zwanzigsten Jahrhunderts zeigen zweifellos eine ähnliche Unstabilität wie in der Periode der Französischen Revolution und danach wie am Beginn des Jahrhunderts in den zwanziger Jahren. Nach der über viele Jahre laufenden allmählichen Verkürzung des Rockes bis zu Mary Quants Minirock kam es zu plötzlichen Reaktionen eines bodenlangen Maxirocks und entsprechender Mäntel, die teils mit dem alten Mini, teils mit längeren Kleidern getragen werden. Manchmal kam es auch zur Entscheidung der Entscheidungslosigkeit wie im sogenannten »Midi-Look«, also einem halblangen Kleid. Das ist eine typische Verlegenheitslösung, wie wohl auch Leute, die sich beim Essen nicht zwischen Rot- und Weißwein entscheiden können, schließlich zum Rosé greifen. Dagegen scheint uns der Hosenanzug der Frauen eine interessante neue Kreation zu sein, die wohl aus einer typischen »Verschiebung« erwachsen ist, indem eine zum Mini kontrastierende neue Linie entwickelt wurde, die aber die Rockform aufgibt. Abgesehen vom Kontrastbedürfnis kam hinzu, daß viele sich die unter dem Minirock aufscheinenden Höschen und die manchmal arg dicken Schenkelchen bei den Frauen übergesehen hatten. Aus diesem Grunde sind wir auch der Meinung, daß mit den Hosenanzügen eine länger währende modische Variante entstanden ist, die wir dem Maxikleid nicht zuschreiben möchten. Eine ähnliche »Verschiebung« spricht auch aus den neuesten Hot pants, eine Modifikation der alten Shorts, die den Nachteil der Miniröcke vermeiden, ohne die Linie zu ändern.

Entscheidend bleibt, daß nicht Revolutionen, Kriege und sozial-kulturelle Unstabilität als solche bestimmte Moden schaffen (lange oder kurze Kleider), sondern daß sie vielmehr den bestehenden Stil in Frage stellen. Sie entwickeln abweichende Tendenzen, subversive und zentrifugale Bewegungen.

Von hier aus eröffnet sich uns ein neuartiger Einblick in die Tiefendimension der Mode. Selbst wenn eine Sitte oder ein Stil fest ausgestaltet ist, gibt es immer eine Variationsbreite für abweichendes Verhalten, das toleriert wird. Erst wenn die Abweichungen ein gewisses Ausmaß überschreiten, werden sie problematisch, da sie bald einem zunehmenden Druck und Widerstand seitens der umgebenden Gesellschaft begegnen, der die Beachtung der traditionellen Sitte oder des Stils zu erzwingen sucht. Dies Gegenspiel von Abweichung und Widerstand ist an sich ein zentraler Lebensvorgang des sozialen Lebens überhaupt, wie schon lange bekannt ist. Er ist ausgespannt zwischen den beiden gleichermaßen inexistenten Extremen des absoluten Konformismus und einer ebenso absoluten Willkür und Regellosigkeit.

Die Besonderheit des modischen Wandels liegt nun darin begründet, daß er die Abweichung von der bisher beachteten und als verbindlich anerkannten Sitte gewissermaßen ebenso zur Regel erhebt wie sonst nur das regelgerechte Verhalten. So tritt der modische Wandel wie eine ständige Versuchung oder wie eine ständige Aufforderung an die Sitte und den Stil heran, aus dem Kreis der Sitte auszubrechen. Aus dem Erleben dieses Verhältnisses stammt auch der starke Affekt all jener, die die Mode gleichzeitig bagatellisieren und dennoch ihr Anathema gegen sie schleudern – wobei sich nur fragt, wie sich das Maß an Aggressivität bei den Kritikern mit der vermeintlichen Belanglosigkeit des modischen Verhaltens vereinigen läßt. Hierin liegt aber gerade das Problem: Die Sicherung der Regel von Stil und Sitte kann im Rahmen des geschichtlich-gesellschaftlichen Geschehens einzig unter ständiger Drohung der Abweichung erfolgen, womit sich die Dimension der schöpferischen Spontaneität aufschließt, in der das Leben immer neu und anders ist.

So wird die Mode als Regelungssystem eigener Art zu einem Schrittmacher des sozialen Wandels, im Laufe dessen die Sitte und die stilistische Tradition jeweils an ihr Ende gelangen und sich gleichzeitig neuen Möglichkeiten aufschließen. Der Totengräber leistet damit Geburtshilfe bei der Entstehung einer neuen Ordnung und eines neuen Stils. Die Chance des regelgerechten Verhaltens ist ohne die ständige Abweichungsbereitschaft nicht denkbar, würde doch sonst die Regel selber auf die Dauer ihre Spitze verlieren und im einfachen, gewohnheitsmäßigen Weitermachen verdämmern. Gerade hierbei gewinnen aber die von Kroeber berufenen besonderen Umstände von Krieg und Revolution erst ihre eigentliche Bedeutung, weil sich unter ihrem Einfluß die an und für sich ständig vorhandenen Abweichungstendenzen intensivieren.

Die Mode ist also unter keinen Umständen von einem bestimmten Gegenstand her zu begreifen, dem sie mit besonderer Vorliebe anhaftet, wie zum Beispiel der Kleidung. Vielmehr bezieht sie sich einzig auf eine besondere Verhaltensweise in den verschiedensten Situationen und gegenüber den mannigfaltigsten Gegenständen. Dies eigenartige Verhalten ist bisher durch seinen besonders kurzfristigen Wandel gekennzeichnet worden, *und zwar nicht nur durch eine rein willkürliche, sondern eine sozial geregelte und gebotene Kurzfristigkeit,* das heißt durch eine uns von der sozialen Umwelt zugemutete, regelmäßig wiederkehrende, mehr oder weniger weitreichende Veränderung unseres gesamten Verhaltens. Dabei besteht einmal die Möglichkeit, daß sich aus dem plötzlich verwandelten Gehaben ausgesprochene Dauergewohnheiten entwickeln; dann kann aber auch dieser Wandel bei manchen Gelegenheiten von kürzerer, bei anderen wieder von längerer Dauer sein. Es liegt ja auf der Hand, daß sich eine Mode in falschem Schmuck schneller wandeln muß als beim Mobiliar, im Schnitt eines Kleides oder in der Farbe schneller als in der Gesamtsilhouette (kurzer oder langer, enger oder weiter Rock), bei einem Filmhelden oder einer beliebten Romanfigur schneller als bei gewissen Grundzügen und Grundwerten einer politischen Weltanschauung, in der Innenausstattung und im Wohnstil schneller als in der Architektur und der Städteplanung. Für die Reichweite einer Mode in der Zeit ist also der Gegenstand, an dem sie haftet, zweifellos von Bedeutung, für das modische Verhalten als solches dagegen nicht.

Wir erfahren im übrigen dabei eine sehr wesentliche Eigentümlichkeit der Mode. Es ist nicht nur so, daß sich das soziale Regelungssystem der Mode einer Reihe von anderen Regelungssystemen wie die schon erwähnten Brauch, Sitte, Etikette, Konvention, Moral und Recht einfach anschließt als ein System besonders kurzfristig schwingender Veränderungen. Vielmehr gliedert sich die Mode auch in sich selber in Verhaltensmuster verschiedener Reichweite. Man bedenke nur das amerikanische »gadget« und das englische »craze«. Diese verhalten sich ihrerseits zur Mode wie diese zum Stil oder zur Sitte. Im Rahmen jeder Mode können wir nämlich noch kurzfristiger, oft nur wenige Wochen sich entfaltende Strömungen unterscheiden, die man als Posen, Modefimmel, Modelaunen (englisch: fad) bezeichnet. Diese zeichnen sich übrigens häufig dadurch aus, daß sie von vornherein nur auf bestimmte Teilgruppen der Gesellschaft beschränkt bleiben, etwa auf die Wohlstandsschichten, auf die Jugend, auf die an Kunst und Theater Interessierten oder auch Sondergruppen wie Studenten, Sportler, Soldaten, Flieger, Matrosen, Jungarbeiter und ähnliche. Man erkennt einen solchen »fad« am leichtesten daran, daß er sehr locker auf der Oberfläche sitzt und meist das sonstige Gehaben nicht sonderlich beeinflußt. Die sogenannte Beatle-Frisur unserer Tage ist ein gutes Beispiel dafür. Es liegt auf der Hand, daß dies auch für literarische und künstlerische Moden gilt. Zum eigentlichen Modefimmel (craze oder rage), auch zur Modetorheit gehört übrigens eine gewisse irrationale Übertreibung, die ebenfalls naturgemäß nur auf wenige Personen beschränkt bleibt, die sich einen solchen Fimmel (moralisch oder wirtschaftlich) einfach leisten können. Das ist sicher nicht für jedermann der Fall, der sonst der Mode des Tages getreulich nachlebt. Wenn aber schon innerhalb der Mode eine solche Staffelung von kurzfristigeren und weiterreichenden Modelaunen, Modefimmeln, Modetorheiten und eigentlichen Moden möglich ist, so wird damit nochmals angetönt, daß trotz ihrer definitionsgemäßen kurzen Lebensdauer dennoch eine Anlage auf eine weiterreichende Wirkung in der Mode lebendig sein muß, was sie eben dem Stil und der Sitte verwandt macht, selbst wenn sie sich sonst durch noch so viele Züge unterscheiden sollten.

Von hier aus gesehen wird das Reich der Mode allumfassend. Nichts kann sich ihrem Zugriff entziehen, das jemals in den Bereich menschlichen Handelns eintritt. Verstohlen wie ein Dieb über Nacht drängt sie sich überall ein und erfaßt schließlich auch jenen, der sich ihr gar nicht ausliefern wollte, wie es William Shakespeare in einem Dienergespräch aus seiner Komödie »Viel Lärm um nichts« geschildert hat (III, 3):

»Siehst du nicht, sage ich, was für ein unbesonnener Schelm diese Mode ist? Wie schwindlig er all das hitzige Blut zwischen vierzehn und fünfunddreißig herumdreht? Bald stutzt er sie dir zu, wie Pharaos Soldaten auf den schwarzgeräucherten Bildern, bald wie die Priester des Bel zu Babel auf den alten Kirchenfenstern, bald wie den kahl geschorenen Herkules auf den braunen wurmstichigen Tapeten, wo sein Hosenlatz so groß ist wie eine Keule« [...] »Kann sein, ich sehe auch, daß die Mode mehr Kleider aufträgt als der Mensch. Aber hat sie dich denn nicht auch schwindlig gemacht, daß du von deiner Erzählung abgekommen bist, um mir von der Mode vorzufaseln?«

Der menschliche Körper in Haltung und Gang, in Bewegung und Ausdruck wird restlos von ihr geformt. Selbst Gesundheit und Krankheit sind ihr unterworfen. Krankheiten werden modern wie die Ärzte, die sie heilen. Um 1830 trug jeder Künstler und auch der Snob die Pose des Schwindsüchtigen, genau wie im Fin de siecle die Haltung der Verworfenheit modern war, selbst bei noch so korrekten und durchschnittlichen Naturen. Umgekehrt erscheint im 20. Jahrhundert die Mode der plakatierten Gesundheit, der straffen und aufrechten Haltung, der sonnengebräunten Haut bei Männern und Frauen (im Gegensatz zur haremartigen Blässe unserer Großmütter). Und wo es unmöglich ist, sich diese Bräune auf die natürlichste Weise von der Welt zu verschaffen, wird mit Puder, Creme und Höhensonne nachgeholfen. Hierzu gesellt sich die Mode des sportgewandten und sportgestählten Auftretens, ebenfalls bei Männern wie bei Frauen, verbunden mit einer gewissen dümmlich strahlenden Biederkeit des Ausdrucks, wie man sie am besten an dem filmischen »keep smiling« und »glamour« amerikanischer Politiker und Persönlichkeiten des öffentlichen Lebens bis zum Pin-up-girl studieren kann. Die »smarte« Haltung des modernen Geschäftsmannes mit seiner Hochglanzrasur gehört dazu wie die Pose der betonten Schlampigkeit beim Hippie.

Unsere Männerkleidung hat unter diesem Eindruck eine tiefe Umwandlung erfahren, indem die Schultern breiter wurden (im Gegensatz zu den »gothisch« abfallenden Schultern unserer Großväter). Wo der Brustumfang nicht hinreichte, wurde mit Watteunterlagen nachgeholfen, um den Eindruck rechter Boxerschultern zu erreichen. Dem modernen Menschen sind gewissermaßen die Epauletten unserer Großväter nach innen unter das Jackenfutter geschlagen, wo sie diskret und zivil weiterwirken. Damit wurden auch die Jacken lockerer, die Hosen weiter; die Gilets verschwanden und wurden durch den Pullover des Fußballers ersetzt, selbst bei jenen, die niemals auf dem grünen Rechteck in homerischen Kämpfen dem vielumstrittenen Leder nachgesprungen sind. Allgemein ist unsere Haltung unter diesen Einflüssen lockerer, weniger steif und korsettartig-zusammengerissen, unser Gang ist weniger gezirkelt, und unsere Arm- und Handbewegungen sind flüssiger und gleichsam gelöster geworden, vor allem seit mit der steifen Hemdenbrust und dem steifen Kragen auch die gewichtig rasselnden steifen Manschetten verschwunden sind. Dieser neue Zug nach größerer Beweglichkeit blieb auch erhalten, als die alte Weste unter dem Einfluß romantisierender Bewegungen wiederkehrte, wie übrigens das Schwanken zwischen Enge oder Weite der Männerhose heute eine ähnliche Entwicklung durchmacht wie Länge oder Kürze des weiblichen Rocks.

Was schon für die elementaren Körperhaltungen gilt, trifft genau in gleichem Ausmaß für alle unmittelbaren Körperverzierungen zu. Schon die Römer kannten wandelbare Moden nicht nur im Barttragen überhaupt, sondern auch in den verschiedenen Bartformen. Bald war das Gesicht des bartlosen griechischen Epheben modern, bald der krausenartige Bart des Farnesischen Herakles oder der schulmeisterlich-strenge Bart des Stoikers. Die Ägypter kannten bereits modische Wandlungen des Haarputzes und der Frisur; letzten Endes tun dies auch die primitiven Neger im afrikanischen Busch genau wie der vorgeschichtliche Mensch (dies lassen uns zahlreiche Funde von Haarnadeln und Haarspangen vermuten). Es gibt sogar Gelegenheiten, bei denen Barttracht oder Haarschnitt zum Ausdruck modischer politischer Strömungen oder weltanschaulicher Einstellungen werden, so die Haar- und Barttracht der Liberalen und Progressisten im vorigen Jahrhundert, der Kaiser-Franz-Joseph-Bart, die Es-ist-erreicht-Bartspitzen Kaiser Wilhelms II., der Garibaldi-Bart in Italien, später unter dem Faschismus der Balbo-Bart, auch eine ofenrohrförmig hochgebürstete Haartracht bei den jungen Männern des gleichen Landes um 1925 zur Zeit der »Squadristi« und des Futurismus. Heute wiederum wird eine schmale Bartkrause, vom Ohr über die Wangenknochen bis zum Kinn hinuntergezogen oder einfach wildwuchernd, zum Aushängeschild des Existenzialisten: Diese Mode begann im Pariser Quartier von Saint-Germain-des-Prés und reicht in gewissen Kreisen schon fast über die ganze Welt. Ihr weibliches Gegenstück ist der von Juliette Greco zuerst lancierte, eng anliegende und die Brust stark modellierende dunkle Pullover, kombiniert mit Kordhosen und langen hängenden Haaren. Make-up oder Nichtschminken ist ebenso von der Mode abhängig wie ein geschnürter oder freier Brustkorb bei jungen und reiferen Frauen, wie der trippelnde Gang der »Dame« oder der weitausholende, kamelartige Schritt des amerikanischen »socksters«.

Wir fragen uns vergeblich, wo hier die Grenzen zwischen »Natur« und »Kunst« zu setzen sind. Und in der Tat: Für die Mode gibt es diesen Unterschied nicht. Alles ist gebotene Haltung, »parure«, Konvention — selbst der im Adamskostüm einherspazierende Nudist folgt dabei nur einer Modelaune wie jene Frauen der Jahrhundertwende, die sich mit ungeheuren wippenden Radhüten, Sonnenschirmen und rüschenbesetzten Badekleidern, die bis zum Knöchel reichten, am Meeresstrand vor den bösartigen Einflüssen der Sonne zu schützen suchten. Wir werden noch zu zeigen haben, welcher Mißgriff darin liegt, eine Mode »natürlicher« als die andere zu bezeichnen, von »Fortschritten« in der Mode zu sprechen oder auch von »Verkünstelung«. All dies entspringt einer zutiefst falschen Perspektive, die fremde Maßstäbe an die jeweils geltende Mode heranträgt. Die Mode ist, was sie ist, ganz und gar aus sich selbst heraus: Sie anerkennt weder »Kunst« noch »Natur«, sondern einzig ihr eigenes allumfassendes Gesetz.

Für dies Gesetz gibt es keinerlei Grenzen. Es beginnt in der Modellierung und Haltung des Körpers und greift über auf alle seine Beschäftigungen, Verhaltensweisen, Ideen und Interessen. Ist die schlanke Linie modern, so erscheinen alle Mädchen und Frauen gertenschlank; sie stellen sich jedoch mit der gleichen Überzeugungskraft und entwaffnenden Selbstverständlichkeit von einem Tage auf den anderen um, sowie füllige Gestalten in Mode sind. Aber sie denken, fühlen und wollen auch, was ihnen die Mode vorschreibt, die Männer nicht weniger als die Frauen, so daß sich schließlich ein einziger geschlossener Zusammenhang auftut von der Krawattenfarbe bis zur politischen Weltanschauung, bis zum Gefühl, bis zum intimsten seelischen Ausdruck. Was Wunder, daß auch die Gegenstände unserer Umgebung diesem diktatorischen Gebot folgen: Aschenbecher und Architektur, Stahlrohrmöbel und Gartenanlagen; aber auch Lokomotiven, Automobilkarosserien und die Formen unserer Städte und Kulturlandschaften wandeln sich im gleichen munteren Ringelreihen der Mode. Und wenn einer dagegen bemerken wollte, eine Hochgebirgslandschaft sei doch gewiß nicht der Mode unterworfen, so müssen wir ihm antworten, daß er selber als Bergsteiger sicher äußerst modeanfällig ist. Denn wo bleibt die erhabenste Klippenwand, der kühnste Grat, wenn sie niemand besteigt oder beschreitet, wie es Jahrtausende hindurch der Fall gewesen ist und in einer fernen, unbekannten Zukunft vielleicht wieder der Fall sein wird? Wir wissen jedenfalls, daß Petrarca mit seiner Besteigung des Mont Ventoux starke modische Strömungen auslöste, die allmählich das neue Naturgefühl über immer größere Teile der Gesellschaft trugen. Es gibt eben wirklich schlechterdings keine Grenze für die Mode, sofern wir nur einsehen, daß sie nicht am Gegenstand haftet, sondern einzig und allein in unserem modischen Verhalten beschlossen liegt.

Die Mode ist in der Tat eine verkannte Weltmacht. Noch im großen Lärm der Weltgeschichte lenkt sie mit leiser, aber eindringlicher Stimme die Menschen. Aber immer wieder vergessen wir ihre Allgegenwart und starren wie gebannt auf die großen Akteure des Tages, die unter Umständen selber nur von modischen Strömungen emporgetragen worden sind. So ist die Mode vielleicht mächtiger als alle anderen Mächte dieser Erde. Darum sprechen wir heute mit gutem Recht von literarischen und künstlerischen Moden, von mehr oder weniger kurzfristigen Zeitströmungen selbst politischer Natur, die oft das gesamte Verhalten der Menschen umformen.

Diese Erscheinungen müssen aber nicht nur immer den Menschen aus dem Korsett einer überlebten Vergangenheit befreien, wie es so oft im Kampf der Generationen gegeneinander geschieht. Vielmehr können sie sich sehr wohl zu neuen Stilelementen auswachsen. Allerdings müssen wir gleichzeitig hinzufügen, daß bei dem außergewöhnlichen Reichtum an Erkenntnissen, die den modischen Menschen in der Gegenwart beschäftigen, auch die Zahl der Fehllösungen anwachsen muß, die sich als eine Sackgasse erweisen und nur zu eintägiger Existenz aufzublühen vermögen. Es vermag auch niemand vorauszusagen, welche gegenwärtigen Moden die Stilelemente von morgen in ihrem Schoße tragen. Mit der allgemeinen Intensivierung des Lebens nimmt auch die Zahl der toten und entwicklungsunfähigen Hüllen zu, die das Leben an jeder Wegbeuge in unausdenkbarer Weise als Neues schafft, um sie größtenteils ebenso rasch wieder abzustreifen. Darum erscheint ja auch allzu oft das kulturelle Inventar unserer Gegenwart wie eine düstere Richtstätte der modischen Torheiten von gestern, denen wir uns für einen Tag auslieferten, um dann in der Ernüchterung des nächsten Morgens ganz unmittelbar an die Schaffung neuer Formen heranzugehen. Die Mühsal des immer neuen Beginnens kann aber nie und nimmer gegen den Sinn eines solchen Unterfangens entscheiden. Denn der menschliche Reichtum der steten Selbsterneuerung des Lebens trägt seinen Sinn in sich selbst. So wächst sich die Mode zu einer Weltmacht aus, die aus unserem Dasein nicht mehr wegzudenken ist.

Wandel und Beharrung

Mit dieser Feststellung erhebt sich jedoch mit einiger Dringlichkeit die Frage nach der äußeren Charakteristik des modischen Verhaltens. Wir wiederholen nochmals, daß es sich hierbei weder darum handeln kann, den verschiedenen geschichtlichen Inhalten der Mode nachzugehen, auch nicht den Gegenständen, an denen sie mit Vorliebe ansetzt. Dieser Weg ist uns nach den vorangegangenen Erörterungen bereits versperrt. Vielmehr müssen wir die Strukturform des modischen Verhaltens für sich herauszupräparieren suchen, also den Mechanismus, dem die Mode gehorcht, die typischen Einstellungen und Verhaltensweisen, die überall auftreten, wo wir von Mode sprechen. Dies wird mit einer sehr formalen Analyse zu beginnen haben; von dort aus müssen wir dann aber weiter vorzustoßen suchen. Schon jetzt kann vermutungsweise gesagt werden, daß sich eine Vielfalt von treibenden Kräften hinter der Mode verbergen muß, wenn sie wirklich die Allmacht besitzen soll, von der gesprochen wurde.

Hierbei steht aber sogleich eine Gefahr auf, deren man sich von Anfang an bewußt sein muß, vor allem wenn man die Literatur über die Mode betrachtet. Diese Gefahr liegt insbesondere darin, daß man nach Darstellung des modischen Mechanismus zur Erklärung jeweils nur ein einziges Prinzip heranzieht. Es geschieht dann regelmäßig, daß in den verschiedenen Darstellungen auch verschiedene Gesichtspunkte herangezogen werden, so daß ein Streit ohne Ende entsteht. Ein solcher Streit ist aber schon aus dem einen sehr triftigen Grunde müßig, weil wir uns darüber ganz klar sein müssen, daß eine so universale Erscheinung wie die Mode niemals aus nur einer einzigen Wurzel erklärt werden kann, ohne sie wesentlich zu verstümmeln. So werden wir veranlaßt, eine Mannigfaltigkeit von Blickweisen anzusetzen, um den Mechanismus der Mode und die Struktur des modischen Verhaltens zu erklären. Dies geschieht unter der Voraussetzung eines besonderen Zuges der Mode, den wir als ihre »Vielseitigkeit« bezeichnen möchten. Es darf dabei sogar von vornherein die Vorstellung mit eingeschlossen werden, daß die Mode gelegentlich auch in sich selbst widersprüchlich erscheinen kann. Wir betonen übrigens nochmals, daß wir mit der Außenansicht beginnen und dann zurückgehen in die eigentlichen Wurzeln und Triebkräfte der Mode. Von dort aus verfolgen wir dann gleichzeitig ihre weiteren »Verschiebungen« über das Gebiet der Kleidung im engeren Sinne auf das weitere Feld von Kultur und Wirtschaft.

Bisher wurde als Grundzug des modischen Verhaltens einzig auf einen wesentlichen Zug ihrer äußeren Erscheinung, nämlich auf die Kurzfristigkeit des modischen Wandels, hingewiesen. Gleichzeitig wurde angedeutet, daß dieser Wandel einer gewissen sozialen Regelung unterliegt. Damit gewinnen wir den Zugang zu einer Definition des modischen Verhaltens, wie sie etwa der Holländer S. R. Steinmetz gegeben hat: »Die Mode ist der periodische Stilwechsel von mehr oder weniger zwingendem Charakter.« Dies ist eine rein beschreibende Feststellung, die mit Absicht und mit gutem Recht jeglichen Versuch einer Erklärung vermeidet. Sie hält einfach fest, daß es sich bei der Mode nicht nur um einen rein tatsächlichen, sondern um einen sozial gebotenen Wandel handelt. Zugleich erhalten wir schon hier Einblick in eine erste fundamentale Widersprüchlichkeit der Mode, die übrigens den verschiedenen Beobachtern häufig aufgefallen ist, indem der zweite Teil des Satzes dem ersten nicht ganz zu entsprechen scheint. Wir müssen uns zum Verständnis des eben Gesagten nur über eines klarwerden, daß sich der zweite Teil der Definition nicht nur auf einen »Zwang« zum Wechsel bezieht (was ja an und für sich noch keinen Widerspruch bedeuten, sondern nur den ersten Punkt in gewisser Weise unterstreichen würde); vielmehr gilt der erwähnte Zwang ebenso für das Verhalten innerhalb jeder erreichten neuen Stilstufe. In diesem Augenblick erhält nämlich der obligatorische Stilwechsel noch einen ganz anderen Charakter: Nach dem Zwang zum Wechsel, zum Heraustreten aus der hergebrachten Form führt er zu einem Zwang in der Anpassung, ja möglichst konformen Assimilation an die neue Stilstufe. Man muß sich »anpassen« in der besonderen Form des Assimilierens heißt aber mit anderen Worten: Nach dem vollzogenen plötzlichen Wechsel muß man im Rahmen des Erreichten stillstehen, und zwar mit der gleichen Verpflichtung wie beim Wechsel, und sich den anderen weitgehend angleichen. Dies gilt dann mindestens für eine gewisse Zeit, bis sich ein neuerlicher Zwang zum modischen Wechsel bemerkbar macht. Es bleibt aber, daß in der Forderung nach einem plötzlichen Wechsel zugleich die Meinung einer gewissen Gleichsinnigkeit der Bewegung enthalten ist. Es gibt nur wenige Ausnahmen hiervon. Das kommt auch in dem Satz zum Ausdruck, daß man sich davor hüten müsse, beim modischen Wechsel sowohl der erste als auch der letzte zu sein; der erste »fällt aus dem Rahmen«, und »den letzten beißen die Hunde«, beide aber machen sich mehr oder weniger lächerlich, der erste wegen seiner Eilfertigkeit und charakterlosen Beflissenheit, der zweite wegen seines Starrsinns.

Mit alledem ist nun an und für sich noch nichts Entscheidendes über die Kurz- oder Langfristigkeit des modischen Wandels gesagt, bevor wir noch nichts über die zeitliche Erstreckung der Anpassungsperiode ausgemacht haben. Wohl aber wissen wir etwas über die Plötzlichkeit des Vorgangs. Später werden wir dann sehen, welche Gründe die ausgesprochene Kurzfristigkeit der Mode bestimmen. Immerhin dürfte wohl klargeworden sein, daß die Mode überwiegend zeitlich ausgerichtet ist und damit zu den dynamischen Bewegungsgesetzen der Gesellschaft gehört. Des weiteren scheint bei ihr das Problem der Anpassung an einen erfolgten Wechsel von entscheidender Bedeutung zu sein, wobei diese Anpassung noch dadurch charakterisiert wird, daß sie nicht »irgendwann«, sondern im (modisch) »richtigen« Moment zu erfolgen hat.

Nicht das steht indessen jetzt zur Diskussion, sondern etwas viel Einfacheres. In der Mode stehen der plötzliche Wechsel und eine ebenso unvermittelte Beharrungstendenz als Aufforderung zur Anpassung in paradoxem Gegensatz widereinander. Dabei bedeutet diese Beharrungstendenz nicht einen bloßen Zufall, etwa eine Art von Energieverlust oder Erlahmung nach einem intensiven Aufschwung, sondern sie hat eine entscheidende Funktion in der Verwirklichung der Mode. Sie tritt nämlich regelmäßig während jener Periode in Erscheinung, in der sich der eingetretene Wechsel als Mode bewährt, also »sich durchsetzt«. Und das noch ganz unangesehen dessen, ob sich die Mode zu einer Sitte oder einem Stil kristallisiert, also in eine neue Dimension der ausgedehnteren Dauer hinübertritt, die nicht mehr ganz die spezifisch modische ist. Es gibt nämlich zweifellos auch Wechselimpulse, die sich nicht zu eigentlichen Moden ausgestalten, sondern aus den verschiedensten Gründen nach einem eventuell sogar glanzvollen Aufstrahlen schnell ins Leere verpuffen. Dies sind die eigentlichen »Fehlgeburten der Mode«, wie wir sagen möchten; dazu gehören aber auch die schon erwähnten modischen »Kleinigkeiten«, die Modelaunen und Modetorheiten.

Das Sichdurchsetzen einer Mode benötigt jedenfalls allemal eine gewisse Zeit, was damit schon gegeben ist, daß es einfach eine Weile dauert, bis man der neuen Mode gewahr wird, ihre Eigentümlichkeiten als solche erkennt und sich in seinem Verhalten an sie anpaßt, was gelegentlich weitergehende Umstellungen des Verhaltens nach sich zieht. Da das soziale Geschehen kein mechanischer Prozeß, sondern wesentlich vom Denken, Fühlen und Wollen, vor allem aber von der Wahrnehmungsfähigkeit der einzelnen abhängig ist, verfließt regelmäßig eine gewisse »Signalzeit«, bis die Menschen ein neuartiges Geschehen aufgenommen, verstanden und in ihren jeweils gegenwärtigen Meinungshaushalt eingeordnet haben. Erst danach wird es möglich, eigentliche Anpassungsakte zu vollziehen und das eigene Verhalten dem der anderen anzugleichen. So ist also notwendigerweise der Wandel ganz unmittelbar begleitet von einem Stillhalten, bis der Sinn des Modewandels apperzipiert, ergriffen, gedeutet und interpretiert sowie schließlich gleichsam »verdaut« ist.

Es kommt noch hinzu, daß die modischen Anregungen durch die bisher vorherrschenden Verhaltensformen und Bräuche »durchgesiebt« werden müssen, und dies benötigt ebenfalls eine gewisse Zeit. Wir meinen damit, daß das Erstaunen vor der Neuartigkeit und unter Umständen vor der »Ausgefallenheit« des Gebotenen überwunden werden muß, woran sich gelegentlich noch eine eigentliche Experimentierphase der Mode anschließt. Unmittelbar nach dem Zweiten Weltkrieg konnte man ein gutes Beispiel dafür beobachten, als sich nämlich der »New Look« in der Frauenkleidung mit seinen stark biedermeierlichen Anklängen zunächst mit dem aus dem Krieg hergebrachten sportlich-flachen Absatz verband, was ein ausgesprochen unbefriedigendes Bild ergab. Als man sich dann auf den passenden hohen Absatz umgestellt hatte, war die Mode des eigentlichen New Look schon vorbei. Beim Minirock wirkt umgekehrt der hohe Absatz disproportioniert. So kam es zu neuen Schuhformen aus Knautschleder und anderen Materialien, die bis über das Knie hinaufreichen. Diese Experimentiereinstellung wurde intensiver mit dem Auftreten des Maximantels: Man trug darunter plötzlich Bundhosen oder Überfallhosen mit und ohne hohe Stiefel, man blieb auch teilweise beim Minirock oder trug lange Hosen dazu; eine Zwischenform waren lange Schlitze in den Mänteln bis zur Hüfte hinten oder seitlich, die den Blick auf die unbedeckten Oberschenkel freigeben. Ähnliches geschieht auch, wenn die modischen Wechselimpulse völlig aus der Tradition herausfallen, ohne daß in der allgemeinen gesellschaftlichen Verfassung hinreichende Voraussetzungen für einen solchen totalen Wandel gegeben wären. Dann kommt es eben zu den bereits angeführten modischen Fehlgeburten.

Jenseits dieser Beispiele bleibt aber festzuhalten, daß sich die Mode nicht in einem ziel- und hemmungslosen Wandel erschöpft, sondern Wandel und Beharrung vereint. Diese Beharrung ist außerdem nicht ein zufälliger Zusatz, sondern nach dem plötzlichen Wandel gerade das Entscheidende, da wir nicht von einer Mode sprechen können, wenn sich nur einige wenige Individuen plötzlich anders verhalten, kleiden, benehmen und denken. Erst wenn größere Menschenmengen von dieser Wendung ergriffen sind, kommt es im strengeren Sinne zu einer Mode. Trifft dies aber zu, dann kommen wir auch von der »Signalzeit« nicht los, wobei noch hinzugefügt werden muß, daß sich diese nach den verschiedenen Lebensaltern und Geschlechtern, nach den verschiedenen (oberen und unteren) sozialen Klassen sowie nach den verschiedenen Regionen (Stadt und Land) ganz verschieden auswirkt.

Im übrigen wird bereits hier begreiflich, daß die Ausbreitung der Mode wesentlich mit dem Vorhandensein eines gewissen *Schauplatzes* zusammenhängt, auf dem das Neue vorgeführt wird. Schaustellung und Darbietung gehören wesentlich zur Mode mit dazu; und die Verbreitungsweisen der Moden wandeln sich auch mit den verschiedenen Formen der Schaustellung und Darbietung. Eine Mode im geheimen Kämmerlein gibt es nicht; die Mode will immer die Welt. Sie will sehen und gesehen werden; es haftet ein unbestreitbarer Zug von Exhibitionismus an ihr. So spielen in der Antike der Markt und die Agora die Rolle der Schaubühne für die Mode, wie auch Horaz beim Spazierengehen der Eigenheiten seiner Umwelt gewahr wird (»Ibam forte via sacra, nescio quid meditans [...]«). Der Agora der Antike entspricht im Mittelalter und in der Renaissance bis ans Ende des 18. Jahrhunderts der Hof; dieser kann mehr oder weniger zentral sein. Im eigentlichen Feudalzeitalter mit seinen vielen großen und kleinen Höfen finden wir dementsprechend in Europa eine ganze Reihe lokaler und regionaler Moden, die sich oft ihre Anregung bei der lokalen Tracht holen bzw. diese ihrerseits beeinflussen. Aber auch hier gibt es bereits recht früh einzelne Höfe, die einen besonderen Glanz ausstrahlen, wie etwa die in der Provence vom 11. bis 13. Jahrhundert oder der Burgundische Hof, der um die Mitte des 15. Jahrhunderts unter Philipp dem Guten und Karl dem Kühnen ganz Europa mit burgundischen Moden beeinflußte. Aber die Zukunft gehörte nicht diesen Regionalkulturen, sondern den großen Zentralhöfen des Absolutismus in Frankreich, England und Spanien, die auf hoher

Bühne stehend weithin über das ganze Land, schließlich immer entschiedener über ganz Europa zu sehen waren. Dementsprechend ist ihre Funktion in der Ausbreitung der Mode außerordentlich groß; wir werden sehen, wie sie geradezu den Höhepunkt eines bestimmten Ausbreitungsstils der Mode darstellen.

Für wieder andere Perioden war es vor allem das Theater als geselliger Anlaß, bei dem regelmäßig größere Menschenmengen zusammenkamen, das etwa seit dem Barock als Ort für die Darbietung der Mode benutzt wurde, wobei sich zunächst »alle Formen des barocken Festes [. . .] auf der Bühne wiederholen«, also Prozessionen, Krönungen, Empfänge, Turniere (Richard Alewyn), bis schließlich gleichzeitig mit dem »bürgerlichen Trauerspiel« auch das Bürgertum seinen Einzug ins Theater hält und sich dort seinen Reichtum und die neuen Moden vordemonstriert. Dazu gehören auch theatralische Veranstaltungen aller Art, wie sie etwa in den italienischen Stadtstaaten von jeher üblich waren, sei es nun beim Empfang fremder Botschaften oder bei grandiosen Schauspielen wie der Verbrennung des Savonarola. Die gleiche Funktion, wenn auch typisch in größerer Intimität, hat seit dem 18. Jahrhundert in Frankreich der Salon.

Zeigt sich in allen diesen Fällen eine sehr deutliche Konzentration der modischen Darbietung auf einen genau umgrenzten Ort, so beginnt sich das mit dem 19. Jahrhundert von neuem zu ändern. Zwar leben teilweise die Höfe noch weiter, aber mit wenigen Ausnahmen (Second Empire, mit der Kaiserin Eugenie; der Prince of Wales, als König Edward VII.) geht ihr Einfluß wachsend zurück. Auch verliert — trotz Richard Wagners Bayreuth und später trotz Max Reinhardt — das Theater immer mehr von seinem »Fest«-Charakter und säkularisiert sich schließlich restlos als Stätte der Unterhaltung und der Bildung. Dagegen nehmen aber die europäischen Großstädte und Metropolen, vor allem Paris, als Zentrum intensivsten und dichtesten sozialen Geschehens eine immer führendere Rolle ein, die sie bis heute behalten haben. Ihre Funktion für die Mode läßt sich leicht umschreiben, sie heißt: »Sehen und Gesehenwerden«, auf den Boulevards und Corsos, bei feierlichen Anlässen aller Art, in Theater, Oper und Varieté, bei Pferderennen, Regatten, anderen sportlichen Ereignissen. Kurz, die Mode lebt hier in allergrößter Öffentlichkeit, die sich dementsprechend ganz unmittelbar und sehr früh aller Massenkommunikationsmittel bedient (Zeitung, Zeitschrift, Illustrierte, Film, Fernsehen), um sich vor den Augen der Großstadt, von dort aus vor den Augen des ganzen Landes und schließlich vor den Augen der ganzen Welt zu exhibitionieren. Hier zeigt sie sich allerorten, hier wird sie gesehen, überdacht, verstanden, aufgenommen, modifiziert und am Ende weitergeführt. Gegenüber dieser Riesenbühne haben die »spezialisierten« und »professionellen« Modeschauen zweifellos eine geringere Bedeutung, die höchstens für jene Kreise wichtig wird, die als Pioniere der Mode auftreten. Das »große Publikum« sprechen sie aber unmittelbar nicht an.

Unangesehen dieser Weiterungen, die uns noch zu beschäftigen haben werden, sei jedoch hier noch einer Institution gedacht, die insbesondere im Rahmen des höfischen Lebens die an und für sich schon starke modewerbende Wirkung der Höfe auf einen seither wahrscheinlich unübertroffenen Höhepunkt emporsteigerte. Dies sind die großen *höfischen Feste* bei Gelegenheit einer Krönung, einer Verlobung oder Hochzeit, in kleinerem Ausmaß etwa zur Bekräftigung einer neugeschlossenen Allianz oder auch nur bei Anlaß einer Jagd. Hier wurde im Laufe weniger Stunden oder weniger Tage nicht nur ein zum Teil beispielloser Aufwand prunkend vorgeführt, sondern gleichzeitig die jeweils herrschende Mode in wochen-

und monatelangen Vorbereitungen sowohl innerlich zu ihrer vollkommensten Form gestaltet, wie auch die Art und der Anlaß der Darbietung bis zum äußersten durchstudiert, durchprobiert und auf die höchste Wirksamkeit gebracht wurde.

Von solchen Festen, kirchlichen und weltlichen, gehen bereits seit dem Mittelalter die stärksten modischen Impulse aus, ganz abgesehen davon, daß sie die eigentlichen Anlässe des prestigemäßigen Wettbewerbs der Oberschicht waren, von dem noch gesprochen werden wird. Das gilt im gleichen Maße auch für die Feste der bürgerlichen und städtischen Kultur des Mittelalters und der Renaissance, die vor allem an den großen Meßplätzen regelmäßig viel Volk aus aller Herren Länder vereinigten, das sich nicht nur auf der Kirmes erheiterte und auf der Messe seine Waren einhandelte, sondern gleichzeitig die neuesten Moden darbot, beobachtete und schließlich übernahm. Die Bedeutung dieser Feste läßt sich auch daran ermessen, daß sie meist von großen Architekten zur Einweihung neuer Festhallen, Schlösser und Prunksäle benutzt wurden, wie sie auch die Maler herausforderten. So erhalten wir etwa großartige Darstellungen der zeitgenössischen Moden von Königen, Fürsten und Aristokraten wie von großen Patriziern, die hinter diesem Aufwand nicht zurückstehen wollten.

Auch diese Feste blicken auf eine lange Geschichte zurück, was nur beweist, daß sie offensichtlich einem tiefen Bedürfnis der vergesellschafteten Menschheit entsprechen. Wie die mittelalterlichen Messen ihr Vorbild haben in den heiligen Orten Griechenlands in Delphi oder Olympia, wo gelegentlich Vertreter ganz Griechenlands zusammenkamen, so findet das Fest des Mittelalters bis zum Barock wesentliche Elemente im römischen Triumphzug vorgebildet. Ein solcher wird auch häufig motivisch zum zentralen Bestandteil des Festes. Später wird dann aus dem wirklichen Aufmarsch eine theatralische

Aufführung, die schließlich im Ballett endet; solche Aufführungen können auch so zustande kommen, daß nur ein kleiner Teil der Bevölkerung aktiv wird und der Rest von der Straße oder vom Fenster aus ehrfürchtig das Defilee bestaunt. Auch dieses Sujets bemächtigen sich die Maler, wie etwa Agostino Carracci in Bologna oder später Nicolas Poussin in Frankreich.

Abgesehen von diesen Weiterungen, die vor allem kulturhistorisch wichtig sind, zeigt sich die *Bedeutung des Festes für die Ausbreitung der Mode* insbesondere darin, *daß es wie ein Zeitraffer für die erwähnte Signalzeit wirkt.* In unverhältnismäßig kurzer Zeit wird einer großen Menge von Menschen, die auf kleinstem Raum versammelt sind, alles vorgeführt, was es an Neuigkeiten gibt. So darf es uns nicht wundern, daß häufig nachgewiesenermaßen der Start einzelner Moden mit solchen Festen beginnt. Durch die Zeitraffung wird im Laufe weniger Tage erreicht, was sonst oft Monate oder Jahre benötigt. Zugleich mit einem plötzlichen Wandel bewirkt also ein solches Schauspiel gleichzeitig die Fixierung der betreffenden Mode bei größeren Menschenmengen, die sich beeilen, das Geschehene zu übernehmen und zu einer neuen Gewohnheit auszugestalten.

Das hat übrigens eine weitere Folge. Denn es hängt natürlich mit diesem Grundzug der Mode, nicht nur Anlaß zu einem Stilwandel, sondern gleichzeitig zu einer weitreichenden Anpassungsbewegung zu sein, zusammen, daß sie zu einer Gewohnheit, zu einem Brauch oder gar zu einer Sitte werden kann. Trotz ihres sprunghaften Charakters ist also die Mode eine Verhaltensweise, die mit Gewohnheit, Brauch und Sitte auf einer Linie liegt. Wir fügen hinzu, daß wahrscheinlich besondere Bedingungen erfüllt sein müssen, wenn aus einer Mode eine ausgesprochene Dauerhaltung entspringen soll. Uns soll es vorläufig jedoch genügen, zu sehen, daß dies grundsätzlich geschehen kann. Gleichzeitig können wir aber von hier aus schon vermuten, daß im modischen Wandel immer eine Gruppe von Menschen vorangehen muß, denen dann die anderen in einem ausgedehnteren Anpassungs- und Assimilationsvorgang mit einem gewissen Abstand folgen.

Zum Abschluß soll hier nur noch darauf hingewiesen werden, daß sich der auf Anpassung und Assimilation hindrängende Druck der Umgebung aus der gleichen Quelle nährt wie bei der Sitte oder beliebigen anderen sozialen Verhaltensnormen. Jede Abweichung von der neuen Modelinie zieht nämlich auf die Dauer eine leichte Mißbilligung durch die umgebende Gesellschaft nach sich. Diese Mißbilligung wird naturgemäß nicht sehr stark fühlbar sein, solange sich die Mode nicht zur Sitte kristallisiert hat. Aber sie ist doch insofern da, als die Träger der Mode von gestern oder vorgestern mindestens als etwas antiquiert, rückständig, nicht »up to date« angesehen werden. Subjektiv äußert sich dies in einem Gefühl, allzusehr von der Umgebung abzustechen, eventuell leicht lächerlich zu sein. Und dies Gefühl wird um so stärker sein, je ansprechbarer eine Gruppe auf modische Wechselimpulse ist (wir werden noch sehen, daß die »Modeanfälligkeit« keineswegs in allen sozialen Kreisen gleich groß ist), auch je festere Verhaltensregeln im allgemeinen eine Gruppe besitzt. Man könnte hier auch sehr individuelle Reaktionen aufweisen, zum Beispiel je nachdem, wie weit ein Mensch in einer Gruppe eingelebt ist. Es liegt auf der Hand, daß sich ein Neuling schneller anzupassen suchen wird (hierin gründet die komische Eilfertigkeit, mit welcher der typische »Nouveau riche« jede, auch die kleinste Modetorheit mitmacht: Er befürchtet ständig, »den Anschluß zu verpassen«); aber es kann auch eine tief persönlich begründete Unsicherheit der ganzen Existenz manchen Individuen selbst die leichteste Mißbilligung von seiten ihrer Umwelt unerträglich machen, so daß sie gewissermaßen immer vorneweg leben in einem ruh- und rastlosen Verwandlungsdrang, der sie schließlich mit einem ausgesprochenen Persönlichkeitsverlust bedroht. Das wäre der Hysteriker der Mode, der eigentliche Snob.

So liegt eine ganze Skala von verschiedenen Einstellungen zur Mode zwischen jenem, der um keinen Preis den Anschluß verpassen will, und jenem anderen, der von der Mode so gut wie gar nicht berührt wird. Interessant sind hierbei vor allem die »unsicheren« Existenzen und die Peripheren, weil sie uns in erhöhtem Maße den Druck erkennen lassen, den die Mode in Richtung der Anpassung ausübt. Es ist allgemein bekannt, daß die französischen Emigranten nach 1789, die Cidevants, in ihrem modischen Gehaben ausgesprochen besonders übertrieben waren und damit vielfach den Unwillen ihrer Umwelt hervorriefen; ähnliches gilt für andere Emigranten oder überhaupt für Gruppen, die in der umgebenden Gesellschaft noch nicht ganz anerkannt sind und die diese Distanz durch eine besonders peinliche Beobachtung der Mode zu überwinden hoffen. Damit wird modisches Verhalten auch zum Mittel des sozialen Aufstiegs; so finden wir etwa im 20. Jahrhundert bestimmte Gruppen der »neuen« Mittelklassen, vor allem der Angestelltenschaft, viel modeanfälliger als die alten bürgerlichen Klassen. Ähnliches gilt für die Jungarbeiter. Dazu kommen dann auch alle ausgesprochenen Randexistenzen wie die »Halbwelt« oder auch die »Unterwelt« der Abenteurer und Heiratsschwindler und alle, die ihrer Stellung nicht sicher sind. Ähnliches gilt für die vielberufenen »Halbstarken«. Sehr typisch ist in dieser Hinsicht auch das Verhalten der verwestlichten administrativen und geschäftlichen Eliten der sogenannten »unterentwickelten« Länder des Nahen und Fernen Ostens, Zentral- und Südamerikas sowie der neuen

Staaten Afrikas. Sie sind heute geradezu die Prototypen einer etwas übertriebenen Eleganz, die immer den anderen um eine Nasenlänge voraus sein wollen. Sie vergessen dabei jedoch allzu leicht, daß zwar sicher der eine Grundsatz der Mode lautet, nicht »zu spät« zu sein, daß sein unaufgebbares Gegenstück aber besagt, man dürfe auch nicht »zu früh« sein. Ihr Verhalten ist hierin ähnlich dem von Halbwüchsigen, die gern auch in dieser Hinsicht über die Stränge schlagen, wobei uns jedoch all dieses ein Symptom für die Regelungskraft der Mode ist, die gelegentlich selbst das Absurde erzeugt.

Ein neueres Lehrstück der Soziologie von der »relativen Benachteiligung« und der »Bezugsgruppe« erlaubt uns, die Analyse des beschriebenen Verhaltens zu vertiefen. Unter relativer Benachteiligung versteht man die Zurücksetzung, die einer empfindet, wenn Angehörige anderer Gruppen, mit denen man sich aber gleich oder ähnlich fühlt, auf Grund ihres Verhaltens ein bestimmtes »Ansehen« als gesellschaftliche »Belohnung« erhalten, dessen man selber nicht teilhaftig wird. Das daraus folgende Gefühl der Zurücksetzung kann mit starken Unmutreaktionen nicht nur kollektive Depressionen, sondern umgekehrt Tendenzen zur Übertreibung bestimmter Moden erzeugen. Die Schwierigkeit der Ausrichtung an »Bezugsgruppen« liegt darin, daß die Beteiligten andauernd widersprüchlichen Zwängen ausgesetzt sind, und zwar einerseits aus der Gruppe, der sie ihrer Herkunft nach angehören, und andererseits aus der Gruppe, der sie noch nicht angehören, die sie aber erstreben, so daß letztere für das gesamte Verhalten zur Bezugsgruppe wird. Diese schizophrene Haltung tritt vor allem in der sozialen Aufstiegssituation hervor, und sie ist in mancher Hinsicht der des Snobs vergleichbar.

Wir finden jedenfalls nach der Auswirkung des modischen Wechselimpulses ein nachfolgendes starkes Drängen auf einheitliches Verhalten. Man nennt dies auch *Uniformierungstendenz,* die es erreicht, daß sich die Mitglieder eines relativ geschlossenen Kreises gern in ihrem ganzen Gehaben einander angleichen. Auf Grund der uniform gewordenen Mode können dann die Mitglieder einer Gruppe einander wiedererkennen, was ein unbestimmtes Gefühl der Befriedigung und der Sicherung erzeugt. Diese Angleichung ist allerdings in einer gegebenen größeren Gesellschaft niemals eine vollständige. Denn erstens finden wir in jeder Gesellschaft zahllose verschiedene Kreise mit sehr verschiedenen Verhaltensweisen und dementsprechend sehr verschiedenen Arten, auf die Mode zu reagieren. Überdies bleibt in jedem einzelnen Kreis dem Betroffenen ein ebenfalls konventionell festgelegter Spielraum, innerhalb dessen er das von der Umgebung vorgehaltene oder vorgelebte Verhaltensschema persönlich abwandeln darf. Uniformierung als vollkommene Einförmigkeit kommt nur in seltenen, extremen Grenzfällen vor und gilt auch dann meist nur in einer Hinsicht. Man denke etwa an die sachlich bedingte Uniformierung des Militärs, die ja daneben zivile Verschiedenheiten keineswegs ausschließt. Darum sind auch völlig uniforme Massen so außerordentlich selten; denn mit der mengenmäßigen Vergrößerung einer Gruppe steigt auch die Chance, daß alle möglichen Verschiedenheiten diese Masse nach bestimmten Eigenheiten gliedern.

Obwohl also offensichtlich der Druck zur Anpassung und Assimilation, der von der Mode ausgeht, relativ schwach ist, weil die Mode nur verhältnismäßig unbestimmte Sanktionen gegen den Verächter ihrer Regelungen aufzubieten hat, so darf man dennoch ihre formende Kraft nicht unterschätzen. Denn welcher Mensch wäre imstande, das Lächeln oder das unverhohlene Lachen seiner Umgebung auf die Dauer zu ertragen? Und das noch unangesehen dessen, daß ihm die Verwendung modischer Güter oder der Gehorsam gegenüber dem gebotenen Verhalten um so stärker nahegelegt wird, je mehr sich die Mode durchsetzt. Gewiß mag er eine Weile Widerstand leisten (wir haben sogar ganze Schichten oder Teile der Gesellschaft, die dies regelmäßig tun), gewiß mag er auch das Neue für seinen eigenen Gebrauch zurechtmodeln. Früher oder später erliegt er doch — und empfindet sogar noch eine gewisse Befriedigung dabei.

Allerdings dürfen wir darum auch jene nicht vergessen, die aus irgendwelchem Grunde der Mode Widerstand zu leisten suchen. Aber selbst dieser Widerstand ist nicht frei von modischen Einflüssen, und zwar insofern, als es in manchen Gruppen und Cliquen plötzlich fashionable werden kann, der Mode für eine gewisse Zeit nicht mehr zu folgen. Es kommt dann zu einem eigentlichen *modischen Gegenstrom-Effekt,* der etwa dadurch ausgelöst werden kann, daß irgendeine Gruppe, die bei bestimmten sonst modisch führenden anderen Gruppen minder angesehen ist, einen einzelnen Modezug übernimmt, was dann unmittelbar zur Folge hat, daß sich die anderen nicht mehr an der Mode beteiligen. Dies geschieht häufig, wenn sich manche Moden universalisieren. Als zum Beispiel vor etwa fünfzig Jahren das Dienstmädchen den gleichen Hut wie ihre Herrin trug, begannen große Gruppen der oberen Wohlstandsschichten, den Hut abzulegen. Es verging lange Zeit, bis sich der Damenhut eine neue Stellung erobert hatte, die aber von der vor dem Ersten Weltkriege etwa zutiefst unterschieden ist. Diese lebt heute nur noch fort in den unteren Mittelklassen und den oberen Unterklassen. Andere Formen von Anti-Moden werden später besprochen.

Wurzeln und Verzweigungen

Bisher haben wir einzig eine rein beschreibende Definition des modischen Verhaltens vor uns, die mit Absicht jeglichen Erklärungsversuch ausschaltet. Von hier aus müssen wir jedoch weiter vorstoßen; denn sonst wird es für immer unverständlich bleiben, woher die Mode ihre allumfassende Kraft bezieht. Es ist ja wirklich etwas Seltsames um die Mode, daß sie einem – je länger man sich mit ihr beschäftigt – immer bedeutsamer erscheint. Sie beginnt gewissermaßen an der äußeren Hülle des Menschen und der Dinge, schließlich stellt sie sich jedoch als ein universales Gestaltungsprinzip der menschlichen Gesellschaft dar. Die folgenden Ausführungen sollen dies näher begründen, wobei wir nochmals hervorheben, daß wir uns dabei ständig die Vielseitigkeit der Mode vor Augen halten und es dementsprechend um jeden Preis vermeiden wollen, auf nur ein einziges Erklärungsprinzip abzustellen. Ganz abgesehen davon, daß die ursprünglichen Antriebe und Wurzeln für die Mode in alle möglichen Tiefenschichten der Seele reichen, aus denen sie in das Kleidungsverhalten »verschoben« worden sind, ist auch in der spezifisch sozialen Dimension zu bemerken, daß verschiedene Momente gleichzeitig in der Entfaltung der Mode wirken, die nicht immer gleichsinnig sein müssen. Nur so wird es dann begreiflich, daß die Mode auch zahllose Lebensäußerungen des Menschen erfassen kann, daß ihre Verzweigungen überall spürbar werden.

Es ließe sich natürlich sagen (und so ist es auch geschehen), daß die Mode erst in unserer modernen Wirtschaftsgesellschaft jene überragende Bedeutung erlangt hat, die wir ihr beimessen. Zwar kennen auch vergangene Zeiten, bis ins graue Altertum, ja bis in die Vorgeschichte zurück, modische Erscheinungen; aber sie bleiben dort regelmäßig auf die Oberschicht, also auf eine geringfügige Minderheit beschränkt, der gegenüber die großen Massen stark traditionell ausgerichtet sind und ihre Lebensweise nur in säkularen Rhythmen ändern. So haben sie auch eher die Tendenz, einen traditionellen Habitus auszubilden, etwa als »Tracht« oder als eine mehr oder weniger genormte und gleichmäßige äußere Verhaltensweise, an der sich die Mitglieder einer geschlossenen Gruppe wiedererkennen. Umgekehrt könnte man sagen, daß die pietätlose Beschleunigung in der Abwechslung der verschiedenen Lebensformen für alle (oder mindestens sehr viele) Menschen eine typisch gegenwärtige Erscheinung darstelle; die Mode würde sich dann wesentlich dadurch bestimmen, daß sie einfach »modern« ist.

Abgesehen davon, daß wir uns mit der letzten Aussage im Kreise bewegen würden, gelangten wir auf diesem Wege zur Behauptung, die Mode sei eine Verhaltensweise, deren massenhafte Verbreitung erst in einem ganz bestimmten geschichtlichen Zustand auftritt. Alles Frühere sei höchstens eine Vorform der Mode, eventuell eine bloße Abnormität, die sich noch dazu auf gewisse genau bestimmbare und überdies sehr kleine Kreise beschränke; die Mode sei also mit einem Wort etwas durch und durch geschichtlich Gewordenes und besitze keine weiterreichenden Wurzeln.

Würde die Mode tatsächlich nur aus gewissen historischen Voraussetzungen herauswachsen, dann wäre sie in der Tat das reine Oberflächenphänomen, als das sie normalerweise angesprochen wird, und niemals könnte man es jemandem begreiflich machen, wieso sie sich mit so unheimlicher Gewalt auswirkt, daß sich ihr der Mensch kaum entziehen kann. So werden wir zu der Annahme veranlaßt, jenseits der zweifellos ebenfalls vorhandenen historischen Faktoren, die heute die Ausbreitung der Mode über immer größere Bevölkerungsschichten begünstigen, noch nach anderen Wurzeln Ausschau zu halten, die tiefer in der Menschennatur verankert sind. Ohne solche Wurzeln bliebe die schicksalhafte, ja gelegentlich tyrannische Macht der Mode unerklärlich. Das heißt zweifellos nicht, daß man die Mode ohne alle historischen Voraussetzungen begreifen kann; wir werden selber später deren entscheidende Elemente in der modernen Wirtschaftsgesellschaft herauszuschälen haben. Jedoch muß das Verhältnis zwischen anthropologischen (also allgemein-menschlichen) und historischen Fakten neu bestimmt werden, und zwar etwa in der Weise, daß man besondere geschichtliche Umstände herausarbeitet, welche die freie Entfaltung der Mode begünstigen. Dann läßt sich ohne weiteres verstehen, weshalb die Temperierung des modischen Verhaltens, die Heftigkeit, mit der es sich durchsetzt, im wesentlichen auf beharrlichere Wurzeln hinweist, als sie eine historisch vorübergehende soziale und wirtschaftliche Verfassung gewährleisten kann.

Wenn man dies in solcher Allgemeinheit hört, erhebt sich augenblicklich eine sehr naheliegende Frage: Laufen wir damit nicht Gefahr, die Erscheinung der Mode über alle Gebühr auszuweiten? Wenn man die Frage in dieser Einfachheit betrachtet, muß sie selbstverständlich bejaht werden. Es geht uns aber keineswegs darum, das modische Verhalten restlos aus bestimmten allgemeinen und konstanten Tiefenverhältnissen der menschlichen Seele herzuleiten. Gemeint ist damit vielmehr nur, daß die Mode auf seelischen und sozialen Grundverhältnissen »aufsitzt«, wobei sich diese Grundverhältnisse im übrigen noch in eine ganze Reihe vollkommen verschiedener Erscheinungen verzweigen. Mit diesem »Aufsitzen« der Mode auf allgemein menschlichen Grundverhältnissen ist aber etwas sehr Wichtiges ausgesagt. Es heißt dies nämlich nicht mehr und nicht weniger, als daß die Mode keineswegs nur eine Rand- und Oberflächenerscheinung der sozialen Welt ist, sondern daß sie mit ihrer Verwurzelung in bestimmten anthropologischen, psychologischen und soziologischen Grundverhältnissen wirklich die Möglichkeit besitzt, zu einer elementaren Macht des sozialen Geschehens zu werden. Mit der Tiefenausdehnung der Mode und des modischen Verhaltens entscheidet sich auch die Reichweite ihrer Wirkungen.

Modisches Verhalten bei Tieren und Kindern

Die Mode wird auf bestimmte Weise immer neu und immer anders. Aber stets tritt sie mit dem Anspruch auf, daß sie die eigentliche Lösung und Vollendung einer besonderen Aufgabe darstelle, daß sie also nach dem plötzlichen Wandel bleiben und beharren sowie ein Maximum an Menschen erfassen müsse, die sich lächerlich machen würden, wenn sie der Mode nicht folgten. So liegt also in der Mode einerseits etwas Lockeres, ein unübersehbarer Zug von Irrationalität, Leichtsinn, ja von Frivolität, Abenteuer und Oberflächlichkeit, wie es scheint. Gleichzeitig treten aber in ihr eine Notwendigkeit und ein Zwang eigener Art zutage, die sich bis zum Schicksal steigern können. Ein französisches Wort gibt dieses Verhältnis besonders glücklich wieder: »La mode est la fille du hasard et la mère de grandes tragédies.«

Die Mode ist das Kind des Zufalls und die Mutter großer Tragödien, wenn zum Beispiel bereits produzierte Waren vom potentiellen Käufer refüsiert werden, weil sie seinen modischen Ansprüchen und Erwartungen nicht entsprechen.

Wie ist nun wohl dieser Widerspruch zu verstehen?

Hier gewinnen wir bereits eine erste Verfeinerung unserer Behauptung von der Vielseitigkeit der Mode, die immer auch eine Vielschichtigkeit ist. Der scheinbare Widerspruch zwischen Wandel und Beharrung löst sich nämlich in dem Augenblick auf, in dem wir begreifen, daß die Mode zugleich in einer Tiefen- und in einer Oberflächenschicht der menschlichen Natur gründet. In zugespitzter Wendung könnte man sagen: Es liegt ein tiefverwurzelter Drang im Menschen, oberflächlich und kapriziös zu sein.

Wie tief nun dieser Drang verwurzelt ist, mag allein durch die Tatsache belegt werden, daß man sogar bei den Spielen der Tiere von eigentlichen Moden hat sprechen können. So hat man etwa beobachtet, daß Menschenaffen eines guten Tages wie vernarrt waren in ein bestimmtes Spiel und für geraume Zeit nicht mehr davon lassen wollten, bis sie von irgendeinem völlig unergründlichen Augenblick an das alte Spiel fallenließen, durch keine Lockung mehr zu ihm zu bewegen waren und zu einem anderen Spiele übergingen. Wenn wir an die obige Definition des modischen Verhaltens zurückdenken, finden wir in der Tat eine auffällige Ähnlichkeit mit dem geschilderten Verhalten. In der Kinderstube läßt sich übrigens das gleiche beobachten.

Selbst wenn es sich bei diesen und ähnlichen Erscheinungen um ein rein »anfallsweises« Verändern des Verhaltens ohne eigentliche soziale Regel handelt, so ist doch die Analogie mit dem modischen Wechsel von Wandel und Beharrung auffällig genug. Der spielerische Wechsel von Verhaltensweisen, die jeweils für eine begrenzte Zeit eine Beharrungstendenz aufweisen, scheint also nicht nur bei erwachsenen Menschen, sondern bereits bei bestimmten Tierarten, sicherlich aber bei Kindern vorzukommen. Außerdem besteht eine augenfällige Gleichförmigkeit im Verhalten mehrerer Individuen, die geradezu als Assimilation erscheint. Die modernen Tierpsychologen sprechen sogar von einer »Ritualisierung« des Verhaltens, indem »bestimmte Bewegungsweisen im Laufe der Phylogenese ihre eigentliche, ursprüngliche Funktion verlieren und zu rein ›symbolischen‹ Zeremonien werden« (Konrad Lorenz). Sie wirken dann mit der Unabdingbarkeit von Instinkthandlungen. Wir können also durchaus von einer Präformation eines bestimmten Zuges am modischen Verhalten im Tierreich oder beim Kinde sprechen. Dabei tritt noch eine andere Seite der Erscheinung besonders aufdringlich hervor. Der Zwangscharakter der Mode hat nämlich gelegentlich einen fast mechanischen Zug; daher denn auch der herabsetzende Nebensinn des Wortes »Uniformierung«, in dem etwas von Herden- und Rudelhaftigkeit steckt. Nun ist dazu folgendes zu sagen: Rudelhaftes Verhalten ist eigentlich kein (oder noch nicht) soziales Verhalten. Wenn eine Herde Wildtiere bei sich nähernder Gefahr auf das Warnungssignal des »Leittieres« hin flieht, so ist darin an sich noch keine soziale Reaktion zu sehen, selbst wenn es sich um ein gleichförmiges Verhalten mehrerer Individuen handelt. Zwischen dem Leittier und den anderen besteht natürlich eine Beziehung, die jedoch nicht spezifisch sozialen Charakters ist. Das Leittier löst durch sein Verhalten den Fluchtinstinkt aus; jedes Tier reagiert im übrigen individuell auf den Außenweltreiz, der genausogut von ganz anderer Seite (und nicht vom Leittier) kommen könnte. Die Reaktion ist hier nicht viel anders, als wenn bei einem plötzlich einsetzenden Regenguß viele Menschen auf der Straße gleichzeitig den Regenschirm öffnen.

Trotzdem darf dies Beispiel nicht ganz von der Hand gewiesen werden, wenn wir das Gehaben von Kindern bedenken. Auch in den »Mode-Spielen« der Kinder kann man nämlich etwas Ähnliches feststellen. Bis zum Alter von zweiundeinhalb Jahren spielen sie gar nicht »miteinander« (also im strengen Sinne sozial), sondern nur »nebeneinander her«

alle das gleiche Spiel. Dabei besteht gewiß eine Beziehung von Reiz und Reaktion zwischen den einzelnen Kindern; eine solche Beziehung ist aber an und für sich ebenfalls noch nicht sozialen Charakters. Ein ausgesprochen soziales Moment tritt in den Kinderspielen erst später zutage.

Ohne uns nun weiter auf tier- und kinderpsychologische Auseinandersetzungen einzulassen, können wir vermuten, daß das Verhalten von Tieren und Kindern gelegentlich dem modischen Verhalten mit seinem plötzlichen Wechsel und nachfolgenden Beharren äußerst ähnlich ist. Wir wollen nun auf Grund dessen hier nicht von ausgesprochenen »Keimformen« der Mode sprechen. Wohl aber kann man angesichts der Verbreitung des geschilderten Verhaltens bei Tieren und Kindern sehr wohl annehmen, es könne sich ein solches Gehaben auch in anderen Dimensionen des seelischen Geschehens fortpflanzen, ohne darum wesentliche Unterschiede zu leugnen. Elementare Verhaltensweisen können nämlich sehr wohl eine Umformung und vor allem Umdeutung erfahren, sowie sie von »höheren« seelischen Prozessen ergriffen werden. Für uns bleibt jedenfalls entscheidend, daß wir noch jenseits der Schicht des spezifisch sozialen Verhaltens bestimmten Reaktionsweisen begegnen, die in gewisser Hinsicht eine Vorform des modischen Verhaltens darzustellen scheinen. Daß sie dennoch davon unterschieden sind, zeigt allein der starke Wiederholungszwang bei Kindern, überhaupt der häufig stark triebhafte Charakter ihres Verhaltens. Selbst wenn nun auch beim modischen Verhalten oft ein fast mechanisch-stumpfsinniges Reagieren vorzuwiegen scheint, ein eigentlicher »Tache d'huile« oder Schneeball-Effekt, so springen doch hierbei jenseits der rein reizreaktiven Beziehungen die eigentlichen sozialen Beziehungen selbst im einfachsten Falle in die Augen. Denn neben dem Automatismus eines gleichförmigen Verhaltens bei größeren Menschenmengen steht doch immer ein ausgesprochenes Motivationsspiel, das sowohl bei Tieren wie bei Kleinkindern fehlt. Und das gilt, selbst wenn die besagten Motivationen noch so primitiv sind, etwa nach dem Schema: »Man muß sich wie die anderen verhalten, weil es sich so gehört.«

Trotzdem kann es aber für uns nicht gleichgültig sein, daß es einen solchen urplötzlichen Wandel des Verhaltens angesichts bestimmter Situationen mit nachfolgender Beharrungstendenz jenseits der Schicht des eigentlichen sozialen Verhaltens schon bei Tieren und Kleinkindern gibt. Zeigt uns doch diese Erscheinung, wie tief verwurzelt bestimmte höher entwickelte Verhaltensweisen allgemein im Leben sein können. Dieser Umstand schafft dann ein gewisses Gefälle, an dem ganz anders dimensionierte Verhaltensweisen einsetzen. Entsprechend dieser wenigstens anlageweisen Präformierung dürfen wir dann ohne weiteres voraussagen, daß sich solche höheren Verhaltensweisen mit besonderer Intensität ausbilden und ausgestalten müssen. Auch das Lächeln als Ausdrucksform von zuhöchst differenziertem Charakter hat seine reizphysiologische Vorform. Diese steht jedoch in keinem Widerspruch zu der Tatsache, daß die Kulturform des Lächelns zu einer eigenen, durch soziale Gebote und Konventionen geregelten Sprache geworden ist. Das hätte sich allerdings gewiß nicht mit solcher Gleichförmigkeit über das gesamte Menschengeschlecht verbreitet und mit solcher Hartnäckigkeit und Beharrlichkeit erhalten, wenn eben dem Lächeln keine primitive Reizform zugrunde liegen würde. Das hindert keineswegs das Auftreten ganz andersartiger Momente in der Dimension der Kultur, die in allen unteren Schichten nicht enthalten waren.

Von besonders großer Bedeutung für die Mode erscheinen uns insbesondere die von den Tierpsychologen als *Auslöser* bezeichneten körperlichen Strukturen oder angeborenen Bewegungsweisen, die beim Betrachter oder Empfänger solcher Signale eine bestimmte Reaktion hervorrufen. Solche Auslöser gibt es auf allen Sinnesgebieten, wie Konrad Lorenz schreibt, sie sind optisch, geruchlich oder akustisch. Sie spielen eine entscheidende Rolle bei dem Erfassen von »Beute«, beim Erkennen von »Jungen« oder des »Geschlechtspartners«. Gerade in dieser letzten Hinsicht liegt die Verbindung mit der Mode besonders nahe, so daß ein paar Worte über diese Neuentdeckungen der Tierpsychologie sehr wohl am Platze sind. Gleichzeitig wird die vitale Bedeutung dieser Mechanismen deutlich.

In Attrappenversuchen hat man herauszubekommen versucht, welche Kombination von Merkmalen ein solcher Auslöser haben muß, um die größtmögliche Wirkung zu entfalten. Dabei war man erstaunt festzustellen, wie wenig Ähnlichkeit die beste Attrappe für unser Auge mit dem natürlichen Objekt haben muß. So bekämpft etwa ein Rotkehlchen ein wenige Quadratzentimeter großes Büschel rostroter Federn genau wie einen wirklichen Nebenbuhler. Dies führte zu weiteren Versuchen, indem man die Attrappen und ihre Merkmale immer weiter zerlegte. Dabei zeigte sich, daß jedes einzelne Merkmal für sich allein als Auslöser wirken kann, wenn auch seine Wirkung weniger intensiv ist. Das führte zur Annahme, daß letztlich die Wirkung einer Attrappe genau der Summe der einzelnen Wirkungen ihrer Merkmale entspricht. Dies wurde als »Reizsummenphänomen« bezeichnet. Gerade dies scheint uns aber eine enge Beziehung zum Phänomen der Mode zu haben.

Diese Merkmale, deren Erfassung mit bestimmten angeborenen Reaktionen beantwortet wird, weisen bei Tieren bestimmte Kombinationen auf, die man nicht weiter zerlegen kann. Solche »Beziehungsmerkmale« spielen nun auch bei

Menschen, die auf irgendwelche Ausdrucksbewegungen anderer Menschen ansprechen, eine ganz besondere Rolle. Dabei ist es für uns entscheidend, daß »für den in erster Linie optisch orientierten Menschen auch [. . .] die visuellen Auslöser« am wichtigsten sind, wie K. Lorenz sagt. Sie bilden gewissermaßen die Schlüssel für bestimmte Reaktionen. Es ist ungemein aufschlußreich zu hören, daß insbesondere die optisch wirksamen Bewegungen dieser Art »mimisch übertrieben« werden, »das heißt, ihre optisch wirksamen Anteile werden bis zum Grotesken unterstrichen und überbetont, sehr häufig unter Ausbildung bestimmter, die optische Wirkung fördernder Form- und Farbenmerkmale [. . .]«. Man spricht hier auch von »Symbolbewegungen«, wobei wiederum die Beziehung zur Ritualisierung des Verhaltens naheliegt, von der oben gesprochen wurde.

Daß mit alledem nicht nur eine ferne Verwandtschaft ähnlicher Erscheinungen gemeint sein kann, wird schließlich dadurch belegt, daß Konrad Lorenz den Anschluß an die Mode selbst herstellt, die er als »eine überoptimale Attrappe« bezeichnet, indem sie gewisse Indikatoren der hormonalen Geschlechtsfunktionen und überhaupt der geschlechtlichen Vollwertigkeit unterstreicht, etwa durch übertrieben stark aufgetragenes Make-up. Hier liegt zweifellos eine entscheidende Wurzel des *Schminkens,* das für die Mode eine so große Rolle spielt, eine Technik, die wohl fast so alt ist wie die Menschheit überhaupt, wie uns Funde von Schminkutensilien aus den ältesten bekannten Kulturen beweisen. Die primitive Kosmetik befaßte sich mit Färbung und Gestaltung der Haare, Färbung der Lippen, Zähne, Augen und Augenbrauen, Färbung und Tätowierung der Wangen, Brüste und Bauchhaut, des Rückens und insbesondere auch des verlängerten Rückens, der gern durch Federn und anderen Schmuck vergrößert wird, falls man nicht geradezu fettsteißige Frauen »züchtet«, die als sexuell besonders anziehend gelten. Da die geschlechtliche Herausforderung, die in der farbigen Unterstreichung bestimmter Sexualmerkmale liegt, letztlich auf die Vereinigung der Geschlechter drängt und in ihr eine eigentliche Sinnerfüllung findet, wird die Rolle dieser Auslöser für die Erhaltung der menschlichen Art denkbar deutlich sichtbar. Im übrigen werden dabei natürlich auch andere Sinnesdimensionen mobilisiert, wie etwa die akustische, wobei der unterschiedliche Klang der weiblichen und der männlichen Stimme ausschlaggebend wirkt, oder auch die geruchliche, deren Bedeutung für die Anziehung der Geschlechter nicht hoch genug eingeschätzt werden kann und die sich in der Herstellung von mannigfaltigen *Parfüms* seit Urzeiten bestätigt hat. Der Gesamteindruck des modischen Verhaltens ist somit selber ein Reizsummenphänomen im strengen Sinne, indem zahllose Merkmale, die jedes für sich eine gewisse Wirkung ausüben, in ihrer Vereinigung einen ungewöhnlich starken Eindruck und eine entsprechende Orientierung des Verhaltens jener Menschen erreicht, für die diese Signale bestimmt sind. Damit wird letzten Endes modisches Verhalten eingebettet in die Zusammenhänge, die für die Erhaltung der Art notwendig sind, und das Streben nach modischer Verwandlung wirkt dementsprechend mit der gleichen elementaren Gewalt wie alles, was der Arterhaltung dienlich ist.

Das Neue, die Neugier und der New Look

Wenn wir die Mode auf diese Weise betrachten, dann zeigt sich ohne weiteres, daß in ihr bestimmte Wurzeln fortwirken müssen, die selber nicht modischen (also im wesentlichen vorübergehenden) Charakters sein können. Die Inhalte der Mode gehören zwar allemal der Zeit und verschwinden wieder mit ihr; die Strukturform der Mode als eine besondere Art des geregelten Verhaltens, wie es vorher beschrieben wurde, hat jedoch gewisse Konstanten, an denen sich allererst entscheidet, was Mode eigentlich ist. Es liegt hierbei wie mit zahlreichen anderen sozialen Erscheinungen, etwa der Familie, die wahrscheinlich schon längst wie eine beliebige Zeiterscheinung wieder verschwunden wäre, wenn eben nicht in ihr Wurzeln zutage treten würden, die tief in die menschliche Natur zurücklaufen. Wenn wir die Mode ernst nehmen, dann müssen wir den Satz vorausstellen, daß das modische Verhalten als solches keine modische Erscheinung ist, selbst wenn sich seine besonderen Inhalte immerfort verändern.

Bisher erschien der plötzliche Wandel des Verhaltens als ein wesentlicher Grundzug der Mode. Dieser plötzliche Wandel erschließt in irgendeiner Dimension des Daseins etwas

Neues, das sich dann mit einem gewissen Zwangscharakter durchzusetzen sucht. In dieser Hinsicht wird der »New Look«, die »Neue Linie«, zum Schicksal für die Mode und das modische Verhalten. Damit ist zugleich gesagt, daß die Aufgeschlossenheit des Menschen für das Neue in gewisser Weise – neben vielem anderen – Voraussetzung auch für das modische Verhalten ist. Wenn wir nun hier von allen besonderen Erscheinungsformen des Neuen absehen und einzig nach den Bedingungen fragen, die ein solches Verhalten begründen, dann werden wir letztlich wiederum bis in die Triebsphäre verwiesen. Daher denn auch die immer erneuerten Versuche, einen besonderen »Trieb zum Neuen« beim Menschen anzusetzen, eine eigentliche »Neophilie«, die sich auf die verschiedensten Arten äußern kann.

Wenn auf die triebhafte Wurzel zurückgegangen wird, die einem solchen Verhalten entspricht, dann redet man von »Neu-gier«. Die Neugier ist das Verhaltensschema, mit dem sich der Mensch das Neue erschließt. Insofern die Mode mit einem plötzlichen Wechsel des Verhaltens auch immer neue Inhalte schafft, liegt auch ihr ein solches Neugierverhalten zugrunde. Das Streben nach Neuem tritt in der Tat beim Menschen mit elementarer Wucht auf, die von den niedersten Verhaltensweisen bis in die höchsten Dimensionen der Erkenntnis und einer geradezu weltsprengenden Sehnsucht nach dem absolut Neuen, dem Niegesehenen, dem Unerhörten reicht. Der Drang nach Erkenntnis und die Sensationslust, religiöse Visionen, die alle bestehenden Himmel überhimmeln, und jene Leidenschaft, die den Vorhang vor dem Standbild zu Sais herunterreißt, sie alle liegen auf einer Linie mit jenem unfaßbaren, aber nie zu erfüllenden oder zu befriedigenden Drang zum Neuen, wie er unter anderem auch im modischen Verhalten in Erscheinung tritt.

Auch hier muß übrigens darauf hingewiesen werden, daß wir bereits bei manchen Tieren gewisse Vorformen des Neugierverhaltens beobachten können, das zur Bezeichnung der »Neugiertiere« Veranlassung gegeben hat. Allerdings wird hier die Reichweite des Neuen durch die Instinkte eingeschränkt. Je ausgeprägter die Instinkte sind, desto begrenzter wird das Feld, in dem Neues sichtbar werden kann. Je mehr dagegen höhere Verhaltensweisen auftreten, desto freier wird ein Lebewesen für die Erfahrung des Neuen, desto intensiver dementsprechend seine Neugier. Vor der ungeheuren Sicherheit des instinktiven Verhaltens wird das Auftreten der Neugier zum Ausdruck einer fundamentalen Unsicherheit; mit dieser Unsicherheit erkauft sich allerdings der Mensch den überströmenden Reichtum des Lebens in der Kultur, während sich der Instinkt in eine artgemäß streng begrenzte Welt einschließt. Bei dem Aufstieg in die Welt der sozialen Kultur haben wir also mit einem Triebüberschuß zu rechnen, der sich ganz grundsätzlich auf alles richten kann, was überhaupt Gegenstand der Erfahrung im weitesten Sinne ist. Deutlich erkennen wir hier, wie bestimmte Elementarfunktionen der Seele Impulse auslösen können, die sich über die gesamte Kultur auszubreiten vermögen, ohne daß man darum versuchen müßte, »Höheres« aus »Niederem« abzuleiten. Denn die Neugier des Menschen, mit der sich letztlich die Welt ins Unendliche ausweitet, hat mit der Neugier eines verspielten Tieres, das überall herumschnüffelt, nicht viel zu tun. Die Gewalt aber, mit der es den Menschen zum Neuen treibt, hat eine Wurzel, die sich bis in die letzten Tiefen seines Lebens verliert. Von da aus erschließt sich gewiß nicht die Kultur als solche, wohl aber ihr Reichtum, der sich in immer neuen Gestalten kundtut. Die Neugier käme erst dann an ein Ende, wenn alle Möglichkeiten des Daseins definitiv erschöpft wären.

Wenn wir vorläufig nur die eine Seite der Mode ins Auge fassen, nämlich den plötzlichen Wandel des Verhaltens, dann dürfen wir vom eben Gesagten her auf eine dauernde Bereitschaft zum Wechsel schließen, auf eine unersättliche Unruhe, die gleichsam beständig in der Erwartung lebt, auf der Lauer und auf dem Sprunge ist, die eingelebten Verhaltensweisen zu ändern. Wann und in welchem Augenblick dies dann tatsächlich geschieht, ist — ganz allgemein gesprochen — wesentlich unvoraussehbar, da diese Erwartung ja eine dauernde Bereitschaft darstellt, die durch den geringsten Reiz aktiviert werden kann. Diesem Umstand ist es auch zu verdanken, daß die äußeren Einflüsse eine so große Bedeutung für die Mode gewinnen können, da sie ihre Anregungen bald hier, bald dort aufgreift, sowie das Wechselbedürfnis eine gewisse Intensität erreicht hat.

Darauf spekuliert auch die Wirtschaft, wenn sie — erst langsam und tastend, dann immer entschiedener — beginnt, neue Waren anzubieten, nachdem einmal eine Mode eine gewisse Zeit gedauert hat. Dies darf allerdings keineswegs in dem Sinne gedeutet werden, als würde darum die Mode durch die Wirtschaft erzeugt, wie man so oft hören kann. Wenn nämlich diese Bereitschaft zum modischen Verhalten im Sinne einer nach allen Seiten hin offenen Neugiererwartung nicht vorhanden wäre, würden alle noch so verlockenden Angebote der Wirtschaft nichts nutzen und keine plötzlichen Veränderungen des Verhaltens größerer Menschenmengen erreichen. Was einer solchen Spekulation von seiten der Wirtschaft die Erfolgschancen gibt, ist gerade die elementare Anlage zum modischen Verhalten. Niemals aber wird modisches Verhalten als solches vom Musterangebot der Wirtschaft erzeugt. Die Form des modischen Verhaltens ist also in jeder Hinsicht der Wirtschaft vorgeordnet; einzig die Inhalte können von ihr bestimmt werden — wenigstens bis zu einem gewissen Grade. Darum bleibt auch in jedem modischen Warenangebot ein Rest von reiner Spekulation: Das modische Verhalten ist nicht nur unvoraussehbar in bezug auf den Moment des Wandels, sondern es wählt auch aus und läßt sich dabei von den mannigfaltigsten äußeren Einflüssen leiten. Es bedarf oft zahlloser Angebote, bis sich die kapriziöse Schöne entscheidet und damit der reinen Ware modischen Kurswert verleiht. Immerhin muß zugestanden werden, daß in einem Zeitalter der Massenproduktion mit seinem ungeheuer variablen Warenangebot auf allen Gebieten einer häufigeren modischen Neuorientierung Vorschub geleistet wird. Dementsprechend haben wir heute gegen früher mit einer ganz allgemeinen »Beschleunigung« der Modeentwicklung zu rechnen.

Zur Beschleunigung kommt noch eine unübersehbare Vergrößerung des Fächers der Mode, also ihres »Sortiments« in einem weitesten Sinne. Es werden einfach immer mehr, immer andere und immer neue Dinge dem modischen Wandel unterworfen. Damit erweitert sich konsequenterweise auch das Kaleidoskop modischer Kombinationen, das schon längst über die klassische Konstellation von Grundlinie und Akzessoire hinausgeht. Gewiß bedeutet das in gewisser Hinsicht auch eine Belastung; denn das kombinatorische Spielen mit den unendlichen Variationsmöglichkeiten in diesem Fächer der Mode mag gelegentlich den Mangel an Erfindungsgabe zu verdecken. Das tritt vor allem in historisierenden Phasen der Mode besonders hervor, die synkretistisch Elemente verschiedenster Herkunft kombinieren. Es bleibt aber, daß über kurz oder lang, mit einem plötzlichen Stoß, das wirklich Neue sich wiederum Bahn bricht und damit das bloße Umordnen vertrauter Elemente zum Abschluß bringt. Die echte Mode ist immer »Nouveauté«. Das Wort »Neuheit« gewinnt gerade dadurch seinen unausweichlichen Appell, daß es einen Schritt ins Unbekannte andeutet. Dazu gehört dann als Übergang die schon erwähnte Experimentierphase, während der sich ein Selektions- und Entscheidungsprozeß darüber vollzieht, welche der neuen Möglichkeiten schließlich wahrgenommen werden.

Schauen und Sich-Beschauen-Lassen

Wenn auch eine übergangslose Verbindung besteht zwischen dem einfachsten Neugierverhalten und dem Durst nach dem Unendlichen, dem »mal de l'infini«, wie der Franzose sagt, so muß doch diese Aussage noch konkreter gefaßt werden, um für die Mode spezifisch zu werden. Mit anderen Worten: Wir wissen jetzt, was die Mode mit anderen allgemein-kulturellen Verhaltensweisen gemeinsam hat; was ihr jedoch spezifisch eignet, wissen wir bisher noch nicht, das heißt, wir müssen noch fragen nach der besonderen Richtung der hier wirksam werdenden Neugier.

Schon zu Beginn dieser Untersuchung wurde zugleich mit dem Aufweis der ambivalenten Einstellung der Menschheit zur Mode auf die zugrunde liegende Triebstruktur des modischen Verhaltens hingewiesen, die es in nächste Nähe zur Erotik rückt. In der Tat erwächst auch die Neugier mit besonderer Gewalt allem Geschlechtlichen gegenüber. Dies schließt sich zusammen mit dem Grunddilemma der Mode, das zwischen Darbietung und Unterstreichung körperlicher Reize, insbesondere beim weiblichen Geschlecht, und Sicherung des Schamgefühls zu wählen hat. Gerade hier können wir aber erkennen, in welchem Ausmaß ursprüngliche Triebe sich unter dem Einfluß der Kultur zu wandeln vermögen, wobei wir uns vor allem auf den Trieb zum Schauen und Sich-Beschauen-Lassen beschränken, der ja in der Tat für die Mode von entscheidender Bedeutung ist. Sigmund Freud gibt auch dafür eine interessante Ableitung, indem er zeigt, wie der Schautrieb ursprünglich autoerotisch ist, sich also auf den eigenen Körper bezieht, wie es etwa in großartiger Weise die Brüder Goncourt in ihrem Roman »Manette Salomon« beschreiben, die vor dem Spiegel in verzückter Betrachtung ihres nackten Körpers erstarrt. Erst danach wird der Schautrieb auf dem Wege der Vergleichung auf einen fremden Körper gewendet. Schließlich wird auch dies Objekt aufgegeben, und der Schautrieb wendet sich gegen einen Teil des eigenen Körpers, womit sich zugleich das aktive Schauen in Passivität verwandelt und in die Aufstellung eines neuen Zieles, nämlich selber gesehen zu werden. Damit wird dann auch ein neues Subjekt gesetzt, dem man sich zeigt, um von ihm beschaut zu werden. Auch dieses Verhältnis, daß nämlich trotz der »Triebverwandlung« und seiner Verkehrung aus der Aktivität in die Passivität die ältere aktive Triebrichtung neben der jüngeren (passiven) bestehenbleibt, wird von Freud als ambivalent bezeichnet. So steht auf der einen Seite die Tendenz zum aktiven Schauen, die vom eigenen Körper auf den fremden geht, also vom Narzißmus auf die entfaltete Erotik, die das Objekt ihres Sehens im anderen Körper erblickt; auf der anderen Seite erwächst aus der gleichen erotischen Wurzel der Wunsch, gesehen zu werden, der sich in seinem Extrem bis zum offenen Exhibitionismus steigern kann, wie es etwa Arthur Schnitzler in seiner Novelle »Fräulein Else« schildert.

Das Neugierverhalten wird hier also engstens mit der erotischen Wurzel verbunden, während seine spezifische Ausdrucksform im Sehen und Gesehenwerden zu finden ist. Damit ist zugleich gesagt, daß trotz der eindeutig erotischen Bedingung alles modischen Verhaltens darum die eigentliche Erfüllung des Geschlechtstriebes darin keineswegs notwendig einbegriffen werden muß. Im Gegenteil: Man könnte sogar sagen, daß durch nichts der Geschlechtstrieb von seinem eigentlichen Ziel, der sexuellen Vereinigung, so stark abgelenkt werden kann wie durch das Spiel der Erotik in der Mode, das wiederum mit dem Mechanismus der »Verschiebung« häufig gerade dort zum Ausdruck kommt, wo gewissermaßen rein sexuell nichts zu holen ist.

Dies scheint uns sogar ein Grundzug der weiblichen Form der Erotik zu sein, während der Mann hierin direkter ist und dementsprechend auch häufig das Spiel der Frau mit ihrem Körper und mit allem, womit sie den Körper verdeckt oder auch entblößt, durchaus mißversteht. Andererseits muß aber auch betont werden, daß neben dem Verschieben und Ablenken der erotischen Wirkung auf Dimensionen, die nicht primär geschlechtlich sind, dann wieder gelegentlich der Körper selber ganz unumwunden als erotischer Gegenstand erscheint, sei es durch die prunkende Entfaltung der erotischen Wirkung der Haut oder der sekundären Geschlechtsmerkmale wie der weiblichen Brust, sei es auch durch Enthüllung bestimmter Gliedmaßen, deren erotische Wirkung von jeher bekannt gewesen ist, seit es eine ausgesprochene Kleidung gibt. Dazu gehört neben den Armen vor allem das weibliche Bein, das darum auch so gut wie durch die gesamte Modeentwicklung hindurch bedeckt geblieben ist. Eine wichtige Ausnahme stellt der seitlich geschlitzte chinesische Rock dar, der von der erotischen Wirkung der weiblichen Kniekehle Gebrauch macht. In Europa entblößte aber erst das 20. Jahrhundert das weibliche Bein bis zum Knie und schuf gleichzeitig mit dem Seidenstrumpf ein unvergleichliches Kunstwerk der Mode, das die Wade besonders modelliert, indem es sie mit einer hauchzarten Hülle umkleidet und dem natürlichen Reiz der nackten Haut die Glanzlichter von Seide, Kunstseide oder Nylon hinzufügt. Die meisten haben heute bereits längst vergessen, welche Revolution die Entblößung des weiblichen Beines bedeutet hat. Diese war ursprünglich viel intensiver als die mit dem Minirock verbundene Entblößung der Oberschenkel. Darum hat sich aber die Grundsituation nicht geändert, daß diese Entblößung im Dienste der Erotik steht, und die Empörung, mit der dieser Schritt aufgenommen wurde, ist genau identisch mit jenem allgemeinen Widerwillen, der sich so oft gegen die Mode wendet. In Indien gilt heute noch die Entblößung des Beins als schwerste moralische Verfehlung, die eine Frau begehen kann.

Wir sagten vorher mit Freud: »Wo ein Verbot vorliegt, muß ein Begehren dahinter sein.« Die Neugier, die zu einer steten Veränderung des modischen Verhaltens führt, wirkt im Grunde wie die kindliche Phantasie um das Verbotene, die den Mann immer wieder von der beständig sich erneuernden weiblichen Kleidung fasziniert sein läßt, wobei das erotische Bedürfnis meist ganz unbewußt bleibt. Es ist aber trotzdem da, wie einerseits die Moralpredigten der empörten Sittenwächter beweisen und andererseits die triebhaft unüberwindbare Anziehung durch das Verbotene, welche die Menschheit seit Anfang der Kultur gefangengehalten hat und noch immer gefangenhält.

Schmuck und Auszeichnung

Selbst wenn zugegeben werden muß, daß die Neugier eine bedeutende Rolle spielt in dem plötzlichen Wandel des Verhaltens, so ist sie doch keineswegs der einzige Faktor, der in diese Richtung treibt. In der Sucht und der Suche nach dem Neuen übersteigt sich das Leben in einer Art von Selbsttranszendenz, indem es aus dem begrenzten Kreise seiner Gegenwärtigkeit heraustritt und sich das Ungewöhnliche, also aus dem Rahmen der Tradition Herausfallende erschließt und damit aus der Gegenwart in die Zukunft geht. Veränderung und Wandel müssen aber nicht notwendig mit Selbstübersteigerung verbunden sein; auch im Rahmen eines geschlossenen Selbstseins gibt es die Möglichkeit der Verwandlung. Diese beginnt in dem Augenblick, da der Mensch irgend etwas ergreift und sich an den Körper heftet, um sich damit zu schmücken.

Wir fragen hier nicht, ob etwa der Mensch besonders anfällig sei für Langeweile, die ihn nach der Gewöhnung an das Alltägliche, nach Ermüdung und Abstumpfung ganz einfach nach Abwechslung verlangen lasse. Langeweile scheint uns eher ein Spitzenprodukt der Kultur als eine unmittelbare Gegebenheit des Lebens zu sein, vor dem noch die großen

Aufgaben der Orientierung angesichts der zahllosen unerprobten Möglichkeiten des Daseins stehen. Wohl aber kann man annehmen, daß die *Selbstverwandlung durch den Schmuck* ganz spontan erfolgt, was um so wahrscheinlicher ist, als dem Schmuck eine doppelte Bedeutung eignet, als Verwandlung und Erhöhung der eigenen Person vor sich selbst und zugleich als »Auszeichnung« vor den anderen. So steckt sich etwa der geschickte Jäger, der einen besonders schönen Vogel geschossen hat, eine Feder ins Haar. Er bestätigt damit vor sich selber das Jagdglück und verleiht dem momentanen und einmaligen Erfolg eine gewisse Dauer; zugleich aber teilt er den anderen mit, was ihm gelungen ist, und gewinnt damit eine Auszeichnung.

Schmuck und Auszeichnung entfalten sich weitgehend gemeinsam, wenn es auch Formen der Auszeichnung jenseits des Schmuckes gibt. In dieser Gemeinsamkeit bilden sie wiederum ein Moment, das für die Mode von großer Bedeutung ist. Allerdings gilt auch hier, daß Schmuckbedürfnis und Auszeichnung sich neben dem modischen Verhalten noch in eine ganze Reihe anderer Verhaltensweisen hinein verzweigen. Für uns sind sie insbesondere darum relevant, weil sie eine spontane Handlung einschließen, die vom Gewohnten und Üblichen abweicht. Gleichzeitig geht ein starker Reiz auf die anderen aus, es dem ersten gleichzutun, womit zum erstenmal der Faktor des Wettbewerbs erscheint. Wenn wir uns allerdings in der Geschichte umschauen, so machen wir eine merkwürdige Erfahrung; zwar wird der Schmuck spontan angelegt, aber die Art, wie man sich schmückt, nimmt dann unmittelbar ausgesprochene Dauerformen an, die sich unter Umständen über Jahrhunderte unverändert erhalten. Und das gilt ganz unangesehen dessen, ob die Schmuckgegenstände dauerhaft sind oder nicht; auch aus Gras, Blumen, Blättern, Schnüren,

Haaren, Fellstücken, Knochen, Zähnen, Muscheln, Pflanzensamen, einfachsten Holzreifen usf. lassen sich feste und gleichbleibende Schmuckmuster anfertigen, die dann gleichsam sozial und traditional genormt sind. Damit zeigt sich, daß das ursprüngliche Schmuckbedürfnis nur in einer Hinsicht auf der gleichen Linie wie die Mode liegt, in einer anderen aber betont stilbildende Elemente aufweist, so daß die Periodizität des Stilwandels bei seinen ältesten Formen einigermaßen zurücktritt. Die ursprünglichen Formen des Schmucks stehen der Tracht näher als der Mode. Dem entspricht es auch, daß sowohl die Formen des Schmuckes wie die Schmuckgegenstände eine religiös-magische Bedeutung haben. Beide werden gelegentlich ebenso unwandelbar wie religiöse Gebote. Das schließt natürlich nicht aus, daß im Laufe der Entwicklung auch der Schmuck modisch wandelbar geworden ist; aber in seinen ursprünglichen Erscheinungsformen ist dieses Moment zweifellos in relativ geringem Ausmaß gegeben.

Trotz dieser Unterschiedenheit vom eigentlichen modischen Verhalten finden wir jedoch eine ganze Reihe indirekter Beziehungen zwischen dem ursprünglichen Schmuckbedürfnis als Auszeichnung und der Mode. Schon früh hat der englische Soziologe Herbert Spencer die außerordentliche *Bedeutung von Trophäen* aller Art für unsere Problematik erkannt. Wer etwa einen Feind im Kampf erschlagen hat, hängt sich bestimmte Körperteile des Besiegten an, um sich vor den anderen als Sieger zu dokumentieren. Praktisch kann alles dazu benutzt werden: das Haupthaar, ganze Köpfe, einzelne Glieder, Knochen, aber auch Waffen, Kleidungsstücke und Schmuck. Teils werden diese Dinge im Hause aufbewahrt und eventuell bei bestimmten Gelegenheiten prahlerisch zur Schau gestellt; teils aber trägt man sie am Körper, etwa Zähne als Anhänger oder Wangenknochen als Armreifen. So wird schließlich auch die Trophäe zum Schmuckstück, wobei die Knochen und andere Gegenstände häufig mit reicher Ornamentik verziert werden, die meist religiös-symbolischen Charakter hat. Gerade damit aber erhalten diese Schmuckformen einen starren und unabänderlichen Charakter, wie schon gesagt wurde. Andererseits darf aber nicht vergessen werden, daß es durchaus zufällig ist, welche Trophäen und wieviel einer erwirbt. Insbesondere wird auch in diesem Falle der Wettbewerb eine besondere Variabilität schaffen, die es erreicht, daß wenigstens Einzelpersonen bald mehr, bald weniger, bald diese, bald jene Gegenstände als Schmuck an ihrem Körper tragen. Damit erhält dann der Schmuck noch eine weitere Funktion als Ausdruck des Reichtums.

Als Ausdruck des Reichtums entwickelt sich Schmuck aus allen Dingen anerkannter Wertschätzung. Das heißt nicht, daß etwas in unserem Sinne wertvoll sein müsse, wohl aber muß es für wertvoll gehalten werden. Das kann alles betreffen, was in einer gegebenen Kultur vorkommt. Wenn etwas in einem bestimmten Gebiet nicht vorkommt, so wird es durchschnittlich zumeist auch nicht als Schmuck verwendet, jedenfalls nicht routinemäßig und alltäglich. Andererseits gibt es auch sehr beachtliche Ausnahmen davon, indem im Fernhandel erworbene Stoffe für Personen höheren Rangs eine Auszeichnung bedeuten, wofür es unendlich viele Beispiele gibt. Der Anerkenntnis dieser Wahrheit früher stand nur eine Theorie entgegen, die davon ausging, daß der primitive Mensch sich auf kleine lokale Märkte beschränkt habe. Die Entwicklung der alten Welt im Osten zeigt aber, wie bestimmte Schmuckmaterialien über enorme Strecken reisten; das berühmteste Beispiel ist wohl das Vorkommen von Kauri-Muscheln aus dem Indischen Ozean in vorgeschichtlichen europäischen Grabstätten. Die amerikanischen Indianer im heutigen Arizona und New Mexico bezogen früher Obsidian aus dem Gebiet des Yellowstone-Parks, Korallen von der Küste des Pazifischen Ozeans, später aus Japan, den Türkis erhielten sie am Ende des 19. Jahrhunderts durch Händler aus Iran. Das ist aber nur ein Beispiel, dem zahllose angereiht werden könnten. Man denke schließlich noch an den Seidenexport Chinas seit ca. dem 3. Jahrhundert vor unserer Zeitrechnung bis ins Gebiet des Mittelmeers hinein. Es entspricht der Seltenheit dieser Objekte des Fernhandels, daß sie zumeist in Schatzhäusern gehortet und nur bei seltenen Gelegenheiten prunkend dargeboten wurden.

Deutlich kann man hier übrigens sehen, wie sehr diese Elementarerscheinungen der Mode mit allen möglichen anderen Phänomenen zusammenhängen, wenn wir gerade den *Schmuck als Ausdruck des Reichtums* ins Auge fassen. Denn dies kann gelegentlich in so grundsätzlicher Weise der Fall sein, daß Schmuck und Geld fast ununterscheidbar im sogenannten »Schmuckgeld« ineinanderfließen. Dabei wird gleichzeitig klar, daß auch die ursprüngliche Funktion des Geldes eine andere war als heute, indem es nur selten, unter Umständen sogar gar nicht zirkulierte und vielmehr als Schmuck an seinem Besitzer haftete. Es lebt dies übrigens noch heute bei vielen Völkern weiter, die sich Goldstücke ans Mieder nähen oder an Hals- und Armketten tragen, auch als Anhänger, wie etwa die Männer an der Uhrkette, wo sie die gleiche Auszeichnungsfunktion haben wie Eberzähne für den geschickten Jäger. Solche Schmuckformen vermögen dann gelegentlich für Jahrhunderte die gleichen zu bleiben. Wir kommen von hier aus zu einer wichtigen Erkenntnis, die nicht immer genügend berücksichtigt zu werden pflegt. Gewiß hat schon der primitivste Urmensch zahllose Formen des Schmuckkes gekannt, darum darf man aber noch nicht sagen, daß die

Mode so alt sei wie die Menschheit. Denn diese ästhetische Ausgestaltung des menschlichen Körpers wurde zwar spontan vorgenommen, ohne daß sie sich jedoch darum periodisch gewandelt hätte. So zeigen auch die Schmuckformen prähistorischer Völker eine außerordentliche Beharrlichkeit. Wir heben aber schon hier hervor, daß selbst in diesen primitiven Kulturen ein gelegentlicher modischer Wandel auftritt, indem etwa bestimmte hervorragende Persönlichkeiten solche Wandlungen veranlassen können (Krieger, Häuptlinge, Fürsten, Priester, aber auch Erfinder usf.). So wird zum Beispiel der Schmuck, insbesondere in der Form der Trophäe, zu einem Ausdruck der Macht, die einzelne Personen ausüben, wobei die Insignien der Macht verschieden sein können je nach den Gelegenheiten, bei denen man sie erwirbt. In die gleiche Richtung wirkt sich auch der Zusammenstoß mit fremden Kulturen aus: Man denke nur an die bunten Glasperlen, die zahllose primitive Völker vom weißen Manne übernahmen. Die amerikanischen Indianer im Südwesten entlehnten zahlreiche Schmuckstücke und Ornamente von den ältesten spanischen Siedlern des 16. und 17. Jahrhunderts und entwickelten sie auf eigene Weise. Es blieb aber bezeichnend, daß nach einem plötzlichen Wandel des Verhaltens meist unmittelbar wieder eine Dauerform entwickelt wird, die für lange Zeit die gleiche bleibt. Darum sprechen wir hier auch lieber von »Trachten« als von eigentlichen Moden. Diese Einstellung hält übrigens in der Kulturentwicklung sehr lange an, wie wir noch sehen werden.

In diesem Zusammenhang verdient übrigens ein Phänomen der Erwähnung, dessen Erklärung uns recht schwerfällt, das ist *das plötzliche Stehenbleiben von Moden,* das wir vorläufig mit der Wendung von der Mode zur Tracht umschrieben haben. So haben etwa unter den Indianern Nordamerikas die Navajo-Frauen und die der Apachen in Arizona und New Mexico die bunten Blusen aus Plüschsamt (Velvet) von den Spaniern übernommen und seither behalten, genauso wie die langen weiten Röcke vom Anfang des Jahrhunderts von den Angelsachsen. Das schließt nicht aus, daß auch wandelbare Moden vorkommen, die z. B. von Stamm zu Stamm übernommen werden. Ein ähnliches Stehenbleiben finden wir bei der Mönchskutte; ursprünglich änderten die Mönche ebenfalls mit der Mode ihre Kleidung. Viele Teile des klassischen klerikalen Kostüms sind stehengebliebene Moden, so der Radmantel mit Kapuze (die paenula der alten Etrusker); die Toga der römischen Advokaten wird zur Casula und schließlich zur Kasel des Priesters, aber auch zum Talar des Richters, Advokaten, Gelehrten, Professors; die Tunica wird zur geistlichen Alba, und alle bleiben für Jahrhunderte stehen, teilweise bis heute. Ein ganz anderes Beispiel: die spanischen Stierkämpfer änderten ursprünglich ihre Kleidung regelmäßig mit der Mode, blieben aber im letzten Drittel des 18. Jahrhunderts plötzlich stehen, und ihre Kleidung ist heute noch dieselbe wie damals, wie man mit einem Blick aus den »Tauromachien« von Goya erkennen kann. Auch hier ist kein spezifischer Grund für dies plötzliche Erfrieren der Moden zu erkennen. Das steht im Gegensatz zu den meisten Trachten im engeren Sinne, die nicht etwa aus dem Volke »erwachsen«, sondern von den jeweiligen Herren »verliehen« werden, meist bei besonderen Gelegenheiten wie Verlöbnissen und Hochzeiten, bei Geburten, Volljährigkeitserklärungen, Thronbesteigungen usw. Das Festhalten an der Tracht wird hier zu einem Symbol der Loyalität einem bestimmten Herrn oder einer Herrschaftsform gegenüber. Interessant zu beobachten ist auch, daß die Tracht nicht etwa als Ganzes verliehen wird, sondern in Teilstücken, etwa Rock, Bluse, Kappe, Gürtel, Gürtelschnalle,

Zierarten, aber auch Farben, Materialien und Akzessorien. Häufig wird diese Entwicklung jeweils urkundlich festgehalten. Allein daraus mag man ein gewisses Mißtrauen gegenüber Darstellungen schöpfen, die von der kompositorischen Gesamtschöpfung der alten Trachten sprechen, wo meist nur ein mosaikartiges Stückwerk besteht. Nach wie vor bleibt aber das unvermittelte Stehenbleiben einer vorher dem Wandel unterworfenen Mode unerklärt.

Wir möchten aber davor warnen, daraus nun die Meinung abzuleiten, die primitive Menschheit habe überhaupt keine Moden, sondern nur Trachten gekannt. Darüber erlaubt uns die Beobachtung der heute lebenden Primitiven einige differenzierte Feststellungen, die uns vor Unterschätzung des modischen Bedürfnisses primitiver Menschen schützen können. Insbesondere zeigt sich bei den sogenannten Halbkulturvölkern Indiens, Südostasiens und des Fernen Ostens, aber auch Süd- und Zentralamerikas ein unverhältnismäßig schneller Wechsel der Moden. Der europäische Betrachter, der mit einer Unmenge von Vorurteilen ideologischer Natur an diese von der Mode »unverdorbenen« Menschen herangeht, ist allzuleicht geneigt, das, was er heute sieht, als altüberlieferte Tracht anzusehen, obwohl es vielleicht nur ein paar Jahre alt und somit eine ganz ausgesprochene Mode ist. Und das gilt oftmals auch für sehr primitive Völker. Der Fehler liegt hier darin, daß ein momentaner Querschnitt auf Grund solcher Vorurteile über die Ursprünglichkeit der Tracht ohne weitere Nachprüfung als althergebracht angesehen wird, wohingegen eine Beobachtung über längere Zeit vielleicht eine ganz unerwartete Beweglichkeit des äußeren Gehabens lehren würde. Sehr aufschlußreich ist hierbei auch das Vorwiegen der Schmuckfunktion der Kleidung über eine eventuelle Schutzfunktion. So tragen Primitive, wenn sie die Kleidung des weißen Mannes übernehmen, diese häufig nicht so, wie die Missionare erwarten, nämlich als Mittel der schamhaften Verhüllung, sondern genau umgekehrt als Schmuckkleidung, indem sie die für uns vorwiegende Schutzfunktion der Kleidung wieder auf ursprüngliche Schmuckbedürfnisse zurückführen und ihnen dienstbar machen.

Wie stark selbst primitive Völker für die Mode ansprechbar sein können, zeigte John Adair in einem mit Recht berühmt gewordenen Buche über die Silberschmiede bei den Navajo-Indianern im Südwesten der Vereinigten Staaten. Um 1870 begannen die Navajo das Handwerk des Silberschmiedes zu erlernen, um 1895 gab es bereits mehrere hundert Silberschmiede auf der Reservation; die neue Schmuckform war explosionsartig zu einer Mode geworden, die übrigens schnellstens auch die weißen Touristen erfaßte. Heute ist die Produktion an Silberschmuck enorm und wird außerhalb der Reservation von weißen und indianischen Händlern sowohl in New York als auch in Chikago, Los Angeles und San Francisco verkauft. Diese Verbreitung erfolgte übrigens in mehreren Wellen: erst war der Silberschmuck ohne Steine, dann kamen einheimische Türkise aus New Mexico hinzu, später Türkise aus Iran, dann wieder solche aus Südarizona und Nevada; außerdem produzierten die verschiedenen Stämme verschiedene »Stile« (neben den Navajo vor allem die Zuni- und Hopi-Indianer). Hier kann man an einem Beispiel die erstaunlich große modische Beweglichkeit von Schmuck bei einem primitiven Volk erkennen.

Bei anderen Formen von Trophäen ist die indirekte Bedeutung für die Mode aufdringlicher, nämlich bei den Jagdtrophäen. Zunächst werden die hierbei erbeuteten Gegenstände, etwa Klauen, Hufe, Zähne, Haare, Ohren, Schwanzquasten, Federn, Knochen, Geweihe, Hörner als auszeichnender Schmuck getragen. Daneben gibt es aber noch die Häute und Felle der Tiere, die man sich umhängt. Zunächst haben sie natürlich ebenfalls eine Schmuck- und Auszeichnungsfunktion. Außerdem besitzen sie aber noch die Eigentümlichkeit, Wärme und Schutz zu spenden. So ist wahrscheinlich die *menschliche Kleidung* entstanden, die also von Urzeiten her neben einer sehr rationalen Funktion als Schutz gegen die Unbilden der Witterung noch eine völlig irrationale Bedeutung als Mittel der Auszeichnung und des Schmuckes hatte.

Diese Irrationalität wurde noch dadurch entscheidend unterstrichen, daß die Kleidung nicht nur den Träger schmückte und auszeichnete, sondern gleichzeitig im Dienste des ambivalenten modischen Verhaltens die primären und sekundären Geschlechtsmerkmale sowohl versteckte wie hervorhob. Wenn die Kleidung auch in wachsendem Maße der Scham dient, so doch nicht, ohne zugleich die Verlockung zu wecken, durch die Kleidung hindurch an die Quelle der erotischen Wirkung heranzukommen. Indem sie verhüllt, weckt die Kleidung das unwiderstehliche Bedürfnis zu enthüllen. Außerdem treibt diese Neugier dazu, die Systeme und Mittel der Verhüllung und Enthüllung immer anders zu gestalten, damit die Verlockung nicht einschläft. Gerade aus diesem Grunde konnte dann später die Kleidung zum wesentlichsten Vollzugsort der Mode werden, wie man vor allem an der durchgehend ambivalenten Einstellung der Menschheit zur Kleidung sehen kann. Wir heben allerdings nochmals hervor, daß auch hier religiöse Regelungen zunächst gern trachtenartige Dauerformen schaffen, genau wie beim eigentlichen Schmuck. Andererseits wäre es völlig abwegig, eine ausschließlich technisch-rationale Erklärungsweise anzusetzen, als handle es sich bei diesen urtümlichen Kleidungsformen um rein zweckmäßige Mittel zum Schutz des Körpers vor Kälte und Nässe. Dies wird allein durch die Tatsache widerlegt, daß wir neben Häuten und Fellen selbst in kühleren Gegenden andere Formen der Schmuckbekleidung finden, die überhaupt keinen Schutz bieten. Diese Kleidungsformen werden nämlich einfach auf die Haut gemalt – in vergänglicher Form als farbige Zeichnung, in haltbarer Form als Tätowierung. Nur in extremen Fällen (etwa in der Arktis) tritt die Schutzfunktion der Kleidung stärker hervor, ohne daß sie allerdings darum ihren Nebencharakter als Schmuck verlieren würde. Dies beweisen die zahllosen Ornamente, in denen sich dann die Schmuckfunktion gleichsam spezialisiert und herausgehoben niederschlägt. Mit dieser »Bekleidung« begnügten sich noch bis vor kurzem die australischen Eingeborenen, die auch bei Kälte in völliger Nacktheit lebten und sich nur durch ein in der Hand gehaltenes glimmendes Holzscheit wärmten.

Das wichtigste Argument in dieser Richtung stellt aber wohl die Tatsache dar, daß die ursprüngliche Form der Kleidung, die sogenannte »Hüftschnur« (später der Hüftring), zunächst überhaupt nichts bedeckt und schützt, sondern einfach locker über der weiblichen Hüfte hängt. Erst später wird diese Schnur benutzt, um vorn oder hinten eine Art Schürzchen anzubringen, das allerdings gerade in der Weise, wie es geschmückt ist, einen deutlichen Hinweis darauf enthält, daß es vor allem als »Blickfänger« wirken soll. Das gleiche erreichen auch stark auftragende Verzierungen im Rücken, die das Hinterteil der Trägerin oft unmäßig vergrößern und hier ebenfalls eher als erotische Verlockung denn als Schutz wirken sollen. In wieder anderen Kulturen, wie etwa auf Samoa, dienen vor allem Blumenschnüre zur Bekleidung oder auch die Hula-Hula auf Hawaii.

Damit wird übrigens andeutungsweise noch etwas anderes unterstrichen, nämlich daß der ursprüngliche Sinn der

Kleidung auch nichts mit dem Schamgefühl zu tun hat; denn im äußersten Falle verhüllt eine solche Kleidung gar nichts. Die Scham ist wohl ein Gefühl, das erst auf unverhältnismäßig hoher Kulturstufe auftritt und im übrigen außerordentlich komplex ist, indem zahlreiche verschiedene Motive, auch sehr ausgeprägte sozial-moralische Leitideen in ihr zusammenwirken. Gerade wegen der irrationalen Schmuck- und Auszeichnungsfunktion der primitiven Kleidung werden nämlich in ihr die primären und sekundären Geschlechtsmerkmale keineswegs verdeckt, sondern häufig ganz im Gegenteil besonders unterstrichen und prunkend hervorgehoben. Geschieht dies beim primitiven Menschen häufig ganz massiv, etwa im Sinne einer durch die Kleidung erzeugten unförmigen Vergrößerung der Geschlechtsteile (insbesondere beim Mann, seltener bei der Frau: »Hottentotten-Schürze«), so nimmt dies mit der Entwicklung der Kultur eine immer indirektere, sublimiertere und symbolischere Form an, wie die moderne Psychologie hat beweisen können. Da die Schamsperre immer intensiver wird, tritt die unmittelbare Verzierung oder Darstellung der Geschlechtsorgane von Mann und Frau wachsend zurück; sie wird aber begleitet von einer ganzen Inflation symbolischer Darstellungen der Geschlechtsmerkmale, zum Beispiel in Form von Ringen und Spitzen. So ist etwa die Empörung, welche die übermäßig verlängerten Schnabelschuhe vom Ende des Mittelalters, oft mit extra angesetzten Spitzen, erzeugten, ganz einwandfrei auf ihre allgemein bekannte sexuelle Symbolik zurückzuführen. Manchmal war auch die Darstellung gar nicht symbolisch, sondern ganz naturalistisch, indem man dem Schuh einfach einen Phallus aufsetzte. Während diese Darstellungen ursprünglich ziemlich unverblümt waren, wie etwa noch in jenen ritterlichen Spielen zu Ehren der Damen, wobei in der Rennbahn mit der Lanze Ringe aufgenommen werden mußten, sublimierte und verfeinerte sich die Symbolik immer mehr mit der wachsenden Empfindlichkeit vor der Darstellung des Geschlechtlichen, worauf später noch zurückgekommen werden soll.

Aber auch in der kultiviertesten Symbolik lebt die erotische Wurzel weiter, wenn auch nur »verschoben« und unbewußt, und sie bewirkt dementsprechend auch bei uns noch eine durchaus ambivalente Haltung der Öffentlichkeit gegenüber der Mode. Damit tritt allererst die Scham in Erscheinung, die – wie gesagt – keine ursprüngliche Verhaltensweise des Menschen zu sein scheint. Zum mindesten erweist sie sich schon in ihren ersten Erscheinungsformen stark konventionell bedingt und durch eine Reihe von sehr komplexen Ideen bestimmt. Dem entspricht es auch, daß in der Kulturentwicklung die Sanktionen für fast alle Verbrechen immer schwächer geworden sind, während einzig die Sanktionen für die Vergehen gegen die öffentliche Sittlichkeit außerordentlich verschärft wurden. So werden heute durchgehend alle Formen von »Exhibitionismus« bestraft (oder psychiatrischer Behandlung zugeführt), während die primitive Menschheit diesen Handlungen gegenüber mehr oder weniger gleichgültig war.

Wenn wir die Grundzüge der menschlichen Kleidung bedenken, bei der die reine Zweckverwendung durch alle möglichen irrationalen Momente (Schmuck, Auszeichnung usf.) zum mindesten aufgewogen wird, so können wir schon jetzt verstehen, daß hier das modische Verhalten einen vielverheißenden Ansatzpunkt finden mußte, ohne sich jedoch darum auf die Kleidung zu beschränken. Selbst wenn nun aber dieser Ansatzpunkt gegeben ist, wäre es falsch, schon seit Urzeiten eine Auswirkung der Mode im allgemeinsten Sinne, wie wir es heute verstehen, anzunehmen. Für die überwältigende Masse der Urmenschheit galt zweifellos die Tracht;

die Mode als periodischer Stilwandel benötigt dagegen zu ihrer Auswirkung noch anderer Momente, die in unserer Darstellung bisher noch kaum in Erscheinung getreten sind. Trotzdem aber mußte hier auf Schmuckbedürfnis und Auszeichnung hingewiesen werden, weil sie zweifellos (neben manchem anderen) Wurzeln der Mode darstellen, die sich allerdings erst durch das Hinzutreten weiterer Momente vollenden.

Das Wiedererkennen

Dies wird sich im übrigen klären, sowie wir anderen Funktionen von Schmuck und Auszeichnung nachgehen. Der entscheidende Unterschied dieser Erscheinungen zum modischen Wandel liegt darin, daß sie zwar spontan auftreten und damit eine Veränderung des bisherigen Gehabens schaffen, dann aber ausgesprochene Dauerformen ausbilden, die ein äußerst zähes Leben beweisen können. Dazu gehört zum Beispiel die denkbar einfache Tatsache, daß schon die primitivsten Gruppen die Neigung haben, ihre äußere Gesamterscheinung einigermaßen einheitlich auszubilden. Dem Gefühl der inneren Verbundenheit entspricht dann auch das äußere Gehaben. So geschieht es, daß sich die Mitglieder einer Gruppe an ihrer Tracht und überhaupt an der ganzen Art und Weise des Auftretens, der Haltung und der Gestik wiedererkennen, und das noch jenseits der gemeinsamen Sprache, gemeinsamer Traditionen, Ideen und Wertvorstellungen, gemeinsamer Glaubensbestandteile und Institutionen. Dazu gehören auch alle möglichen Techniken, mit denen der Körper unmittelbar verändert wird, also etwa Haar- und Barttracht, Tätowierungen, Anbringen von Narben an Stirn, Wangen, Brust und anderen Körperteilen, überhaupt die Beschneidung, das Ausschlagen und Zuspitzen von Zähnen, auch das Färben der Zähne, das Durchbohren der Nasenflügel und der Nasenscheidewand, von Wangen, Ohrläppchen und Lippen und gleichzeitige Anbringen von Schmuckstücken, wie heute noch die Appenzeller gern einen goldenen Knopf im Ohr tragen, schließlich auch Umformung des Gesamtkörpers im Sinne etwa einer Umpressung des Kopfes bei manchen südamerikanischen Indianern, einer Verschnürung der Füße wie früher bei den Chinesinnen, eine besondere Entwicklung der verlängerten Rückenpartie oder auch die Einschnürung der Taille, die bis ins 20. Jahrhundert überlebt hat. Ähnliches findet auch häufig statt, wenn die Jugendlichen erwachsen werden, so daß sich in solchen Praktiken die Zugehörigkeit zur Gruppe der voll geschäftsfähigen Gemeindebürger zum Ausdruck bringt.

Die Wiedererkennungsfunktion der Kleidung, des Schmuckes und des allgemeinen Gehabens muß aber sorgfältig von ihren eigentlichen modischen Funktionen getrennt werden. Zwar fließt in der Wirklichkeit meist beides zusammen, wie etwa ein Teil der Wirkung eines neuen Schlagers darauf zurückgeht, daß man beim Wiedererkennen eine freudige Genugtuung empfindet; da aber alles Geschehen in der menschlich-sozialen Kultur außerordentlich komplex ist, darf uns selbst ein häufiges (oder gar regelmäßiges) gemeinsames Auftreten bestimmter Züge nicht dazu verleiten, sie einfach sachlich zusammenzuwerfen. Natürlich hat die betonte Modeanfälligkeit bestimmter Kreise in der Gesellschaft nebenbei auch die Wirkung, daß sich diese Kreise daran als ihresgleichen wiedererkennen. Aber die Wiedererkennungsfunktion hat hier an sich ganz andere Konsequenzen als das modische Verhalten als solches. Wiedererkennen ist nur möglich unter Voraussetzung bestimmter konstanter Dauerzüge. In unserem Falle wäre der Dauerzug, daß sich bestimmte Gesellschaftsklassen regelmäßig einen bestimmten Aufwand leisten (und auch leisten können), den andere Kreise oder Klassen entweder ausdrücklich ablehnen oder wenigstens (meist aus wirtschaftlichen Gründen) nicht mitmachen. Hier wird also der schnelle Modewandel als solcher zu einem Wiedererkennungsmerkmal; man glaubt sich verpflichtet, auf Grund seiner sozialen Stellung jeden kleinsten Wandel mitmachen zu müssen, und bewertet sich auf Grund dessen als seinesgleichen. Das ganze bezieht sich jedoch rein formal auf die beschleunigte Rhythmik des modischen Wandels und noch nicht auf seine einzelnen Inhalte. So müssen wir, trotz gelegentlicher engster Annäherung der beiden Erscheinungen, diese dennoch säuberlich auseinanderhalten.

Dies wird mit Leichtigkeit einsichtig, sowie wir den einzelnen Auswirkungen dieser Wiedererkennungsfunktion der Kleidung nachgehen. Einen Fall haben wir bereits kennengelernt: Die Mitglieder ein und derselben Gruppe vermögen es, sich an ihrer einigermaßen ähnlichen äußeren Erscheinung wiederzuerkennen. Als Extrem finden wir hier die Uniform und überhaupt das uniforme Verhalten, das in bestimmten Gruppen eine wichtige Rolle zu spielen berufen ist, zum Beispiel beim Militär, aber auch sonst extrem gleichförmige Kleidung bei Angehörigen bestimmter Orden, Assoziationen, Vereinigungen usf. Wir haben aber schon früher bemerkt, daß radikale Uniformität unverhältnismäßig selten ist; so geht durchschnittlich auch die Einheitlichkeit der Kleidung nicht sehr weit. Zumeist genügt es, daß die allgemeinen Linien eingehalten werden, innerhalb derer dem einzelnen ein gewisser Spielraum vergönnt ist, ohne daß darum die Wiedererkennungsfunktion beeinträchtigt würde. Hierher gehört zum Beispiel mindestens teilweise die Unterscheidung von Männer- und Frauenkleidung. Da sich zeigen läßt, daß in der vergesellschafteten Menschheit diese anthropologische Grundscheidung von jeher eine außerordentliche Rolle gespielt hat, kann es uns nicht wundernehmen, daß sich all die Glaubensvorstellungen, die mit der Geschlechterscheidung verbunden sind, auch in der Kleidung niederschlagen müssen. Damit kommen wir aber jedenfalls zu gewissen Dauertypen, die dann regelmäßig durch die Sitte geregelt werden (und damit auch durch religiöses Gebot, wenn wir bedenken, daß die ursprünglichen sexuellen Tabus ausgesprochen religiös-magischen Charakter haben). Umgekehrt gilt dann auch das Vertauschen der Kleider, vor allem indem der Mann Frauenkleider anlegt (aber auch vice versa), als schwere Sünde, wenn es auch immer wieder auftritt, sogar in institutionell geregelter Weise, wie etwa bei einer Reihe von nordamerikanischen Indianerstämmen aus der großen Ebene. Selbst vom Helden Achilles wird berichtet, daß sein Vater Peleus ihn zum König Lykomedes schickte, um ihn vor dem Kriegstod zu bewahren, und daß er dort als Mädchen verkleidet mit des Königs Töchtern lebte, bis Odysseus ihn vermittels einer List entdeckte.

Was für die Geschlechterscheidung zutrifft, gilt auch für die Lebensalter; so finden wir durchaus verschiedene Kleidungsformen in den verschiedenen Altersklassen. Wie eine Gesellschaft über Kinder denkt, kann man genauestens an den Kinderkleidern ablesen. Wo das Kind als »kleiner Erwachsener« betrachtet wird, ist die Kleidung für alle gleich; in diesem Falle werden nur die Geschlechtsunterschiede beachtet. Wo dagegen die kindliche Lebensform als etwas Besonderes angesehen wird, haben auch die Kinder einen eigenen Bekleidungsstil. Das gleiche gilt dementsprechend für die Jugendlichen, junge Mädchen und Jünglinge, wobei wir eine auffällige Differenz in unserer Gegenwart hervorheben möchten:

Während es uns heute ganz selbstverständlich geworden ist, eine eigene Mode für junge Mädchen zu haben, die von der fraulichen Mode grundverschieden ist, ist die Kleidung für Jünglinge der des erwachsenen Mannes unverhältnismäßig ähnlich. Wir werden später sehen, daß hierin ein Grundzug der Männermode zum Ausdruck kommt, der seine eigenartigen historischen Voraussetzungen hat und von einer Einstellung des Mannes zur Mode zeugt, die von der der Frau wesentlich abweicht. Wir weisen übrigens noch darauf hin, daß man allein an der mehr oder weniger großen Unterschiedenheit der Kleidung von Mann und Frau ablesen kann, wie hoch die betreffende Kultur oder Stilperiode den Unterschied der Geschlechter einschätzt.

Neben die Unterschiede der Geschlechter und der Altersklassen treten aber noch eine Reihe von Differenzierungen, die sich ebenfalls eine eigene Kleidung schaffen; so vor allem die Sonderkleidungen der Berufe und bestimmter Autoritätspersonen (Priester, Häuptlinge, Zauberer, Fürsten) oder auch Gruppen von Autoritätspersonen, etwa Aristokraten, die sich meist dadurch auszeichnen, daß sie sich bestimmte Privilegien der Kleidung im Schnitt oder der Farbe oder Privilegien der äußeren Gestalt (zum Beispiel langes Haar, besonders reiche Tätowierungen, Federn bestimmter Vögel, besondere Farben wie der rote Saum an der Toga römischer Senatoren oder die verschiedenen Tönungen von Rot und Violett bei den verschiedenen Rängen des Klerus usf.) vorbehalten, die den anderen verwehrt sind. In der Entwicklung der sozialen Rangordnungen ist es dann schließlich so weit gekommen, daß gewissermaßen jeder Stand und innerhalb der Stände auch einzelne Teilgruppen, wie vor allem die Berufe, ihre eigene Kleidung trugen. Diese Standeskleidung übte dann im allerhöchsten Maße eine Wiedererkennungsfunktion, sowohl innerlich wie äußerlich, so daß es in diesem Typus von Gesellschaften möglich wird, den Stand jedes einzelnen Menschen einfach von der Kleidung abzulesen. Zahlreich sind auch dementsprechend die bildlichen Darstellungen dieser Art, wie zum Beispiel eine berühmte Bilderhandschrift des Sachsenspiegels.

Die Frage der Standeskleidung ist nun in mehrfacher Hinsicht von der größten Bedeutsamkeit für das Verständnis der Mode, so daß wir einen Moment bei ihr verweilen müssen. Denn es gibt eine alte Theorie der Mode (die ebenfalls auf Herbert Spencer zurückgeht), nach der die modische Bewegung dadurch zustande kommt, daß die unteren Stände die oberen nachahmen, diese danach — um ihre Auszeichnung vor den anderen zu bewahren — zu einem Modewandel gezwungen werden, bis sie wieder von den anderen eingeholt werden, und so fort. Diese Auffassung lebt zwar direkt oder indirekt an zahlreichen Stellen der Literatur fort, aber dennoch muß sie heute aus mehreren Gründen als unhaltbar angesehen werden. Richtig ist an dieser Auffassung zweifellos, daß die Kleidung als Auszeichnungsmittel angesehen werden darf. Aber das führt zunächst über die Kristallisation dieser Auszeichnungsmerkmale in der Sitte zu den schon mehrmals genannten Dauerformen, die gerade nicht nachgeahmt werden, weil sie nicht nachgeahmt werden dürfen; dies würde ja eine Verletzung der meist religiös sanktionierten Sitte bedeuten. Umgekehrt wird damit auch die Empörung verständlich, die häufig aus den sogenannten »Kleiderordnungen« spricht, wenn die Tatsache gegeißelt wird, daß die unteren Stände die oberen nachahmen wollen. Ein solches Gebahren wird als sittenlos verschrien, nicht als ob die Nachahmer im moralischen Sinne unsittlich wären, sondern weil sie die bestehenden Traditionsformen des Lebens mißachten. Die strenge Ständeordnung der Gesellschaft kennt also nur die Differenzierung und keine

Nachahmung; diese setzt bestenfalls erst ein, wenn die bestehende Ständeordnung zu zerbröckeln beginnt. Dementsprechend kann man auch nicht sagen, daß der wesentliche Ursprung der Mode in der Ständegesellschaft zu erblicken sei, indem die unteren Stände die oberen nachahmen und diese damit zu einer dauernden Veränderung ihres Kleidungsstiles zwingen. Die Nachahmung tritt erst in Aktion, wenn die Ständeordnung zerfällt.

Davon völlig unterschieden ist dann die weitere Frage, ob es nicht innerhalb der oberen Ränge der Ständeordnung modische Impulse gibt, indem die Höhergestellten und Reichen miteinander wetteifern im modischen Spiel. Innerhalb der oberen Stände gibt es ganz offensichtlich eine modische Auseinandersetzung, zwischen den Ständen aber nicht, es sei denn, die alte Ordnung sei in voller Auflösung. So kommt der schon einmal angeführte S. R. Steinmetz zu folgendem Schluß: »Im reinen Ständestaat offenbart sich die Mode nur sehr wenig, doch innerhalb der höchsten Schicht, also ohne Spur von Ständewettbewerb; zeigen sich aber Lockerungen in dieser Ordnung, so tritt die Mode auf; verschwindet die angebliche Grundlage, so erreicht die Mode ihre Blüte. Stand und Mode nehmen also nicht parallel zu und ab; wo der erste stark, fehlt die zweite, wo die zweite stark, fehlt der erste. Die Schlußfolgerung [...] muß unabweislich sein, daß die Ständeordnung nicht Ursache und Kern der Mode bildet, die allgemein herrschende Spencersche Modetheorie falsch ist.«

Man kann an diesen Gedanken anschließend sagen, daß nicht das Ständesystem, sondern eine allgemeinere Erscheinung für die Entfaltung der Mode entscheidend ist, nämlich die Rivalität zwischen den Spitzen der Oberstände. Um dies in seiner Tragweite zu verstehen, muß man sich nur darüber klar sein, daß im alten Ständesystem ungeheuer viele Menschen benötigt wurden, um eine ganz kleine Oberschicht zu ernähren und damit von der Arbeit freizusetzen; während die Unterschicht apathisch blieb, entfalteten einzig die Spitzen dieses Systems nicht nur politische, organisatorische und kulturelle Tätigkeit, sondern auch modische Kreativität, von der sie alle anderen auszuschließen suchten. Dies geschah sogar zeitweise mit großem Erfolg.

Rivalität und Wettbewerb

Trotz dieser vorerst recht negativen Resultate finden wir jedoch im bisherigen einen Ansatzpunkt, der uns weiterführen kann. Wenn es auch zweifellos zutrifft, daß in der reinen Ständeordnung keine modische Beeinflussung zwischen den einzelnen Ständen (etwa von oben nach unten) stattfindet, so steht es doch ebenfalls fest, daß sich starke modische Wandlungen innerhalb der oberen Stände abspielen. Jede Kostümgeschichte gibt darüber hinreichend Auskunft. Allgemein läßt sich sagen, daß in jeder stark geschichteten Gesellschaft, in der also nicht nur einzelne Autoritätspersonen, sondern ganze Gruppen als Herrschaftsträger über anderen, machtmäßig untergeordneten Gruppen stehen, seien jene nun Stände oder Aristokratien, im Rahmen der oberen Gruppe (oder Gruppen) in jeder Hinsicht ein ausgeprägter Wettbewerb stattfindet. Dort, wo nur eine Familie, etwa die des Häuptlings, eine besondere Auszeichnung genießt, ist kaum irgendeine Bewegung dieser Art festzustellen. Sowie dagegen mehrere ausgezeichnete Familien vorhanden sind, wie es etwa am Ursprung des Feudalismus regelmäßig der Fall ist, kommt es augenblicklich zu einer starken Rivalität, und diese wird dann in der Tat von der größten Bedeutung für die Entwicklung der Mode.

Schon in der primitivsten Welt finden wir zahlreiche Erscheinungen von Rivalität und Wettbewerb, wenn etwa verschiedene Stämme einander begegnen und eine Verbindung miteinander eingehen. Fast nie ergibt sich aus einer solchen Begegnung ein einfaches Verschmelzen (oder höchstens erst nach einer sehr langen Zeit); vielmehr entstehen trotz aller Verbindungen meist starke Spannungen im Kampf um die Hegemonie, die sich auf die mannigfaltigste Weise äußern können. Eine wichtige Gelegenheit, bei der sich solche Spannungen äußern, ist der Tausch von Frauen zwischen den beiden Stämmen und die anschließenden Heiratszeremonien, bei denen die Rivalität zumeist in einer wetteifernden Prachtentfaltung und im gegenseitigen Austausch von Geschenken handgreiflich zutage tritt. Von besonderem Interesse ist hierbei für uns eine Institution in der primitiven Welt, die erst vor relativ kurzer Zeit in ihrer Bedeutung erkannt worden ist. Dies ist die sogenannte Potlatch-Institution bei den nordwestamerikanischen Indianern, den Tlinkit, Haida und Kwakiutl, die eine denkbar bedeutende Rolle für die Auszeichnung spielt und die man heute auch als eine der Wurzeln des Feudalismus anzusehen geneigt ist. Das Wort »potlatch« heißt soviel wie »nähren« oder »konsumieren«; es handelt sich also zunächst um eine Erscheinung der Konsumsphäre, in der sich ja auch die Mode ansiedelt. Dabei stellt sich das Potlatch – äußerlich gesehen – als ein Fest dar, das in rivalisierender Weise ausgerichtet wird, indem der Einladende durch diesen Akt allein eine Art Herausforderung an den oder die anderen ausspricht, für die das Fest veranstaltet worden ist. Dabei ist sowohl die Ausrichtung eines solchen Festes zeremoniell geregelt (das heißt, es muß obligatorisch veranstaltet werden, falls der Einladende seine soziale Stellung nicht verlieren will), als auch die Annahme einer solchen Einladung. Die Annahme schließt dann gleichzeitig die Pflicht zur Erwiderung, zur Revanche ein. So entsteht praktisch ein rivalisierender Wettbewerb ohne Ende, wenn die Beteiligten nicht ihren sozialen Rang verlieren wollen. Vor einiger Zeit hat der große holländische Kulturhistoriker Jan Huizinga das spielerische Element dieser Institution hervorgehoben; und in der Tat besteht eine denkbar enge Verbindung zwischen dieser ganz urtümlichen Institution, der Agonistik in der griechischen Antike und den Wettspielen des europäischen Rittertums im Mittelalter.

Die Potlatch-Zeremonie ist sehr komplexer Natur. Sie hat einen sowohl rituellen wie wirtschaftlichen, sozialen und schließlich rechtlichen Charakter. Wirtschaftlich ist sie insofern, als dabei wirtschaftliche Güter in renommistischer Weise getauscht werden; sozial ist sie insofern, als die Güter nur darum getauscht werden, um damit einen sozialen Rang, Titel und Wappen zu gewinnen; rechtlich ist sie insofern, als sie bestimmte Verpflichtungen zur Erwiderung der empfangenen Güter in sich schließt (meist mit ausgesprochen wucherischem Zins); rituell schließlich ist sie insofern, als sie nur das Teilstück eines umfassenden rituellen Zyklus darstellt, in den sich dieses System von Leistungen und Gegenleistungen einordnet. Diese Einrichtung, die von der allergrößten Bedeutung für die Entwicklung der Macht in der menschlichen Gesellschaft ist, zeigt zugleich eine für unser Problem der Mode sehr aufschlußreiche Zuspitzung und Radikalisierung des ganz urtümlichen Auszeichnungsbedürfnisses, von dem bereits die Rede war. Gleichzeitig muß hinzugefügt werden, daß es sich bei der Potlatch-Zeremonie nicht um ein einmaliges Kuriosum handelt, sondern daß man diese Institution seit ihrer ersten Entdeckung in einer ganzen Reihe von primitiven Gesellschaften und bei den Hochkulturvölkern der Antike wiedergefunden hat, wie z. B. in der griechischen Agonistik.

Die Rivalität zwischen den Vertretern der reichen Familien geht bis zum offenen Konflikt, zum individuellen Duell oder zum Krieg und endet unter Umständen mit der Tötung der Häuptlinge und Vornehmen, die einander im Wettkampf begegnen. In diesem Spiele tritt regelmäßig eine Verwandtengruppe einer anderen gegenüber; beide werfen dabei ihren gesamten wirtschaftlichen Besitz ein, wobei die eigentlichen Akteure die Familienoberhäupter sind, wogegen der Rest das Publikum bildet. Das Spiel wird gleichzeitig begleitet von einer oft erstaunlichen demonstrativen Prachtentfaltung vor aller Augen. Diese reizt wiederum den Gegner, der den Herausforderer zu übertrumpfen sucht und ihn damit zu immer höheren Leistungen anspornt. Wer in diesem Wettspiel am meisten auszugeben vermag, hat schließlich gewonnen. Und wenn er seinen Sieg noch besonders unterstreichen will, so tritt er nach errungenem Sieg auf einen Felsvorsprung über dem Meer und wirft noch eine Menge Reichtumsstücke ins Wasser: Zur demonstrativen Prachtentfaltung und Verschwendung kommt also am Schluß noch eine demonstrative Vernichtung von Reichtümern! Daß damit aber auch um den sozialen Rang gekämpft wird, wird allein durch die Tatsache bewiesen, daß die wertvollsten Reichtumsstücke aus Kupferplatten mit eingeprägten Familienwappen bestehen. Der Sieger übernimmt dann am Schluß die Titel, Wappen, Reichtümer, Frauen, Familienangehörigen, Sklaven, Ländereien und sämtliche sonstige Privilegien des Besiegten. Andererseits aber kann er nicht ausweichen, wenn der andere seinerseits Revanche fordert.

So entsteht in der Tat ein Kampf ohne Ende, der gleichzeitig ein auffälliges spielerisches Element in sich trägt. Nach der ersten Entdeckung dieser Institution bei den nordwestamerikanischen Indianern, bei einer ganzen Reihe anderer primitiver Völker, zum Beispiel in Ozeanien (Polynesier und Melanesier), bei den Hochkulturen der Antike und im europäischen Mittelalter fand man zugleich eine ganze Reihe von verwandten Zwischenformen, die sich zwischen der einfachsten Auszeichnung und diesen betont agonistischen Zeremonien einordnen. So sind die Erscheinungen denkbar weit verbreitet, bei denen etwa zwei oder mehrere Kontrahenten mit Geschenken und liebenswürdigen Redensarten wetteifern; desgleichen gehören die gehobenen Formen der Anrede hierher oder das Rivalisieren mit Titeln und anderen sichtbaren Formen der Auszeichnung (etwa Orden und ähnliche Ehrenzeichen). Daneben gibt es als Kuriosum auch das Wetteifern in Schimpfduellen, wie wir sie etwa bei den homerischen Griechen, den heutigen Eskimos und in vielen anderen Kulturen beobachten können. Schließlich finden wir das gleiche Spiel auch in unserer alltäglichen Geselligkeit, bei Festen, Hochzeiten, Einladungen, wobei uns die Etikette verpflichtet, empfangene Akte der Gastfreundschaft zu erwidern, das heißt, uns für sie zu »revanchieren«. In diesem Wort »Revanche« verbirgt sich, noch heute ganz eindeutig sichtbar, der ursprünglich kampfartige Charakter dieses Verhaltens.

Am eigenartigsten tritt der geregelte Charakter solcher Erscheinungen zutage, wenn wir etwa ein Phänomen wie das Geschenk betrachten. In unserem Durchschnittsbewußtsein glauben wir, im Geschenk einen Akt reinster Spontaneität und herzlicher Unmittelbarkeit erblicken zu dürfen. Ein Blick über die Entwicklung des Geschenkes in der menschlichen Gesellschaft zeigt jedoch, daß auch das Schenken einer festen sozialen Regelung unterliegt, sowohl was die Gelegenheiten wie die Art des Schenkens betrifft, wie zuerst der französische Soziologe Marcel Mauss entdeckte. Und zwar tritt hierbei eine dreifache Verpflichtung hervor, nämlich zuerst die Auflage, bei gewissen Gelegenheiten zu schenken, dann diese Geschenke anzunehmen und schließlich die Geschenke nach Ablauf einer ebenfalls geregelten Frist zu erwidern. Wer die Geschenke nicht erwidert, »verliert das Gesicht«, wie es chinesisch heißt, mit anderen Worten: Auch hierbei klingt noch immer das Motiv des Rangverlustes mit, wenn auch in weniger radikaler Form als beim Potlatch. Wir geben noch ein anderes Beispiel: Auf Samoa tauschen etwa die Häuptlinge bei Hochzeiten Prunkmatten. Aber dies geschieht nicht nur bei Hochzeiten, sondern eigentlich bei jeder passenden Gelegenheit: bei Geburten, Beschneidungen, Krankheit, Jünglings- und Mädchenweihen, Begräbniszeremonien, aber auch bei Handelsexpeditionen. Und zwar liegt in diesem Brauch zweierlei verborgen: erstens ein Prinzip der Ehre, des Prestiges, des »Mana«, eine Art geheimnisvoller Kraft, die unter anderem auch Reichtum mit sich bringt; zweitens ebenfalls die absolute Verpflichtung, diese Geschenke zu erwidern, und zwar auf die Gefahr, bei einem Versäumnis das »Mana« zu verlieren, damit sowohl die Autorität wie den Reichtum, die sich beide aus dem Besitz des »Mana« ableiten. Nach der Zeremonie sind, ganz unmittelbar und rational gesehen, die Beteiligten nicht etwa reicher als vorher, sondern im Gegenteil ärmer. Aber sie haben die Genugtuung, bei irgendeiner Gelegenheit eine Menge von Reichtümern gezeigt und verschenkt zu haben. Dies sichert und erhöht eventuell ihren Rang und schafft ihnen also indirekt eine Chance für den Erwerb neuer Reichtümer. So irrational solche Handlungen vor heutigen wirtschaftlichen Überlegungen erscheinen mögen, sie stellen unter dem letzten Gesichtspunkt eigentlich eine »Investition« dar, die vielleicht nicht beabsichtigt ist, aber als »Nebenfolge« der geschilderten Handlungsweise entsteht.

Die Entwicklung der Potlatch-Zeremonie bei den Kwakiutl auf Vancouver, wo sie bis in die jüngste Zeit hinein besonders gut untersucht worden ist (zum Beispiel Helen Codere, 1950), zeigt noch einige weitere Eigentümlichkeiten, die man kennen muß, um die Bedeutung dieser Institution ganz ermessen zu können. Zunächst gehört das Potlatch ganz eindeutig nicht in den Rahmen einer bloßen Subsistenz- oder Unterhaltswirtschaft; denn es wird ja gerade nicht nach dem Bedarf konsumiert, sondern weit darüber hinaus. Auch gehört es nicht in den Rahmen der sogenannten Marktwirtschaft, obwohl gerade die Kwakiutl sehr wohl für den Weltmarkt produzieren (vor allem Lachskonserven). Vielmehr gehört das Ganze in ein eigenes Wirtschaftssystem, das man auch als »Prestigewirtschaft« bezeichnet hat, weil eben hier vor allem um Rang und Ehre gekämpft wird. Dazu kommt die Tatsache eines unverhältnismäßig mühelos gewonnenen Reichtums, indem in diesen Breiten die Lachse buchstäblich dem Fischer in die Hand schwammen, bevor sie durch industriell betriebene Fischerei mehr und mehr ausgerottet wurden. Dieser Reichtum, kombiniert mit den besonderen klimatischen Verhältnissen, die in der langen arktischen Nacht alle Arbeit unmöglich machen, schafft eine Jahr um Jahr wiederkehrende Periode der allgemeinen Muße, auf deren Hintergrund sich diese Wettspiele vollziehen. So kommt ein einheitlicher Zusammenhang zustande, in dem müheloser Reichtum, Muße und Agonistik zusammenfließen und in einer Art dionysischer Ekstase, wie Ruth Benedict bemerkte, die Technik dieses eigentümlichen »Kampfes mit Eigentum« bis zum äußersten emporsteigern. In zahllosen Liedern wird diese Überlegenheit der Kämpfer über ihre Rivalen gefeiert, wobei alle Mitspieler in einem einzigen großen Fest vereinigt sind, das uns schon früher als ein sehr wesentlicher Faktor für die Verbreitung der Moden während des Mittelalters und danach erschien.

Ich bin der große Häuptling, der alle beschämt.
Ich bin der große Häuptling, der alle beschämt.
Unser Häuptling treibt allen die Scham ins Gesicht.
Unser Häuptling treibt allen die Eifersucht ins Gesicht.
Unser Häuptling macht die Leute ihr Antlitz verhüllen
Vor allem, was er wieder und wieder tut in der Welt,
Indem er allen Stämmen immer neue Öl-Feste ausrichtet!

Trotz aller Versuche des weißen Mannes und der Missionare, die Kwakiutl von ihrem alten Brauch abzubringen, hat sich diese Institution nicht nur bis in unsere Tage erhalten, es haben auch die im Wettbewerb umgesetzten Güter immer nur zugenommen.

Erscheinungen dieser Art, denen zahllose andere anzuschließen wären, zeigen nicht nur die weitgehende Verwurzelung der Mode in verschiedenen menschlich-sozialen Grundverhaltensweisen, sondern zugleich die Hauptantriebsfeder für die Mode in den oberen Ständen. Diese ist zweifellos der Wettbewerb in allen seinen Formen. Von hier aus gesehen ergibt sich die Möglichkeit, einen besonderen Begriff zur Bezeichnung dieser rivalisierenden Formen des Güterverkehrs zu bilden, der auch für die Mode von großer Bedeutung ist. Dies ist der Begriff des »demonstrativen Konsums« (conspicuous consumption), wie ihn der amerikanische Ökonom Thorstein Veblen eingeführt hat und der engstens mit der erwähnten Prestigewirtschaft zusammenhängt. Die Voraussetzungen für diesen Lebensstil sind die Muße und die Enthaltung von wirtschaftlicher Arbeit, wie der Titel eines seiner Hauptwerke sagt (Theory of the Leisure Class). Dieser Umstand war uns ja eben schon bei der Potlatch-Institution entgegengetreten. Er ist insofern von spezieller Bedeutung, als sich hier das Phänomen des »Luxus« und des luxusmäßigen Konsums ankündigt, der sehr wesentlich mit der Ausgestaltung der Mode in den ständischen Obergruppen zusammenhängt. Wichtiger ist aber noch, daß nicht mehr konsumiert wird, um irgendwelche greifbaren Bedürfnisse zu stillen, sondern eben in demonstrativer Weise, um sowohl agonistisch die eigene soziale Stellung vor der Öffentlichkeit augenfällig zu machen, wie auch um diese in der Auseinandersetzung mit den anderen in der Form einer Herausforderung womöglich noch zu steigern. Wir erkennen daran den Zusammenhang zwischen der ständisch-feudalen Ausgestaltung der Macht und einem besonderen Konsumstil, dessen Charakteristik wir im folgenden umschreiben.

Zu diesem Konsumstil gehört dann nicht nur, daß über die eigentlichen Lebensbedürfnisse hinaus konsumiert wird, sondern es findet gleichzeitig eine Spezialisierung der konsumierten Güter statt. Diese vermehren sich also von jetzt ab nicht nur rein quantitativ, sondern sie erfahren gleichzeitig eine qualitative Umformung im Sinne der »Raffinierung«. Auch das könnte allerdings noch so verstanden werden, als sollten die Konsumgüter durch eine besondere Behandlung und Zubereitung für den unmittelbaren Verzehr geeigneter gemacht werden. Gerade darum handelt es sich indessen nicht, sondern sie haben mit dieser Umformung vielmehr der Regel der Achtbarkeit (canon of reputability) zu dienen, das heißt dem Anstand und der Ehrbarkeit, in denen letztlich das Prestige der oberen Stände gründet. Es kommt also nicht nur darauf an, daß die konsumierten Güter besser sind als andere, vielmehr darauf, daß sie auf eine bestimmte, konventionell geregelte Weise verzehrt werden, die jedwede Form des wahllosen Konsums ausschließt. Hier bahnt sich die ganze Fülle der konventionsmäßigen Konsumformen an, die sehr häufig als ausgesprochen demonstrative Konsumformen und ebenso ausgesprochene Moden in den oberen Ständen begonnen haben, um später eventuell Dauerformen auszubilden, die sich dann allmählich über die ganze Gesellschaft verbreiteten (hierher gehört etwa das Essen mit Messer und Gabel und ähnliches). Wir kommen in der Folge darauf zurück.

Dieser Konsumstil muß mit dem Anwachsen des Reichtums und der Vermehrung der wirtschaftlichen Güter in der menschlichen Gesellschaft eine immer schärfere Ausprägung erhalten, deren reinste Form wir im System des Feudalismus finden können. Die Hartnäckigkeit, mit der sich diese besondere Gesellschaftsordnung durchsetzte, hängt unter anderem auch damit zusammen, daß sich in ihr sowohl allgemein menschliche wie soziale Grundverhaltensweisen zum historischen Ausdruck bringen. Diese Entwicklung akzentuiert sich noch mehr, sowie sich das ständische System immer höher aufschichtet und komplizierter wird (wie etwa im Absolutismus). Denn dann tritt zur einfachen Abhebung gegen unten sofort der interne Wettbewerb zwischen den verschiedenen oberen Ständen (etwa weltliche und geistige Aristokratien) und zwischen den individuellen Mitgliedern der einzelnen oberen Stände. Das heißt aber auch der Wettbewerb in Geschenken, Festen und allerlei Zeremonien, von dem bereits gesprochen wurde, vor allem aber der modische Wettbewerb.

Thorstein Veblen weist übrigens in diesem Zusammenhang ebenfalls auf die Potlatch-Zeremonie hin, obwohl die eigentliche Diskussion um den Sinn dieser Institution erst wesentlich später in Gang kam. Daneben kennt er auch andere Wurzeln solcher und ähnlicher Einrichtungen, etwa die festliche Eßgemeinschaft (Kommensualität) im Dienste sowohl der religiösen Erhebung wie auch der Bestätigung gewisser gemeinschaftlicher Bindungen, die im Alltag leicht verblassen und schwächer werden. Es zeigt sich dann insbesondere im Feudalsystem, daß sich die demonstrative Konsumweise nicht nur bei den obersten Spitzen der Gesellschaft hält, sondern auch auf die Gefolgschaft übergreift. Diese ehrt dann im ostentativen und zeremoniellen Konsum nicht nur sich selbst, sondern gleichzeitig ihren Herrn. Der Wettbewerb zwischen den großen Herren greift naturgemäß auch auf das Gefolge über, wenn auch stillschweigend zugestanden wird, daß dessen Verhalten nicht »original«, sondern »abbildlich«, gleichsam »vikariell« ist. Von hier aus bekommt dann das Problem der »Nachahmung« seine eigentümliche Bedeutung für die Theorie der Mode, wie sehr bald gezeigt werden soll. Bei der angedeuteten Erweiterung des zeremoniellen Konsums von den großen Herren auf ihr Gefolge findet übrigens dauernd eine Betonung der Zusammengehörigkeit statt (es handelt sich dabei also keineswegs um einen modischen Wettbewerb zwischen den Ständen, sondern ausschließlich zwischen den verschiedenen Gruppen des obersten Standes). Dies geschieht regelmäßig bei einer ganzen Reihe von verschiedenen Gelegenheiten, etwa den früher bereits erwähnten großen gemeinsamen Festen, bei denen man diese Zusammengehörigkeit sowohl vor sich selbst wie vor den anderen demonstrativ bestätigt. Im übrigen wurde dies gelegentlich sogar als politisches Mittel benutzt, wie zum Beispiel durch Ludwig XIV., der die große Aristokratie planmäßig an den Hof von Versailles zog, um den »Absentismus« zu fördern, das heißt die Abwesenheit der Aristokratenfamilien von ihren Landsitzen, und um die Selbständigkeit der Feudalherren in den Provinzen zu brechen, wo ihre Funktionen dann zunehmend vom Beamtenadel (der Noblesse de robe) und vom Bürgertum übernommen werden konnten, die beide dem absoluten Königtum verpflichtet waren. Bei diesen Festen, welche die Gesamtheit der oberen Stände vereinigten, trat dann auch der ursprünglich religiös-gemeinschaftsstiftende Sinn dieser Einrichtung – wenn auch gleichsam in ästhetischer

Verdünnung – gelegentlich sehr handgreiflich hervor. In der Kommensualität zwischen dem König und seinem aristokratischen Gefolge wurde eine Art mystischer Einheit geschaffen und immer neu bestätigt. Am Schluß der Festlichkeit waren die Aristokraten zwar ruiniert, aber sie kehrten doch mit erhöhtem Glanze heim. Die Geschichte wollte es allerdings, daß aus dieser Heimkehr ein eigentlicher Heimgang wurde, nachdem unterdessen die neuen Kräfte des Bürgertums eine wirtschaftliche Position nach der anderen erobert hatten.

Eine ähnliche Entwicklung finden wir im 18. Jahrhundert in Japan, wo das Tokugawa-Regime die konkurrierenden Aristokraten in die Hauptstadt – damals Edo genannt – zusammenzog, um sie politisch besser unter Kontrolle zu halten. Das schaffte nicht nur einen enormen Markt für Luxusprodukte, sondern auch eine riesige Bevölkerungszusammenballung. Diese Metropole hatte bereits weit über anderthalb Millionen Einwohner, als London und Paris noch unter einer Million lagen, gleichzeitig wurde diese Stadt zu einem ausgesprochenen Modezentrum. So schaffen ähnliche politische Konstellationen auch ähnliche modische Entwicklungen.

Abhebung und Anerkennung

Wir sind im Vorhergehenden einer weiteren wesentlichen Wurzel der Mode nachgegangen. Diese liegt auf einer Linie, die mit den einfachsten Formen der Auszeichnung beginnt und beim ausgesprochenen Wettbewerb endet. So kommt es auf Grund des Wettbewerbs im Rahmen der Oberschicht einer Gesellschaft regelmäßig zu einer ersten intensiven Entfaltung der Mode bei den Vertretern der führenden Gruppen in den verschiedenen Aristokratien und ständischen Systemen von der Antike bis zum Ende des Mittelalters, ja bis zur Hochblüte des königlichen Absolutismus. Solange diese Systeme noch stabil und innerlich gesichert sind, kennen dann die unteren Schichten nur eine geringe modische Bewegung als periodischen Stilwandel; sie halten sich vorwiegend bei der Tracht, die sie unter Umständen geradezu von den Feudalherren »verliehen« bekommen, meist bei ganz bestimmten feierlichen Gelegenheiten wie Hochzeiten, Taufen und ähnlichem. Dies System wird nur dort durchbrochen, wo etwa das städtische Patriziat sich in eine dem alten Feudaladel ebenbürtige Stellung hineinzumanövrieren beginnt. In diesem Augenblick hebt seinerseits der Wettbewerb zwischen Patriziat und Feudaladel wie innerhalb der verschiedenen Ränge des Patriziats an. In beiden Fällen suchen die jeweils Überlegenen, sich die Unterlegenen durch Kleiderordnungen und Luxusverbote vom Leibe zu halten. Dies ändert sich erst grundsätzlich, nachdem die ständischen Systeme durch die soziale, politische und wirtschaftliche Entwicklung untergraben worden sind.

Wenn wir dem Wettbewerb diese bedeutende Rolle für die Mode zusprechen, so soll das natürlich keineswegs heißen, daß er sich einzig und allein an diesem Ort auswirke. Er hat im Gegenteil — genau wie die Neugier — noch eine ganze Reihe anderer und sogar viel bedeutsamerer Funktionen, etwa in der Ausgestaltung der politischen Macht und der institutionellen Herrschaft. Daß aber an der Wurzel der Mode eine Grundkraft wirksam ist, die eine so große Bedeutung für die Kulturentwicklung insgesamt beweist, zeigt uns nochmals, wie wenig man die Mode unterschätzen darf. Bevor wir jedoch die Mode bis zu ihrer eigentlichen Höchstentfaltung verfolgen, müssen wir erst ihren mehr elementaren Bewegungsgesetzen nachgehen, die bisher nur teilweise und erst in Andeutungen hervorgetreten sind.

Am Ursprung der vorher beschriebenen Vorgänge steht zweifellos die »Auszeichnung«. Das Auszeichnungsstreben scheint dem Menschen durchaus eingeboren. Und dieses Auszeichnungsstreben drückt sich nicht nur in der Anstrengung aus, auf irgendeine Weise hervorragende Leistungen zu vollbringen, sondern genauso auch darin, für diesen tatsächlichen oder vermeintlichen Vorzug einen sinnfälligen Ausdruck zu erlangen und damit zu prunken. Wir finden dies — wie gesagt — schon bei den primitiven Völkern, wo die Auszeichnung sowohl zur Unterstreichung einer persönlichen Leistung wie der Eigentümlichkeiten bestimmter Teilgruppen dient (Männer und Frauen, Altersklassen, Berufe, Rangordnungen usf.). Die Hauptfunktion der Auszeichnung ist zunächst also »Unterscheidung«. Unterscheidung heißt aber auch »Abhebung«. So geschieht es, daß sich auf den ersten Blick eine ausgesprochene Distanz zwischen den jeweils (gruppenmäßig oder persönlich) Ausgezeichneten und den anderen auftut, die mehr oder weniger groß sein kann. Der Franzose Edmond Goblot spricht geradezu von einer »Barriere«, die zunächst unüberschreitbar ist (weshalb denn auch der unmittelbaren Nachahmung sehr bestimmte Grenzen gesetzt sind).

Jetzt müssen wir aber eine andere Frage aufrollen, die mit dieser engstens zusammenhängt und sehr wichtige andere Aufbaumomente der Mode in den Blick bringen wird. Diese Frage lautet ganz einfach: Was nützt die schönste Auszeichnung, falls sie von den anderen nicht anerkannt wird? So muß also die Auszeichnung, gerade wenn sie ihre Funktion der Abhebung, der Unterscheidung wirksam ausüben will, an etwas anschließen, das die jeweils anderen als Auszeichnung auch akzeptieren. Damit bedeutet jede Auszeichnung zugleich Einordnung in den gesamten überlieferten Schatz traditioneller Wertvorstellungen der anderen, mit denen zusammen man lebt. Dies führt unmittelbar zu einer neuen Paradoxie: Auszeichnung und Einordnung in eine soziale Gruppe schließen einander nicht aus. Einer kann sich nur insofern auszeichnen, als er etwas tut, das auch von den anderen anerkannt wird. Damit beugt er sich vor dem Urteil der anderen gerade in dem Augenblick, wo er über die anderen hinauszuwachsen sucht. Hierin kommt ein eigenartiges soziologisches Prinzip zum Ausdruck: daß nämlich auch Abhebung und Unterscheidung von den anderen den Rahmen der Sozialisierung, das heißt der Anpassung an Urteile, Wertungen und Meinungen der Umwelt, nicht zu übersteigen braucht (die Fälle, in denen dies doch geschieht, werden wir bald als eigentliche Grenzfälle kennenlernen). Dies kann uns nochmals eine gewisse Vorsicht gegenüber dem Begriff der »Uniformierung« empfehlenswert machen. Die Uniformierung wäre eine extremste Form der Sozialisierung; wenn diese aber in Wahrheit Abhebung und Unterscheidung nicht ausschließt, so bedeutet das zugleich, daß Uniformierung im soziologischen Sinne keineswegs mit Einförmigkeit oder Konformismus identisch zu sein braucht. Die unmittelbaren Konsequenzen dieser Einsicht für das Verständnis der Mode sind mit Händen zu greifen. Bei ihrem Wechselspiel zwischen Wandel und Beharren mit imperativem Charakter schafft sie gewiß Uniformierung. Diese läßt aber noch immer Raum offen für rein persönliche Abweichungen von der großen Linie, die übrigens ebenfalls sozialer Regelung unterliegen. Das heißt: Der Variationsraum der möglichen Abweichung ist zwar beschränkt, er ist aber doch vorhanden. Die starren Linien der Etikette werden durch den persönlichen Takt und Geschmack gelockert. Auszeichnung und Einordnung sind also keine Gegensätze, da auch die Einordnung nicht zur Einförmigkeit verpflichtet.

Die Einordnung selber geht in mehreren Akten vor sich: Zur Auszeichnung gehört 1. eine Handlung oder Verhaltensweise, die von den anderen für wichtig und auszeichnend gehalten wird oder wirklich für sie nützlich und förderlich ist; zur Auszeichnung gehört ferner, daß 2. auch das Zeichen für sie von den anderen anerkannt wird; und zur Auszeichnung gehört schließlich 3. ein zeremonielles Verhalten, das der Auszeichnung für angemessen gehalten wird, also der Kanon der Wohlanständigkeit, von dem schon die Rede war. Auszeichnung und Einordnung gehen in der Tat bei allen drei Punkten Hand in Hand. Eine Auszeichnung, die sich außerhalb des Bereichs sozialer Anerkennung bewegt, gibt es nicht; sie wäre auch in sich selber sinnlos. Das geht vor allem aus dem dritten erwähnten Punkte hervor, nämlich dem erforderlichen zeremoniellen Verhalten. In diesem Sinne hat auch der soeben zitierte Goblot den Begriff der »Barriere« mit dem des »Niveaus« verknüpft, das eingehalten werden muß, wenn die Barriere, das heißt also die Abhebung, ihre Wirksamkeit beweisen soll.

Die entscheidende Verbindungsfunktion zwischen den beiden genannten Elementen kommt in einer Art von Formalisierung des Verhaltens zum Ausdruck, die man auch als »Ritualisierung« bezeichnet. Diese fügt sachlich nichts hinzu zu den benutzten Auszeichnungsmitteln, wie auch der Tee als solcher in der japanischen Teezeremonie durch diese nicht besser wird. Die Ritualisierung bezieht sich vielmehr immer nur auf die begleitenden Umstände, die sie in eine bestimmte und festgelegte Abfolge zwingt. Häufig entfaltet sie sich auch in besonderen Redewendungen und Sprechweisen. Alle Religionen der Welt haben seit jeher ein tiefes Gefühl für die »erhebende« Funktion solcher geregelten Abläufe gehabt, wie die Rolle des »Ritus« in jeder religiösen Handlung beweist. Mit dem Ritus wird die freisteigende Spontaneität religiöser Emotionen in eine feste Form gebannt, die wiederholbar ist und darum auch von Person zu Person übermittelt werden kann. Der Ritus entfaltet damit eine enorme sozialisierende Kraft.

Allerdings liegt gerade darin auch seine Grenze, indem »Ritualisierung« im Gleichlauf der totalen Gedankenlosigkeit enden kann. Das gleichsam bewußtlos gewordene »Niveau« kann sich dann auch nicht mehr als »Barriere« auswirken, vielmehr erscheint es dann nur noch als verstaubter Schnörkel, als ausdruckslose Umständlichkeit, die sich einzig als Flucht vor der Spontaneität und damit natürlich auch vor der Kreativität auswirkt. Es liegt auf der Hand, daß die Ritualisierung des Auszeichnungsstrebens besonders nahe liegt, nachdem die realen Machtpositionen, die eine Auszeichnung zu begleiten pflegen, vergangen sind. So ist Ritualisierung des Auszeichnungsverhaltens eine typische Verhaltensweise von Personen, Gruppen oder Schichten, die sich selbst überlebt haben. Nachdem die »Old days of glory« vergangen sind, bleibt als Ausflucht nur noch die ziselierte Ornamentik um ihrer selbst willen wie beim Erlahmen des religiösen Aufschwungs die Gebetsmühle. Andererseits aber empfängt diese Ritualisierungstendenz auch nach Wegfall der sie tragenden realen Konstellation eine ständige Nahrung durch eine allgemein-biologische Neigung zum Ritual.

Die Nachahmung

Wir haben nun vorher gesehen, daß die Auszeichnung die Möglichkeit einer ausgesprochenen Verschärfung im Sinne des »Wettbewerbs« besitzt, der seinen wesentlichen Vollzugsort insbesondere in den herrschenden Gruppen geschichteter Gesellschaften hat. Der auszeichnenden und anerkannten Tat folgt der Neid auf dem Fuße, der stille Ehrgeiz und das Bemühen, es den Angeseheneren gleichzutun. Es liegt im Wesen des menschlichen Gruppenlebens, daß die einzelnen und die Teilgruppen nach Auszeichnung streben; genauso aber liegt es in der Natur des gesellschaftlichen Menschen, daß immer die vielen es dem oder den sich Auszeichnenden gleichzutun suchen; ja sie bemühen sich, sie eventuell zu übertreffen. Das ist in der Tat der Sinn des Wettbewerbs und der rivalisierenden Agonistik.

Zur Erklärung dieser Entwicklung wurde früher gern eine bestimmte Theorie herangezogen, die so bekanntgeworden ist (und auch uns schon mehrmals begegnete), daß wir etwas bei ihr verweilen müssen. Es handelt sich um die Theorie der »Nachahmung«, die erklären soll, wie sich die Unterlegenen im Wettbewerb den anderen annähern. Der Franzose Gabriel Tarde, einer der geistvollsten Analytiker der Mode übrigens, hat sogar in der Nachahmung das Grundprinzip des gesellschaftlichen Lebens schlechthin erblicken wollen; auch bei Herbert Spencer spielt dieser Begriff eine wesentliche Rolle, wie schon angedeutet wurde, indem er meint, daß die unteren Stände durch die Nachahmung die oberen zwingen, den modischen Wechsel zu vollziehen, wenn sie den Abstand vor den anderen bewahren wollen. Die eingehendste Begründung der Mode als Nachahmung gibt jedoch der deutsche Philosoph Georg Simmel, der gleichzeitig auf den beiden anderen fußt. Eindeutig faßt er seine Meinung folgendermaßen zusammen: »Die Nachahmung [...] gibt dem Individuum die Sicherheit, bei seinem Handeln nicht allein zu stehen, sondern erhebt sich über den bisherigen Ausübungen derselben Tätigkeit wie auf einem festen Unterbau, der die jetzige von der Schwierigkeit, sich selbst zu tragen, entlastet [...]. Wo wir nachahmen, schieben wir nicht nur die Forderung produktiver Energie von uns auf die anderen, sondern zugleich auch die Verantwortung für dieses Tun; so befreit sie das Individuum von der Qual der Wahl und läßt es schlechthin als ein Geschöpf der Gruppe, als ein Gefäß sozialer Inhalte erscheinen [...]. Die Lebensbedingungen der Mode als einer durchgängigen Erscheinung in der Geschichte unserer Gattung sind hiermit umschrieben. Sie ist Nachahmung eines gegebenen Musters und genügt damit dem Bedürfnis nach sozialer Anlehnung, sie führt den einzelnen auf die Bahn, die alle gehen, sie gibt ein allgemeines, das das Verhalten jedes einzelnen zu einem bloßen Beispiel macht.« In der letzten Zuspitzung bezeichnet Simmel auf dieser Grundlage die Nachahmung als »das Kind des Gedankens mit der Gedankenlosigkeit«.

Die Grundidee dieser Lehre läuft darauf hinaus, daß durch die Nachahmung, von einer Initialzündung ausgehend, umfassende Strömungen erzeugt werden, die ein massenhaft gleichförmiges Handeln nach sich ziehen. Die Bedeutung dieser Lehre wächst noch auf Grund der Tatsache, daß wir es bei der Nachahmung mit einem Prinzip zu tun haben, das scheinbar weit über die Gesellschaft der Menschen hinausgreift und schon im Tierreich eine außerordentliche Rolle spielt. Aber gerade damit erheben sich einige wichtige Fragen, bei denen wir wenigstens kurz verweilen müssen, um mit unserer Problematik richtig voranzukommen. Man denke an das Beispiel einer Glucke mit ihren Küken. Die Glucke pickt, und die Küken ahmen sie nach. Haben wir es hierbei wirklich mit Nachahmung, etwa mit einem »Lernen durch Nachahmung« zu tun, oder geschieht nicht doch etwas ganz anderes? In der Tat, es geschieht wirklich etwas anderes. Das Picken der Glucke, ihr Scharren und Rufen bringt einzig eine im Küken selbst vorhandene Disposition zur Auslösung. Es erscheint also nur äußerlich als Nachahmung, was in Wirklichkeit gar keine Nachahmung ist. Die Gleichförmigkeit des Handelns wird in diesem Falle (genau wie bei der vordem angeführten Flucht eines Rudels von Wildtieren bei Gefahr) ausgelöst durch die Wirkung eines bestimmten Außenweltreizes, der bei allen Beteiligten die gleichen instinktiven Reaktionen auslöst. Das Problem der Nachahmung ist also schon beim Tier gar nicht so einfach gelagert, wie es zuerst den Anschein hatte.

Viel schwieriger und komplizierter liegt nun aber die Sache beim gesellschaftlichen Menschen. Zunächst darum, weil wir beim Menschen außer mit dem Instinkt und den Trieben noch mit seiner sozialen Kultur zu rechnen haben. Zwischen beiden Extremen liegt zudem eine ganze Skala von Mischformen. Vor allem aber kommt beim Menschen hinzu, daß er gelegentlich ganz bewußt nachahmt, wie etwa die Japaner seit dem Jahre 1868 das europäische System industrieller Produktion. Dies geschah einzig auf Grund rein rational-planender

Überlegungen. Nun haben wir aber schon mehrfach auf die irrationalen Elemente der Mode hingewiesen, so müssen wir auch diesen Typus von Nachahmung zurückstellen. Er ist durchaus ein Extremtyp. Die einfachste Selbstprüfung zeigt uns überhaupt, daß Nachahmung so gut wie niemals von selbst, gewissermaßen automatisch funktioniert. Vielmehr gibt es befördernde und hemmende Faktoren für die Nachahmung. Befördernd ist für die Nachahmung zweifellos, wenn wir mit dem Menschen, den wir nachahmen, auf irgendeine Weise verbunden sind. Dabei können leitend werden: Sympathie, Bewunderung oder Respekt vor seiner Einsicht, vor seiner Stellung usf. Immer aber muß ich schon eine gewisse Beziehung zu demjenigen haben, den ich nachahme. Wir leiten daraus den Grundsatz her, daß keineswegs wahllos nachgeahmt wird; vielmehr wird einzig innerhalb bereits bestehender sozialer Verbundenheiten nachgeahmt, wobei der Nachgeahmte entweder ein Gleichgestellter oder ein Übergeordneter sein kann. Das heißt zugleich, daß die Nachahmung an sich keine sozialen Beziehungen schafft, sondern sie ist einzig ein Symptom (neben anderen) für bereits bestehende Beziehungen. Eine ihrer wichtigsten Funktionen liegt dabei in der intensiveren Ausgestaltung der bestehenden Beziehungen. Dieser Grundsatz bestätigt sich, wenn wir die Kehrseite des Problems betrachten, also die Hemmung der Nachahmung. Wann empfinden wir die intensivste Abneigung, einen anderen nachzuahmen? Zunächst doch immer dann, wenn uns die Handlungs- oder Denkweise des anderen fremd oder unsinnig erscheint. Dabei kann der andere entweder im strengen Sinne verrückt sein, das schließt sowieso jede Nachahmungsbereitschaft aus; das wäre das Gegenstück zur rein rational motivierten Nachahmung: die Verweigerung der Nachahmung wegen allzu irrationalen Verhaltens. Der andere kann aber auch einfach einem fremden Kulturkreis angehören mit einem anderen Lebensstil; die Erfahrung der Fremdheit wird mich dann davon abschrecken, eine bestimmte Handlung nachzuahmen, selbst wenn sie noch so sinnvoll sein sollte. Wir weisen übrigens darauf hin, wie leicht das einfache Volk geneigt ist, Menschen als »verrückt« zu bezeichnen, die anders reagieren als es selbst, weil sie einem anderen Kulturkreis entstammen. Eine solche Hemmung der Nachahmung findet sich aber nicht nur zwischen verschiedenen Kulturen, sondern ebenfalls innerhalb ein und derselben Kultur zwischen den Vertretern verschiedener Schichten, Stände und Klassen, solange wenigstens das Schichtungssystem noch intakt ist (wie wir schon vorher gesehen haben). Die Vertreter des gleichen Standes haben — gerade auf Grund ihres Zusammengehörigkeitsgefühls — immer die Tendenz, eine Art Gleichförmigkeit des Verhaltens auszubilden. Hier wird also effektiv nachgeahmt. Dagegen wird gleichzeitig versucht, jede Nachahmung von unten her zu verhindern, genau wie die Nachahmung nach unten mit wenigen Ausnahmen (von denen später) abgelehnt wird. Die Sicherung des »Niveaus« verlangt die Errichtung der »Barriere« nach unten. Das schließt dann keineswegs aus, daß im Rahmen der obersten Schicht der jeweils an der Spitze Stehende nachgeahmt wird; wir haben schon vom modischen Wettbewerb innerhalb der oberen Stände gesprochen. Umgekehrt wird die Nachahmung von unten her nicht nur ausdrücklich verhindert (etwa durch die Kleiderordnungen und Luxusgesetze), sondern diese Unterschichten verspüren auch meist gar nicht das Bedürfnis dazu, solange die ständische Ordnung noch geschlossen ist, indem diese als von Gott gewollte Unterordnung der einen unter die anderen erscheint, wobei sogar oft das Bemühen hervortritt, die Menschen der verschiedenen Schichten als Menschen verschiedener Qualitäten zu erweisen, wie schon in Platons »Staat«. Dem entspricht auch der oft geschilderte lähmende Einfluß, der in diesen ständischen Systemen von der Spitze auf die unteren Schichten ausstrahlt; der Umstand, daß die Ständeordnung meist durch religiöses Gebot sanktioniert erscheint, kann diesen Zug nur noch verstärken.

Daneben muß noch ein anderer Umstand erwähnt werden, der für die Erklärung, wie relativ gleichförmiges Verhalten entstehen kann, sehr wichtig ist. Bestehende soziale Verbundenheiten sind nicht nur im Sinne einer Unmenge rein individueller und menschlicher Beziehungen zu denken. Vielmehr gibt es auch sozial-wirtschaftliche Dispositionen, die entweder einer Gesellschaft im ganzen oder wenigstens einzelnen Teilgruppen in ihr gemeinsam sind. Wir sprechen dann von objektiven »sozialen Lagen«, die etwa einer vorherrschenden Art wirtschaftlicher Betätigung, einer besonderen Eigentumsverfassung oder auch einem politischen Unterwerfungsverhältnis entsprechen. In diesen Fällen reagieren häufig recht große Menschenmengen relativ gleichförmig, ohne daß dennoch von Nachahmung im eigentlichen Sinne gesprochen werden dürfte. Vielmehr handelt es sich hier um ein gleichförmiges Handeln aus gleichen Lebensbedingungen heraus, aus dem dann auch ein besonderer »Lebensstil« erwächst. Hier ordnen sich natürlich die Dauerformen der Tracht und des Verhaltens ein, von denen wir bereits gesprochen haben. Es liegt auf der Hand, daß sich dies mit besonderer Intensität bei den unteren Gruppen verwirklichen muß, die — vor allem in den alten Ständesystemen, am intensivsten im Kastenregime Indiens — auch schicksalhaft mit ihrer wirtschaftlichen Beschäftigung verbunden sind, indem sie in ihren Rang hineingeboren werden und ihm auf keine Weise entrinnen können.

Die Oberklasse ist dagegen nicht nur im politischen und allgemein-sozialen Sinne freier, sondern auch im modischen: Die Muße ist für sie der reinste Ausdruck für die Enthobenheit von allen wirtschaftlichen Notwendigkeiten, die ein relativ gleichförmiges Verhalten zeugen, so daß gerade hier neben der Tracht die bewegliche Mode erscheint – insbesondere wenn noch der Wettbewerb zwischen den verschiedenen oberen Gruppen oder Individuen in Erscheinung tritt. Das reine Kriegshandwerk, das ursprünglich die Oberstände charakterisiert, kann schon darum nichts an diesem Verhältnis ändern, da es ja keine Dauerbeschäftigung darstellt. So bleibt also, daß die Nachahmung von sich aus keine sozialen Beziehungen herstellt, sondern einzig bereits bestehende Beziehungen verstärkt und überhaupt in sinnfälliger Weise zum Ausdruck bringt.

All das Gesagte kann uns auch nicht weiter wundernehmen, wenn wir bedenken, daß jeder Nachahmung ein Akt des Aufnehmens von etwas anderem und des Verstehens vorausgehen muß, falls es sich nicht um reine Nachäfferei handelt, die vielleicht rein individuell auftreten kann, niemals jedoch soziale Strömungen aus sich entläßt. Und ein solches Aufnehmen und Verstehen des anderen steht natürlich unter der Voraussetzung gewisser Gemeinsamkeiten, sozusagen eines kulturellen Kontinuums, dessen Grenzen in den meisten Fällen leicht abzusehen sind. Was völlig »aus dem Rahmen fällt«, kann schon darum nicht nachgeahmt werden, weil es nicht verstanden wird. Und selbst wenn es etwa auf Grund eines besonderen Wissens vom einzelnen doch verstanden wird, so verstehen es doch die anderen nicht, auf deren Anerkennung ich unbedingt angewiesen bin.

Es muß zum Abschluß hinzugefügt werden, daß sich dies Feld der Verbundenheiten in bestimmten Lebensschichten gelegentlich außerordentlich ausweiten kann. Dies gilt insbesondere in der Gegenwart, die – wenigstens in den westlichen Kulturen – eine Art von einigermaßen einheitlicher Kulturatmosphäre auszubilden beginnt. Dann kann es etwa geschehen, daß der Kammerdiener des Prince of Wales Bügelfalten in dessen Hosen hineinbügelt, oder daß der Prinz selber vergißt, den letzten Westenknopf zu schließen, und daß danach erst eine bestimmte Schicht in Europa und schließlich in der ganzen Welt ihn nachahmt. Damit stehen wir aber bereits vor ganz anderen Problemen, die diesmal rein historisch bedingt sind, indem sie einen eigentümlichen Grundzug der Gegenwart zum Ausdruck bringen, der allmählich zur Ausbildung einer Art von »Weltpublikum« führt. Dies Weltpublikum zeichnet sich dadurch aus, daß es nur in einer ganz bestimmten Lebensschicht wirksam ist. So uneinig sich die Völker politisch sein mögen, in der Bewunderung einiger weniger Personen sind sie sich doch einig (Sport, Film und ähnliches).

Akteure und Zuschauer

Bedeutsamer als die Nachahmung für die Ausgestaltung der Mode ist indessen ein anderes soziales Grundverhältnis, dessen Gewicht ebenfalls erst vor gar nicht so langer Zeit erkannt wurde. Wenn wir davon sprechen, daß Auszeichnung und Anerkennung voneinander nicht zu trennen sind, so können wir dies Verhältnis auf eine höchst konkrete Weise in dem Verhältnis von Akteuren und Zuschauern verbildlichen, wobei die besondere Bedeutung des Schauens für das modische Bewußtsein bereits erwähnt worden ist. Die Auszeichnung setzt also die Anerkennung voraus, sie versucht sie unter Umständen sogar planmäßig zu provozieren. Gerade in dem Augenblick, da die Auszeichnung um Anerkennung buhlt, kann es nicht ausbleiben, daß in den Anerkennenden das Bestreben geweckt wird, der Auszeichnung ebenfalls teilhaftig zu werden. Wer zuerst Zuschauer war und Beifall klatschte, will nun selber zum Akteur werden und den Beifall für sich einheimsen. Der deutsche Soziologe Alfred Vierkandt sprach in diesem Zusammenhang vom »Rollenwechsel zwischen Akteuren und Zuschauern«. Die tiefinnere Verwandtschaft dieses Verhältnisses und dieser dauernd möglichen perspektivischen Veränderung mit dem Phänomen des Wettbewerbs liegt wohl derart auf der Hand, daß man nicht besonders darauf hinzuweisen braucht.

Mit diesem Rollenwechsel geschieht es also regelmäßig, daß jene, die zuerst dem sich Auszeichnenden Anerkennung zollten, nun sich selber in der gleichen Weise auszuzeichnen suchen und dementsprechend zum gleichen sinnfälligen Zeichen der Auszeichnung greifen. Damit zeigt sich von neuem, daß die Nachahmung (falls man hier überhaupt von einer solchen sprechen will) nur in einem geschlossenen Gruppenkreise funktioniert, in dem eben dieser Wechsel zwischen Zuschauern und Akteuren möglich ist. Zugleich tritt auch die Beziehung der Gegenseitigkeit dieses Verhältnisses deutlich hervor, die uns schon beim Geschenk und beim Wettbewerb aufgefallen war. In unserem Falle wird dann im immer wiederholten Wechsel von Akteuren und Zuschauern allmählich erreicht, daß sich irgendein besonderes Auszeichnungsmerkmal allmählich über die ganze in Frage stehende Gruppe verbreitet. Da das Ganze aber in einen unabgerissenen Wettbewerb eingebettet ist, ist für ein solches Wechselspiel prinzipiell kein Ende abzusehen.

Abgesehen davon, daß die Zuschauer im modischen Wettbewerb auf die eigentlichen Akteure immer befeuernd wirken und damit die Rivalität auf die Spitze treiben, liegt ihre besondere Funktion noch darin, daß sie gleichsam über die Einhaltung der Spielregeln wachen, damit das Niveau gewahrt bleibe. In diesem Sinne besteht wiederum ein denkbar enger Zusammenhang zwischen den Zuschauern einerseits und der Sitte, der Konvention, der Etikette und überhaupt dem Kanon der Wohlanständigkeit andererseits. Die Zuschauer stellen gewissermaßen die öffentliche Meinung in einer Gruppe dar, die aber – indem sie über die anderen (Akteure) urteilt – gleichzeitig sich selber bindet; denn das

1 Tanagra-Figur einer vornehmen Griechin in Chiton und Mantel (ca. 320 v. Chr.). *Historia Photo*

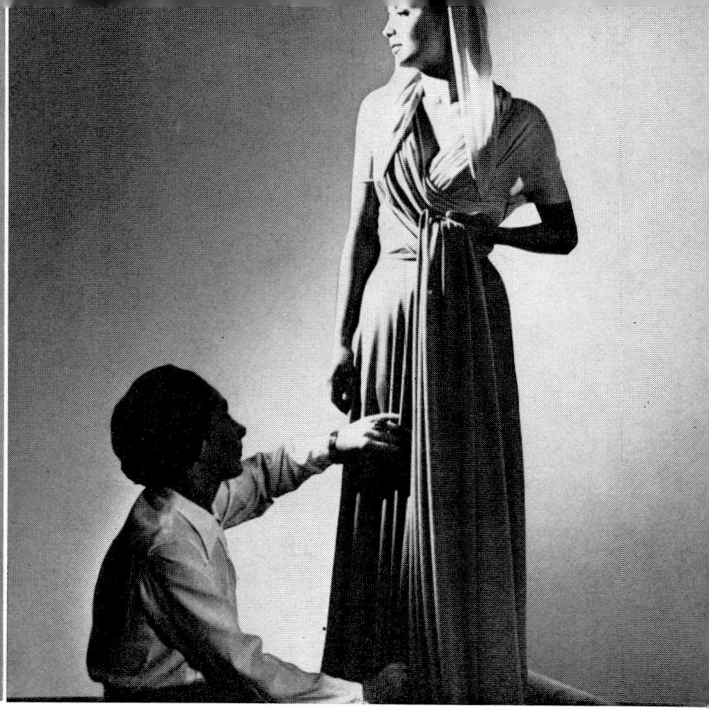

2 Madame Grès, die große Pariser Couturière, bei der Arbeit. *Foto: Modebuch-Verlagsgesellschaft, Zürich*

3 Ägyptisch
Tänzerinnen,
ca. 1500 v. Ch
Historia Phot

4 Antiker
Bikini,
Kaiserliche
Villa in
Sizilien,
römische
Kaiserzeit.
Foto: Staats-
bibliothek
Berlin

5 Vornehme Frau aus dem Mittelalter (man beachte den vorgewölbten Bauch). *Foto: Staatsbibliothek Berlin*

6 Jost Amman: Eine Frau aus Straßburg 1577 (aus einem Trachtenbuch). *Foto: Staatsbibliothek Berlin*

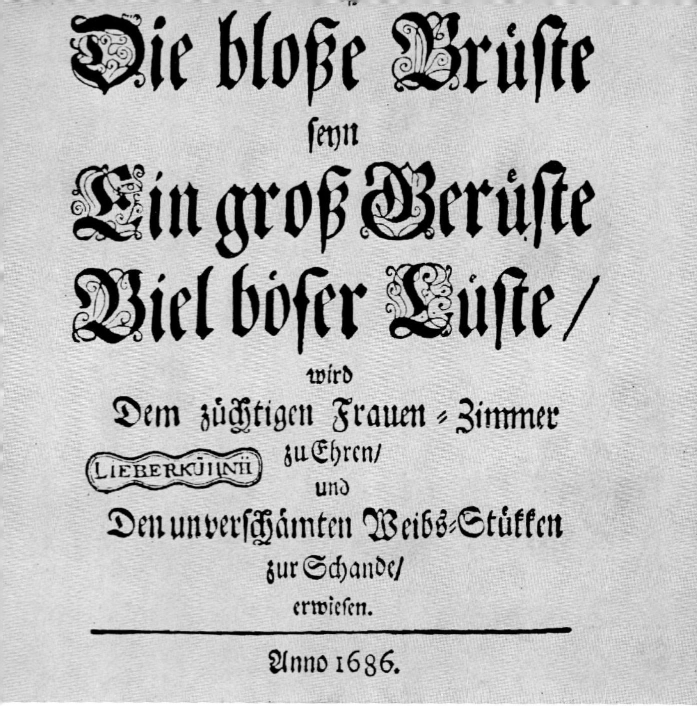

Die bloße Brüste
seyn
Ein groß Gerüste
Viel böser Lüste/
wird
Dem züchtigen Frauen-Zimmer
zu Ehren/
und
Den unverschämten Weibs-Stükken
zur Schande/
erwiesen.

Anno 1686.

LIEBERKÜHNII

7 Ein altes Dokument zur Diskussion des »Oben Ohne«.
Foto: Archiv Gerstenberg

8 Busenfreie Mode, junge Frau um 1750.
Foto: Archiv Gerstenberg

9 Frans Hals, Regenten von St. Elisabeth (1641); das klassische Vorbild der bürgerlichen Männermode in schwarzem Tuch und weißer Wäsche. *Foto: Staatsbibliothek Berlin*

10 Weibliche Mode (um 1895), Beispiel für bürgerliche Zurückhaltung. *Historia Photo*

11 Weibliche Mode (1896), lockerer, farbiger und phantasievoller Stil. *Historia Photo*

12 Madame Récamier (von David), die »Königin des Directoire« (1795—1799). Ein antizipierender Vorläufer des Transparent-Looks. Die Brust wird durch die hochgezogene Taille gehalten. *Foto: Staatsbibliothek Berlin*

13 Vornehmes Paar, Mr. und Mrs. Hobson, beim Pferderennen in Paris (1914). *Foto: Modebuch-Verlagsgesellschaft, Zürich*

14 Ein Hippie-Paar beim Pop-Festival auf der Isle of Man (1970). *Foto: dpa*

15 Juliette Greco im schwarzen Pullover, die in der unmittelbaren Nachkriegszeit die Mode der jungen Frauen revolutionierte. *Foto: dpa*

16 Ein Kavalier verabschiedet sich mit Handkuß (nach Moreau de Jeune, 1777). *Foto: Staatsbibliothek Berlin*

17 Großes Abendkleid von Cristobal Balenciaga, Frühjahr 1957. *Foto: Modebuch-Verlagsgesellschaft, Zürich*

18 Ensemblé von Yves St. Laurent, Tunika-Bluse mit Transparent-Look (1970). *Foto: dpa*

19 Abendkleid von Yves St. Laurent, ebenfalls im Transparent-Look. *Foto: dpa*

20 Hosenanzug von André Courréges, 1964. Eine Kreation, die eine neue Gestaltung der langen Linie anbahnte. *Foto: Courréges*

21 Eine der vielen Formen des Bikini (1971). *Foto: dpa*

22 Einteilige Form des Minikleides (1971). *Foto: dpa*

23 Edward VII. von England, als »Prince of Wales« das Vorbild der eleganten Männerwelt (1860). *Foto: Modebuch-Verlagsgesellschaft Zürich*

24 Hippie beim Fest der Blumenkinder in Woburn Abbey, England (1967). *Foto: dpa*

25 Hot Pants von Norman Hartnell, dem Modeschöpfer der Königin Elisabeth II. (1971). *Foto: dpa*

Verhältnis von Zuschauer und Akteur kann jederzeit im Sinne der Gegenseitigkeit des Verhältnisses umgekehrt werden.

Damit wird ein neuer Grundtatbestand sichtbar, der wiederum für die Mode von größter Bedeutung ist. In dieser dauernden Umkehrung des Verhältnisses von Akteuren und Zuschauern geschieht es nämlich sehr bald, daß jeder einer bestimmten Auszeichnung teilhaftig geworden ist, was zugleich bedeutet, daß niemand mehr ausgezeichnet ist. So kann man von hier aus gesehen von einem im sozialen Grundverhältnis des Wechselspiels zwischen Akteuren und Zuschauern selber angelegten *kontinuierlichen Selbstmord der Mode* im modischen Wettbewerb sprechen. Zuerst ist die Mode Auszeichnungsmerkmal; aber durch das Medium der Anerkennung, ohne das sie nicht bestehen kann, ferner durch den der Anerkennung auf dem Fuße folgenden Wettbewerb im Wechsel von Zuschauern und Akteuren und durch den Ehrgeiz, es den Schöpfern der Mode gleichzutun, verliert sich schließlich die Auszeichnung und wird zu einem allgemeinen Besitz.

Der durchschnittliche Vorgang spielt sich dann regelmäßig so ab, daß die Mode am Ende des geschilderten Prozesses ebenso ruckartig wieder verschwindet, wie sie erschienen ist. Daher denn auch das Leichtlebige, das man der Mode nachsagt, obwohl dieser Ausdruck nicht ganz zutreffend ist. Denn es verbirgt sich eben hinter dieser scheinbaren Leichtlebigkeit ein ruhelos zehrender Selbstmordwunsch, der sich zudem gerade in dem Augenblick verwirklicht, da die Mode ihren Höhepunkt erreicht und im Glanz der großen Öffentlichkeit steht. Daher der Schleier von Melancholie, der über jeder Mode weht. Sie dient der Erhöhung des Alltages und der Schönheit; aber es ist ihr ein für alle Male bestimmt, im Jugendalter frühreifer Vollendung durch eigenes Gesetz und durch eigene Hand zu sterben. Natürlich hat dieses Entwicklungsgesetz der Mode die größten wirtschaftlichen Folgen; denn die Knochenstätte der vielen verblichenen Moden wird von dem gebildet, was der Handel als »Ladenhüter« bezeichnet. Darum muß die Wirtschaft auch immer darauf blicken, daß die Restposten modischer Artikel so schnell wie möglich beseitigt werden, noch ehe sie zu eigentlichen Ladenhütern werden. Dies ist unter anderem eine der Funktionen des sogenannten »Ausverkaufs«. Im Durchschnitt geschieht es dann auch, daß die Produktion bestimmter besonders modeanfälliger Artikel in dem Augenblick eingestellt werden muß, wo diese Artikel den konkreten Markt und damit ihr Publikum erreicht haben.

Nachdem die Mode sich vollendet hat, das heißt ganz und gar zu sich selber und damit zugleich zu ihrem Ende gekommen ist, beginnt sofort die bohrende Neugier wieder zu wirken, die wir als allgemein-menschliche Wurzel der Mode erkannten. So hebt das modische Spiel von neuem an in ungezählten Varianten, für die ein Ende prinzipiell nicht abzusehen ist. Das Neue braucht dabei nicht unbedingt einen totalen Stilwandel zu bedeuten; oft hält es sich im Nebensächlichen, im Beiwerk, in den Zutaten. Aber dieser Wandel der Details läuft unabgerissen weiter, wenn auch die großen Stilunterbrüche — wie uns die Geschichte der Mode zeigt — relativ selten sind. Dies wird allerdings erst in der nüchtern zergliedernden Arbeit des Historikers sichtbar; der Zeitgenosse hat dagegen zumeist keinen Sinn für den Unterschied zwischen Detailwandel und Stilwandel. Insbesondere gilt das für den Snob aller Schattierungen, der jedem kleinsten Wandel das Gewicht einer eigentlichen Stiländerung zu geben geneigt ist.

Der Snob ist der Mensch, der sich vor den Zuschauern verpflichtet glaubt, jede einzelne, auch die ausgefallenste Mode mitzumachen und unterstrichen zur Schau zu tragen. Sein hervorragendster Zug ist dabei der Ernst, mit dem jede Variante zu einer Lebensfrage aufgebauscht wird, und die Kritiklosigkeit, die prinzipiell immer der Zeit voraus sein will, ohne zu erproben, ob eine neue Anregung auch vor der öffentlichen Anerkennung standhält. In diesem Sinne kann man sagen, daß der Snob die allgemeine Sozialisierungsfunktion der Mode in solchem Ausmaß übertreibt, daß sie sich am Schluß selber widerlegt. Von hier aus gesehen, erhebt sich die sehr legitime Frage, ob wir nicht im Snobismus eigentlich eine subtile Form der Asozialität zu erblicken haben, die sich ständig nach Anerkennung sehnt, obwohl sie die Möglichkeit dazu schon im Grundakt der modischen Wahl oder auch Wahllosigkeit ausschaltet. Der Snob repräsentiert gleichsam im Element der Geselligkeit das schlechthin unglückliche Bewußtsein, das bei aller Anstrengung zur Sozialisierung und Anpassung an die Mode — indem er daraus gewissermaßen seine Religion macht — dennoch den Anschluß immer und notwendig verpaßt, weil er jeder Ordnung vorausläuft. Gleichzeitig hat der Snob die Eigentümlichkeit, gerade mit jenen Kontakt zu suchen, die mit ihm nichts zu tun haben wollen. In seiner Unsicherheit bleibt ihm kein anderer Ausweg als die Übertreibung. So wird aus dem Snob ein eigentlicher Modenarr, worin er den früher schon erwähnten unsicheren Existenzen verwandt ist. Dementsprechend kann auch der Snob nur in ganz bestimmten Gesellschaftstypen auftreten, nämlich in solchen, die zunächst einen starken Individualisierungsprozeß bereits durchgemacht haben und sodann eine starke und ausgeprägte modische Beweglichkeit beweisen, die gleichsam zum konventionellen Kanon des Alltagslebens geworden ist. In diesen Gesellschaften stellt er dann so recht eigentlich einen Grenzfall des modischen Verhaltens dar.

Vom Snobismus zu unterscheiden ist das Hobby, das Steckenpferd, das ebenfalls stark modisch bedingt zu sein pflegt. Das Steckenpferd dient vor allem der Bestätigung der Persönlichkeit, wenn das Alltagsleben allzusehr im Konventionellen zu erstarren droht. Das Hobby wird damit zu einer Art von »Ventilsitte«, die bei allzu enger Eingeschlossenheit in einen intoleranten Kanon der Wohlanständigkeit dem Beteiligten wenigstens im stillen Kämmerlein die Illusion der Freiheit gibt (wie es bezeichnenderweise etwa in England zur Zeit Victorias der Fall war). Im gleichen Sinne kann das Hobby Ausdruck von Lebensflucht (englisch: escapism, französisch: évasion) werden, dessen Hauptfunktion darin liegt, die persönliche Variante des Lebens wenigstens in einer spielerischen (das heißt vor allem außerwirtschaftlichen) Dimension zu sichern. Genau wie der Snobismus stellt also auch das Hobby einen Grenzfall des sozialen und modischen Verhaltens dar.

Es ist bezeichnend für den Snob, wie wir soeben gesagt haben, daß er sich in der kritiklosen Nachahmung der sozial unerprobten Neuigkeit ergeht, die dementsprechend auch noch keinen »Kurswert« besitzt, sondern durchaus aus dem Rahmen fällt. Trotz seiner Randseiterstellung in der Gesellschaft kommt es aber häufig dazu, daß wiederum andere unstabile Naturen ihrerseits den Snob nachahmen, und zwar in einer Art vikarieller und niederer Form des Snobismus, ganz ähnlich wie in den obersten Ständen etwa der Gefolgsmann den Lehnsherrn nachahmt. Dies ist meist der Ursprung für sogenannte »Cliquen«. Eine Clique stellt eine Gruppenform eigener Natur dar, bei der sich im Rahmen einer größeren Gesellschaft ein kleiner Kreis unter der Führung einer zentralen Person exklusiv von den anderen abschließt und gewissermaßen einen eigenen Ritus für sich findet, der im wesentlichen sozial nicht mitteilbar ist. So gehören auch die Cliquen zu den Randseitergruppen, und das mit der besonderen Charakteristik, daß sich das für sie bezeichnende Gehaben (wie beim Snob) in einer völlig außersozialen Weise aufbaut. Daß die Cliquen, etwa literarische Cliquen (die für manche Modeströmung verantwortlich sind), dies Gehaben oft mit einer gewissen emphatischen Feierlichkeit zur Schau tragen, darf uns nicht darüber hinwegtäuschen, daß wir es trotz allem nicht mit einem gesamtgesellschaftlich bedeutsamen Wert zu tun haben. Denn der im Mittelpunkt stehende Wert ist eben doch nur einer Snoblaune entsprungen und im wesentlichen gerade nicht mitteilbar. Anders ausgedrückt: Es handelt sich hier um ein Auszeichnungsmerkmal, dem die Anerkennung durch die weitere Gesellschaft versagt geblieben ist. Daher denn auch der stark esoterische Charakter der meisten Cliquen.

Das wären gewissermaßen die reinen Grenzformen der Nachahmung, in denen diese sowohl ihren sozialen Sinn (Auszeichnung) wie ihre Sozialisierungsfunktion verliert. Trotz aller betonten Gemeinschaft der Cliquen (die allerdings vorwiegend negativ begründet ist, nämlich in der Ablehnung des Alltäglichen: »Odi profanum vulgus et arceo . . .«) sind die Mitglieder dieser Cliquen im Grunde genauso asozial wie ihr erkorenes Haupt. So gehören sie typisch zusammen mit allen Outsider-Gruppen. Der Beweis dafür liegt unter anderem darin, daß Cliquen von Haus aus kurzlebig sind, und zwar nicht nur in der Weise, daß ihnen meist schnell die Luft ausgeht, sondern vor allem, indem sie regelmäßig sehr bald an inneren Streitigkeiten zugrunde gehen.

So ist die Clique im Grunde eine mindere Form der Asozialität, die sich zeitweise ein feierlich-erhabenes Mäntelchen der Gemeinschaft umhängt. In ihr bleibt aber im Grunde ein jeder für sich allein und abgetrennt von den anderen; die Einsamkeit wird eben nicht überwunden durch eine exaltierte, ja oft hysterisch überspannte Etikette. Daher denn auch der Zug aufdringlicher menschlicher Unzulänglichkeit, der allzu oft nur weltanschaulich extreme Sekten auszeichnet, und das verbunden mit einem leichten Anflug von Lächerlichkeit, der den Beteiligten vielleicht im geheimen bewußt ist, sie aber in ihrer Randseiterstellung nur noch mehr bestärkt, da sie eben unfähig sind, einen normalen Weg zur Gesellschaft des Alltags zu finden.

Diese Bemerkungen waren notwendig, um zu zeigen, auf welche seltsamen Abwege die reine Nachahmung führen kann. In Wahrheit gilt aber durchschnittlich, daß die Nachahmung ihre Funktion immer nur in bereits bestehenden sozialen Kreisen üben kann; die Nachahmung ist also ein Ausfluß vorbestehender sozialer Ordnungen. An und für sich genommen, begründet sie gar nichts. Im Rahmen bereits bestehender sozialer Ordnungen wirkt sie sich aber vor allem in der Weise aus, daß sie die bestehenden Ordnungen dauernd aktualisiert, reicher ausgestaltet, Traditionen schafft und schließlich auch Moden. Nachgeahmt wird eben, weil soziale Ordnungen den Charakter von Reglementationen haben, aber diese sozialen Imperative bauen sich nicht in der Nachahmung auf.

Zeremonielles Verhalten und Etikette

Die Mode stellt sich uns somit mehr und mehr als eine besondere Form des geregelten Verhaltens dar. Diese schon zu Beginn unserer Erörterungen hervorgehobene Eigentümlichkeit der Mode hat mittlerweile eine Reihe von näheren Bestimmungen erfahren, so daß wir allmählich instand gesetzt werden, eine genauere Definition der Mode zu geben. Sie stellt zunächst einen periodischen Stilwechsel von mehr oder weniger zwingendem Charakter dar, wie wir im Anschluß an S. R. Steinmetz sagen konnten. Dieser Stilwechsel wird letztlich getragen von einer fundamentalen Neugier des Menschengeschlechtes, die gleichzeitig als Auszeichnung gilt und im Wettbewerb immer intensiver ausgestaltet wird. Dabei ist die Auszeichnung von der Anerkennung der Zuschauer abhängig, wie auch der Wettbewerb festen Regelungen unterliegt, die in unserem Falle vor allem auf zeremonielles Verhalten und Einhalten eines bestimmten Niveaus ausgehen. Die Mode beginnt bei den Oberklassen der ständischen und aristokratischen Systeme der Antike und des Mittelalters, wobei die Einzelmitglieder und Teilgruppen der Oberschicht miteinander in Wettbewerb treten und vorerst die unteren Klassen davon ausschließen. In der Oberschicht haben wir dann modisches Verhalten, in den Unterklassen die Tracht. Wir werden später sehen, daß mit den Wandlungen der meisten Gesellschaftssysteme vom Ausgang des Mittelalters (seit dem 14. und 15. Jahrhundert) bis zu den heutigen demokratischen Massengesellschaften das Reich der Mode sich immer weiter ausgebreitet hat; die Wurzeln haben sich darum aber nicht geändert, nur daß man etwa von verschiedenen Stilen der gesellschaftlichen Auswirkung der Mode sprechen könnte. Vorerst aber bedarf der Reglementationscharakter der Mode noch einer weiteren Analyse, damit wir verstehen können, wieso es nach dem plötzlichen und periodischen Stilwandel, von dem wir bisher allein gesprochen haben, zu einem Stillstand kommt, in dem die Einhaltung der Mode zu einer Verpflichtung wird.

Gleichzeitig mit der Entfaltung des sozialen Grundcharakters der Menschheit in bestimmten historischen Gesellschaften finden wir die Ausbildung von spezifischen Gleichförmigkeiten des Verhaltens. Diese beginnen mit einfachsten Gewohnheiten und Bräuchen und steigen dann schnell an über die Sitte bis zum Recht. Dabei wird nicht nur der Gebotscharakter dieser Ordnungen immer ausgeprägter, sondern auch die Bewußtheit, mit der ein besonderes Verhalten gefordert wird. Bei den Bräuchen werden wir zur Befolgung angehalten, einfach weil sie in Brauch sind, ohne daß man eine weitere Begründung dafür geben könnte. Bei der Sitte gibt es schon eine deutlichere Begründung: Wir befolgen die Sitte, weil unsere Ahnen sie befolgt haben. Das Recht erscheint schließlich mit dem höchsten Rechtfertigungsausweis, den die menschliche Gesellschaft kennt, indem es regelmäßig von religiösen Kräften getragen wird, die entweder unmittelbar von einem göttlichen Gesetzgeber stammen oder von einem Kulturheros, der im Auftrage eines Gottes das Gesetz formuliert. Dieser Skala, die mit gedankenlos befolgten Bräuchen beginnt und bei den Rechtsideen endet, entspricht auch eine verschiedene Ausgestaltung der Sanktionen, die bei Abweichung von den Regelungen in Wirksamkeit treten. Im einfachsten Falle, etwa der Abweichung vom Brauchtum, wird die Sanktion denkbar leicht sein; sie begnügt sich mit einer leichten Mißbilligung, eventuell mit Lachen. Beim Übertreten der anderen Reglementationen der Sitte und des Rechts werden die Sanktionen immer schärfer, bis sie in einer ausgesprochenen Strafe ausmünden.

In dies System von Reglementationen gehört nun unter anderem die Mode. Und zwar läßt sich auch in dieser Hinsicht sagen, daß sie bis in die letzten Tiefen der Menschheit zurückreicht. Eine wesentliche Wurzel der Mode ist nämlich *das zeremonielle Verhalten* überhaupt, dessen außerordentliche Bedeutung für die Entwicklung der menschlichen Gesellschaft schon früh erkannt worden ist. Zeremonielles Verhalten besagt ganz einfach, daß es bei irgendeiner Haltung nicht nur auf das »Was« der Handlung, sondern vor allem auf das »Wie« ankommt. In diesem Sinne ist schon das Leben der primitiven Menschheit von einer Unzahl zeremonieller Verhaltensweisen erfüllt, die schlechterdings das gesamte Leben erfassen können. Mit der höheren Entwicklung der Menschheit seit den antiken Hochkulturen gewinnt dann das zeremonielle Verhalten nicht nur an Profil, sondern es gliedert sich auch in eine Reihe von genauer umschriebenen Einzelsystemen, wie etwa den Konventionen, der Etikette, den sogenannten »guten Sitten«, die letztlich jenes Gesamtgebäude errichten helfen, das wir als Zivilisation (oder mit einem älteren deutschen Wort als Zivilität; französisch: civilité; italienisch: civiltà; englisch: civility) bezeichnen. Immer aber läuft diese Entwicklung darauf hinaus, die ursprünglichen Instinkte und Triebe des Menschen zu brechen und höheren Kulturformen zugänglich zu machen. Hemmungen von reglementiertem Charakter bauen allmählich eine zweite Natur des Menschen auf, in der dieser vor allem als sozial-kulturelle Person erscheint. Durch Erziehung werden diese Reglementationen von Generation auf Generation übertragen, so daß sich allmählich große und kleine Traditionen aufbauen, in denen schließlich der Mensch besser zu Hause ist als in seiner ursprünglichen animalischen Natur. Unter diesem Gesichtswinkel gesehen erscheint dann der gesamte Entwicklungsprozeß der Geschichte als eine Art von Selbstdomestikation der Menschheit.

Der Reichtum des zeremoniellen Verhaltens der Menschheit macht jeden Versuch illusorisch, dies auch nur andeutungsweise nachzuzeichnen. Immerhin mußten wenigstens die Grundzüge dieser neuen Wurzel der Mode aufgewiesen werden, weil sie allein es verständlich macht, wieso der plötzliche Stilwandel einen verpflichtenden Charakter annehmen kann. Im übrigen verzweigt sich auch diese Wurzel, wie die anderen bereits aufgewiesenen Elemente, in eine ganze Reihe anderer Erscheinungen hinein, so daß von hier aus wiederum die mannigfaltigsten Querverbindungen der Mode erkennbar werden. Außerdem wird gerade auf Grund dieser Einordnung der Mode in das allgemeine zeremonielle Verhalten des Menschen besonders deutlich sichtbar, wieso — trotz der wesensmäßigen Kurzfristigkeit des modischen Wandels — aus ihm unter Umständen Dauerformen des Verhaltens erwachsen können. Diese stellen sich dann nicht nur als feste Sitten dar, sondern gelegentlich sogar als ausgesprochene Kultur-»Errungenschaften«, die schließlich vom Kulturbild des Menschen nicht mehr ablösbar sind, weil sie psychisch »fixiert« sind.

Die spezielle Form des zeremoniellen Verhaltens, um

die es sich in unserem Falle handelt, ist die »Etikette«. Etikette bedeutet ein zeremonielles und konventionelles Verhalten in bestimmten Situationen, das entweder von einer Gesellschaft im ganzen oder von einem Teil von ihr (Stand, Klasse, Berufskreis) als das »anständige« Verhalten im Sinne der Wahrung eines Niveaus mehr oder weniger ausdrücklich gefordert wird. Die Abweichungen von der Etikette ziehen den Spott, das Lachen, eventuell sogar stärkere Formen der Mißbilligung nach sich — bis hin zum Boykott. Entscheidend ist aber bei der Etikette, daß sie vor allem der Gestaltung jener Zwischenschicht von Verhaltensweisen dient, die zwischen Ethik und Ästhetik mitteninne stehen. So kann sie sich wie ein allgemeiner ästhetischer Firnis der Gesellschaft auswirken, vor allem, wenn es ihr gelingt, sich allmählich über große Zeiträume auszubreiten. Das klassische Beispiel dafür ist wohl das chinesische und japanische Lächeln, das sich zu einer ganzen Sprache ausgewachsen hat, in der gleichzeitig ein zentrales Moment aller Kultur überhaupt zum Ausdruck kommt. Etwas Analoges liegt im amerikanischen »keep smiling« vor. Trotz der großen Unpersönlichkeit und Abgeschliffenheit solcher Erscheinungen hat die Etikette doch die Möglichkeit, mit innerer Anteilnahme angewendet und angesichts besonderer Situationen abgewandelt zu werden. Man spricht dann von »Takt«, dessen genaue Funktion die individuelle Variation sozialer Regelungen ist.

So flüchtig die Etikette sein kann und so schwerelos die Haltungen und Gegenstände sind, an die sie anknüpft, so hat auch sie die Möglichkeit, einen gleichsam kanonischen Charakter anzunehmen und kodifiziert zu werden. Seit der Antike finden wir zahllose Traktate über das »anständige« Benehmen, also über den Kanon der Wohlanständigkeit, von dem bereits gesprochen worden ist. Ähnliches tritt auch in den

»Manierenbüchern« des feudalistischen Japan hervor, was weniger bekannt ist. Es ist nun ungemein bezeichnend, zu sehen, daß diese Art von Literatur besonders in aristokratischen und ständischen Gesellschaften entsteht, wie denn auch das Wort der »Höflichkeit« mit »höfisch« zusammenhängt. Zu diesem zeremoniellen Verhalten der Etikette gehört es aber auch, daß sie immerfort neue Anregungen übernimmt, die es vermögen, dem menschlichen Leben neue Reize zu verleihen. Dabei kann es nur als bezeichnend angesprochen werden, wenn das Wort »Reiz« rückwärts gelesen »Zier« ergibt; denn die spezifische Ausdrucksform der Mode ist eben die Zier, sowohl im individuell ästhetischen Sinn wie im Sinne der sozialen Auszeichnung. So werden gleichsam experimentell immer neue Zierformen des Verhaltens und der äußeren Darstellung des Menschen aufgegriffen, und das mit dem Ergebnis, daß die einen zum Dauerinventar der Zivilisation gerechnet werden, wogegen andere nach mehr oder weniger langer Zeit wieder verschwinden. Niemals aber handelt es sich dabei um eine bloß äußerlich-mechanische Nachahmung und automatische Angleichung, sondern im strengen Sinne um ein gebotenes Verhalten.

Der Prozeß der Zivilisation und die Scham

Selbst wenn sich die Etikette überwiegend an die äußere Seite des Lebens hält, so wäre es doch völlig verfehlt, ihre Bedeutung für den allgemeinen Aufbau der sozialkulturellen Persönlichkeit zu unterschätzen, wie vor allem die engen Beziehungen modischen Verhaltens zur Geschlechtssphäre beweisen. Schon vor längerer Zeit konnte der Belgier J. P. Haesaert überzeugend nachweisen, wie sich in der zivilisierten Menschheit die Gefühle des Ekels immer mehr verstärken, so daß auch die strafrechtlichen Regelungen, welche die Darstellung des Obszönen (Exhibitionismus) treffen sollen, immer strenger werden, während die primitive Menschheit daran keinen Anstoß nimmt. Es scheint, daß allgemein mit immer größerer Empfindlichkeit auf die Verletzung der guten Sitten reagiert wird, wobei dies natürlich vor allem im gesellschaftlichen Sinne gilt, aber auch – wie gleich gezeigt werden soll – im weiteren Sinne der allgemeinen ästhetischen Lebensgestaltung, wohinein sich der wachsende Abscheu gegen dic Darstellung des Geschlechtlichen verschoben hat. Es soll damit natürlich nicht geleugnet werden, daß sicher von jeher einzelne Individuen die Gefühle des Ekels gekannt haben; die Sozialisierung dieser Gefühle ist aber unverhältnismäßig jung und tritt eigentlich erst mit den antiken Hochkulturen in Erscheinung. Dabei ist es für uns allgemein aufschlußreich, zu sehen, daß diese Gefühle überwiegend bei der Oberklasse auftreten und in ausgesprochen städtischen Kulturen, die beide gleichzeitig die wichtigsten Vollzugsorte für die Mode sind. Die Unterklassen leben dagegen in dieser Hinsicht viel unbefangener, teilweise sogar in ausgesprochen rohen Vergnügungen, und das bis in unsere Gegenwart, wie jeder Blick in eine Sittengeschichte lehrt. Schließlich erscheint die Scham in unserem modernen Sinne als ein reines Kulturprodukt, indem sie das ursprünglich rein individuelle Gefühl immer mehr sozialisiert und in den Kanon der Wohlanständigkeit einordnet. Damit ist aber auch zugestanden, daß die Mode hier eine wichtige Rolle spielen kann, indem sie etwa diktiert, was jeweils entblößt werden kann und welche Teile des Körpers verhüllt werden müssen, damit das Gefühl des Ekels nicht in Aktion tritt.

Wir haben schon gesehen, daß häufig der Schmuck der Primitiven die primären und sekundären Geschlechtsteile nicht nur nicht verhüllt, sondern im Gegenteil unterstreicht, gelegentlich sogar prunkend vergrößert. Wir finden dies noch lebendig bis zum Schambeutel der Landsknechte im 16. Jahrhundert. Mit der wachsenden Empfindlichkeit, vor allem aber mit dem Bestreben, sich von den rohen Unterklassen immer deutlicher abzuheben, wurden immer mehr Verrichtungen, die mit der rein körperlichen Existenz des Menschen zusammenhängen, sorgsam versteckt; bald war es dieser, bald jener Körperteil, dessen Anblick Ekel erweckte (man bedenke nur, daß vor einem knappen Jahrhundert schon der Anblick eines Fußes oder eines Knöchels bei der Frau denkbar verfemt war). Eine nähere Betrachtung dieser Probleme läßt aber schnell erkennen, daß fast alle diese Verhaltensweisen einmal als

Moden entstanden sind. Wir heben übrigens schon hier hervor, daß die Mode nicht nur verhüllt, sondern gelegentlich auch enthüllt, wobei gleichzeitig merkwürdige Einblicke in den Wandel der seelischen Temperatur bestimmter Epochen gewonnen werden können. Insbesondere betrifft dies die wechselnde Einstellung zum weiblichen Busen, der recht früh ganz verhüllt wird, während der Unterleib stark hervortritt, wie etwa durchgehend im Mittelalter; mit dem Aufkommen des Dekolletés (seit dem Ende des Mittelalters) wird er dagegen prunkend dargeboten. Aber hier könnte man sagen, daß die Zähmung des ursprünglich unwiderstehlichen geschlechtlichen Begehrens – wenigstens in der Oberklasse – schon Wirklichkeit geworden war, so daß diese Enthüllung nicht mehr im Sinne der direkten Herausforderung empfunden wurde, sondern nur noch im Sinne einer ästhetisch gebändigten Erotik. Dies gilt wenigstens für die Frau, deren Geschlechtszone nicht so unmittelbar lokalisiert und konzentriert ist wie beim Mann, so daß von ihr aus gesehen jede Form der erotischen Anziehung viel diffuser ist, gewissermaßen den ganzen Körper ergreifen kann; damit muß sie aber auch viel schwächer sein. Dementsprechend wird auch die mehr oder weniger weitgehende Entblößung des Busens im Dekolleté, wenn sie in Mode ist, meist von den Männern als herausfordernd empfunden und dementsprechend kritisiert, so gut wie nie aber von seiten der Frauen. Als Kuriosum sei erwähnt, daß es das Dekolleté auch für Männer gegeben hat, wie es das berühmte Selbstbildnis von Albrecht Dürer von 1498 zeigt, das sich allerdings nicht durchsetzte. Im übrigen hat er auch das weibliche Dekolleté vielfach studiert und sogar eine dekolletierte Maria dargestellt (1512).

Diese Problematik gilt aber keineswegs nur in erotischer Hinsicht, sondern praktisch im Hinblick auf sämtliche Verrichtungen, die irgendwie mit dem Körper und seinen Bedürfnissen zusammenhängen. Allgemein zeigt sich, wie Norbert Elias in einem ungemein aufschlußreichen Werke über den »Prozeß der Zivilisation« erweisen konnte, daß die »Peinlichkeitsschwelle« und die »Schamgrenze« immer weiter vorrücken. Dabei kann dies die Art des Essens und des Trinkens, überhaupt des Verhaltens bei Tisch, des Spuckens, Niesens, Schneuzens und zahlloser anderer Verrichtungen bestimmen. Für uns sind bestimmte Verhaltensweisen in all diesen Situationen derart selbstverständlich geworden, daß wir gar nicht mehr daran denken, daß sie erst einmal von der Gesellschaft erworben und durchgeformt werden mußten, bis der heutige Kanon entstehen konnte. Es ist aber von entscheidender Bedeutung, daß sie alle als ausgesprochene Moden und eigentliche »Neuerungen« entstanden sind wie die meisten unserer »Manieren«. Dazu gehört dann auch, daß sie zuerst in den Oberklassen des alten Ständesystems auftauchten und von da aus in einem viele Jahrhunderte langen Prozeß über die ganze Gesellschaft absanken im Sinne des »gesunkenen Kulturgutes«. Je nachdem wie die anderen, insbesondere »bürgerlichen« Stände zu den obersten standen, nämlich näher oder ferner, ging dieser Prozeß schneller oder langsamer vor sich. So finden wir auch in ausgesprochenen kleinbürgerlichen Kulturen, die im ständischen System noch nicht zur politischen, sozialen und wirtschaftlichen Selbstaussprache gekommen sind, ein starkes Ressentiment nicht nur gegen alles Modische an sich, sondern überdies noch gegen jede gehobene Sitte, die gern als gekünstelt bezeichnet wird, während man demgegenüber die »Natürlichkeit« zu unterstreichen sucht. Diese Situation ist etwa ungemein bezeichnend für die Einstellung des deutschen Kleinbürgertums im 18. Jahrhundert gegenüber Frankreich und klingt im Grunde noch deutlich nach in den heftigen antifranzösischen Ausfällen des deutschen Historikers der Mode Max von Boehn oder auch des früher erwähnten Friedrich Th. Vischer.

Die entscheidenden Anregungen zur Ausgestaltung der Etikette stammen jedenfalls aus der ritterlich-höfischen Gesellschaft der Provence und des benachbarten Italien, wobei auch gelehrte Kleriker Vorschriften über das Benehmen zusammenstellen (seit dem 12. und 13. Jahrhundert). Von dort aus verbreitet sich dieser neue Geist des höfischen Benehmens immer mehr; mit dem Aufstieg des Zunftbürgertums, der die großen Umwälzungen des 14. und 15. Jahrhunderts begleitet, ergreift er auch neue soziale Gruppen (worüber später zu berichten sein wird). Bei alledem bleibt es aber mit Händen zu greifen, wie gerade Elias gezeigt hat, daß sich mit diesen modischen Neuerungen das Selbstbewußtsein der Oberschicht des Mittelalters in ihren verschiedenen Teilgruppen zum Ausdruck bringt. Dementsprechend weisen auch alle Benennungen für diesen Verhaltensstil eindeutig auf einen bestimmten sozialen Ort hin. So entsteht ein besonderer »Standard«, »wie man sich an den Höfen benimmt« (courtoisie, courtesy, cortezia, hövescheit und zuht). Aber – wie schon früher gesagt – dies trifft nicht etwa das Rittertum als Ganzes, sondern einzig die eigentliche Spitzengruppe um die großen Feudalherren. Manchmal geht dies neue Verhalten in etwas breitere Schichten ein, aber ursprünglich niemals sehr weit. Der modische Wettbewerb bleibt im wesentlichen auf die obersten Gruppen beschränkt, womit auch entschieden ist, daß dabei zumeist ein außerordentlicher Reichtum prunkend dargeboten wird. So sind auch die Gegenstände und Werkzeuge, wie Messer, Löffel und Gabeln, die bei Tisch benutzt werden, von erlesen kostbarem Material. Hier ist Reichtum an und für sich noch ein auszeichnendes Merkmal, das nicht nur über den sozialen

Rang, sondern auch über die politische Stellung entscheidet; später bilden dann, wie Steinmetz einmal richtig hervorhebt, die Reichen keinen Stand mehr, vor allem aber keine geschlossene Gruppe, die irgendwie als solche führend werden könnte.

Das Ergebnis der Auswirkungen dieser Etikette war dann, daß sich etwa die mittelalterlichen Tischsitten, bei denen ursprünglich das Fleisch mit den Fingern aus der gleichen Schüssel, der Wein aus dem gleichen Glase genommen wurde, mit der Zeit langsam abwandelten. Damit wurde auch bezeugt, daß sich das Gefühlsleben der Menschen in ihren sozialen Beziehungen im ganzen geändert hatte, wie man aus den zahlreichen Manierenschriften zur Zeit der Renaissance und Reformation sehen kann, allen voran aus einer Abhandlung des Erasmus von Rotterdam (De civilitate morum puerilium), die einen außerordentlichen Erfolg hatte. Hier wird nicht mehr nur in sprichwörtlicher Weise das richtige Verhalten normativ ausgesprochen, sondern bereits beschrieben, welche Ansprüche die Menschen in seiner Zeit aneinander stellen. Gleichzeitig spüren wir, daß diese Verhaltensregeln über die feudale Oberklasse hinauszugreifen beginnen, wie auch der Verfasser ein Vertreter des bürgerlichen Humanismus ist. Allgemein kann man sagen, daß mit dem Aufstieg des städtischen Bürgertums und der humanistischen Intellektuellen eine empfindliche Schwächung des alten Feudalismus stattgefunden hat, ohne daß das System des königlichen Absolutismus schon fertig ausgebildet wäre. Wir befinden uns in einer typischen Übergangszeit, wie man auch daraus ersehen kann, daß Erasmus noch ganz unbefangen gewisse körperliche Bedürfnisse und Verrichtungen beim Namen nennt, von denen »man« später nicht mehr spricht. Gleichzeitig aber eignet dem bürgerlichen Intellektuellen ein starkes Selbstbewußtsein, wie allein der Umstand beweist, daß seine Verhaltensregeln nicht mehr allein für die feudale Oberschicht ausgesprochen werden. So tritt auch der Begriff der »courtoisie« in den Hintergrund und wird durch den der »Zivilität« ersetzt, der zweifellos allgemeiner ist. Immerhin doch noch nicht so allgemein, daß er die Gesamtgesellschaft dem modischen Spiel zu eröffnen vermöchte, wie vor allem der starke Affekt gegen das grobe Gebaren der Unterschichten zeigt, der bis in unsere Gegenwart lebendig geblieben ist. So kann es dann auch geschehen, daß sich die Zivilität vorerst wieder in die Oberklassen des königlichen Absolutismus zurückzieht (»le monde«), um erst im Laufe des 19. und 20. Jahrhunderts nach der allgemeinen Demokratisierung der westlichen Gesellschaften zu dem bisher letzten Stil sozialer Auswirkung der Mode zu führen, der effektiv »die großen Massen« ergriffen hat.

Entscheidend ist aber von jetzt an, daß die Mode in eine allgemeine Wechselwirkung tritt mit bereits sehr hoch entwickelten Gefühlen der Empfindlichkeit, der Scham und der Peinlichkeit vor bestimmten Erscheinungen des menschlich-allzu-menschlichen Alltags. Jene Neuerungen, die der Beruhigung dieser Gefühle dienen, werden zu Dauerbestandteilen des kultivierten Lebens überhaupt, wie etwa unsere Eßsitten und zahllose andere psychisch fixierten Verhaltensweisen, die mit nur geringen Abweichungen der ganzen westlichen Welt eigentümlich geworden sind. Wie sehr diese Gefühle berücksichtigt werden wollen, geht auch daraus hervor, daß gelegentlich sogar starke Hemmungen überwunden werden. Man denke nur an die Übernahme der Gabel aus Byzanz, die zuerst in Venedig einen wahren Skandal auslöste, wobei auch der zutiefst religiös begründete Abscheu vor dem Tragen »fremder Kleider« und vor der Annahme fremder Sitten mitgewirkt haben mag. Andererseits entsprach aber doch die Benutzung der Gabel einem starken Bedürfnis nach höherer Gesittung in den obersten Schichten, so daß es von jener Zeit an regelmäßig erwähnt wird, wenn etwa ein Großer dieser Erde bei seinem Tode den Erben mehrere Gabeln hinterläßt. Heute ist dann schließlich die Benutzung dieses Werkzeuges zu einem Dauerzug der Kultur geworden.

Stärkste Gefühle des Abscheus machen sich heute gegenüber der öffentlichen Verrichtung gewisser körperlicher Bedürfnisse (wie Rülpsen oder Luft ablassen, Urinieren oder Defäzieren) bemerkbar, insbesondere in den protestantischen Kulturen nördlich der Alpen, während man in Südeuropa, aber auch andernorts darin weniger empfindlich ist. Das stärkste Stigma trifft aber die öffentliche Vollziehung des Geschlechtsverkehrs, selbst die Andeutung irgendwelcher erotisch relevanter Gesten, während in den mittelalterlichen Bädern darin viel weniger Prüderie herrschte, bei den Oberschichten die Herstellung der Öffentlichkeit beim ersten Beilager häufig geradezu eine Pflicht war.

Die erste Erweiterung des modischen Verhaltens

Dem ersten Stil der sozialen Auswirkung der Mode innerhalb der Oberschicht des feudalen Systems folgen bald weitere auf dem Fuße, die mit den großen sozialen Umwälzungen seit dem Ausgang des Mittelalters zusammenhängen. Diese führen vor allem zu einer immer schnelleren Auflösung des alten Feudalsystems, dem sich das selbstbewußte Stadtbürgertum gegenüberstellt. Jetzt erst beginnt, wie bisher schon mehrfach angedeutet, die Nachahmung von unten nach oben zu wirken, beziehungsweise der Anspruch auf eine analoge Auszeichnung der bürgerlichen Klassen, was unmittelbar eine Beschleunigung der modischen Bewegung in dieser Periode zur Folge hat. Damit wird gleichzeitig der Widerstand der feudalen Oberschicht aufgerufen, wobei einmal der interne Wettbewerb der Oberschicht verschärft und gleichzeitig versucht wird, der steigenden Modeanfälligkeit des Stadtbürgertums, gelegentlich sogar einer ausgesprochenen Prunksucht, durch besondere Kleiderordnungen zu steuern und wirksam entgegenzutreten.

Kleiderordnungen und Luxusgesetze sind an sich sehr alt; wir finden sie bereits in der Antike, wo etwa sorgfältig festgesetzt wird, wie breit die Purpurstreifen an den Repräsentationsgewändern sein dürfen. Im Jahre 808 erließ Karl der Große auch seinerseits eine solche Kleiderordnung, welche die Kleidung nach den verschiedenen Ständen regelt. Selbst wenn wir von heute aus gesehen nicht beurteilen können, ob diese Verordnungen Erfolg hatten, so dürfen wir am Schluß doch sagen, daß eine beträchtliche Vermehrung solcher Gesetzgebungsakte eine zunehmende Tendenz zur Übertretung vermuten läßt. Man denke nur an den Satz zurück, daß ein Begehren vorausgesetzt werden muß, wo ein Verbot gegeben ist. Genau mit dem beginnenden Aufstieg des Stadtbürgertums nehmen aber in der Tat die Kleiderordnungen plötzlich sprungartig zu, das heißt seit dem 13. Jahrhundert, und reißen seit dieser Zeit nicht mehr ab. Im übrigen beteiligen sich bald auch die Städte an dieser Gegenbewegung, nachdem die Prunksucht der Bürger ebenso auszuarten gedroht hatte wie die der Feudalherren. Mit welchem Erfolg diese Gesetze arbeiten, kann man übrigens ermessen, wenn man nur einen Blick in eine Geschichte der Mode wirft: Seit dem Ende des 14. Jahrhunderts erscheint plötzlich eine außerordentliche Mannigfaltigkeit der Bekleidungsstile in allen oberen Schichten gleichzeitig, darüber hinaus werden die vielen »Trachtenbücher«, die in allen europäischen Ländern verfaßt oder gezeichnet werden, zu einem deutlichen Dokument für das wachsende Interesse größerer Bevölkerungskreise an diesen Dingen. Hintereinander treten auf der Italiener Enea Vico, Matthäus und Veit Konrad Schwarz von Augsburg, der Niederländer Abraham Bruyn, der Franzose J. J. Boissard, der Schweizer Jost Amman, der Norddeutsche Heinrich Aldegrever, die alle zahllose Male nachgedruckt und imitiert werden. Mit dieser Literatur beginnen dann allmählich die lokal gebundenen Moden zurückzugehen und einer mehr europäischen Mode Platz zu machen, wobei am Anfang noch eine ziemliche Willkür herrscht, indem einfach ein jeder alles aufgreift, was ihm zufällig begegnet. Dagegen bleiben die vielen Stimmen ungehört, die gegen das Tragen »fremdländischer Kleider« wettern, wie es schon der Prophet im alten Israel getan hatte. Ein üppiger Frühling der Mode bricht herein, der gelegentlich fast anarchische Züge aufweist.

Damit zeigt sich deutlich der Zusammenhang zwischen der Auflösung des Ständesystems und der Erweiterung der Mode, wobei es allerdings immer noch fragwürdig ist, ob man hier im strengen Sinne von Nachahmung sprechen darf. Manchmal hat man eher das Gefühl von einem spontanen Ausbruch des Bedürfnisses nach Auszeichnung in der Kleidung, was auch dadurch unterstrichen wird, daß gerade in den verschiedenen Gruppen der bürgerlichen Oberschicht genau derselbe Geist des Wettbewerbs auftritt wie früher beim Feudaladel. Dies zeigt sich insbesondere in Italien und Süddeutschland, wo die großen Kaufherren bald fürstliche Allüren annehmen, während die alten Humanisten und sogar der »Höfling« Castiglione vergebens dagegen anzukämpfen suchten. Bezeichnend hierfür ist etwa die Entwicklung in Florenz von dem nüchternen Cosimo de' Medici zu Lorenzo il Magnifico.

Es kann hier nicht unsere Aufgabe sein, diesen Fragen historisch im einzelnen nachzugehen; es ist dies auch schon häufig geschehen. Uns kann es dagegen einzig darauf ankommen, gewisse Prinzipien herauszuheben, die diesen neuen Stil der sozialen Ausbreitung der Mode charakterisieren. Die bedeutsamste Neuerung kennen wir bereits: Das städtische Bürgertum beginnt, sich als eigene Macht der Gesellschaft darzustellen, und ist auch bereit, sozial und politisch darum zu kämpfen, wie es der Aufstand der Niederlande seit dem Ende des 16. Jahrhunderts, die englische Revolution des 17. und die Französische Revolution des 18. Jahrhunderts in der Folge beweisen werden. Das Bürgertum drängt mit einem Worte von unten nach oben, und das in einer ganz anderen Weise, als dies jemals früher der Fall gewesen ist. Gleichzeitig baut sich im königlichen Absolutismus Englands, Spaniens und Frankreichs ein neues Herrschaftssystem auf, das ungleich viel straffer organisiert und zentralistischer ausgerichtet ist als das alte Feudalsystem. Da aber nun die Krone häufig das Bürgertum benutzt, um gegen die Reste der großen Feudalherren zu kämpfen, geschieht es notwendigerweise, daß der Feudaladel in eine unmittelbare Konkurrenzstellung zum Bürgertum und zu einem neuen Beamtenadel gedrängt wird. Dies muß sich sogar immer mehr verstärken, nachdem der Kriegsdienst, ursprünglich das angestammte Lebenselement des alten Feudalismus und Rittertums, ganz und gar als Monopol auf die zentrale Landesgewalt übergegangen ist. Jetzt bleibt praktisch dem Adel kaum mehr eine Möglichkeit der Auszeichnung auf seinem ureigensten Gebiet, er ist total müßig geworden. Damit werden die Mode und die Etikette zu dem entscheidenden Mittel, durch das sich der höfische Aristokrat unter dem Absolutismus allein noch bestätigen kann.

Gewiß geht es Jahrhunderte, bis diese Situation erreicht ist, aber die Konsequenzen sind doch sehr eindeutig greifbar. Eingespannt zwischen die zentrale Landesgewalt und das aufsteigende Bürgertum muß die Aristokratie des Absolutismus sich schärfstens abzuheben suchen vom Bürgertum, wenn sie ihr Selbstbewußtsein wahren will. Da ihr aber das Bürgertum immerfort nachrückt, muß sie auch nach immer neuen Auszeichnungsmitteln greifen, um die Abhebung durchzuhalten. Damit wird der Rhythmus der modischen Bewegung nochmals beschleunigt, die Stilumbrüche folgen einander in immer schnellerer Folge. Das heißt aber zugleich, daß jetzt Auszeichnung und Wettbewerb radikalere Formen annehmen müssen, da es ja letztlich um einen Kampf um die Macht geht. Und dies mußte sich allen Beteiligten um so stärker aufdrängen, als sich dieser Machtkampf nicht nur innerhalb der einzelnen Nationen, sondern auch auf internationalem Boden abspielte, sowie sich zeigte, daß der Monopolanspruch auf die Macht vom Kaisertum auf die Könige übergegangen war. Damit begann die Reihe von Kriegen, in denen Spanien, England und Frankreich um die Hegemonie in Europa kämpften.

Die Mode aber geht mit der Macht. Deutlich kann man das erkennen, wenn man zurückdenkt an das modische Chaos, das unmittelbar am Ende des Mittelalters in allen europäischen Ländern spontan ausbrach. Jeder griff wahllos alles auf, was ihm an Anregung geboten wurde; so sagten wir vorher. In dem Augenblick jedoch, wo weltpolitisch die Entscheidung zugunsten Spaniens ausfiel (Kaiser Karl V.), war es entschieden, daß die spanische Mode vorherrschend wurde, und später wurde sie auf dem Kontinent durch die französische abgelöst. Bezeichnend ist übrigens bei dieser Entwicklung, daß sie sich unabhängig von den großen politischen Kontroversen der Zeit vollzieht. So kommt etwa in England die spanische Tracht gerade in dem Augenblick zum radikalen Durchbruch, als England einen Kampf auf Leben und Tod gegen Spanien ausficht.

Was auf internationalem Boden ausgetragen wird, tritt aber auch im Innern der einzelnen Gesellschaften zutage, und zwar immer deutlicher, je mehr sich das neue höfische Zeremoniell ausbildet und erweitert. Treten am spanischen Hof die Frauen noch relativ in den Hintergrund, so wird ihre Rolle unter Ludwig XIV. so groß, daß sie das gesamte modische Bild zu beherrschen beginnen. Unter dem Einfluß des Machtprestiges entstehen dann die oft so abstrusen Renommier- und Protzmoden, auch Modemonstren aller Art, die wegen ihres extremen Charakters oft nur ein paar Monate en vogue waren, aber dank der hohen Stellung ihrer Trägerinnen in zahllosen bildlichen Darstellungen auf uns gekommen sind. Der Zwang, dem die höfische Aristokratie unterlag, sich im Sinne ihrer Selbstbehauptung von allem »Bürgerlichen« und »Vulgären« fernzuhalten, mußte zu einer immer stärkeren Verkünstelung führen, die sich keineswegs nur in der Kleidung, sondern genauso im gesamten Lebensstil, der Haltung, der Sprechweise und schließlich auch dem Denken kundtat. In der gleichen Richtung wirkte sich auch aus, daß die Aristokraten jetzt im strengen Sinne eine »müßige Klasse« (im Sinne von Thorstein Veblen) geworden waren, deren gesamtes Sinnen und Trachten auf die Ausbildung eines raffinierten Lebensstiles ging. Wir weisen darauf hin, daß damit auch die Möglichkeit gegeben war, fremde Anregungen aus der größten Ferne aufzunehmen, wie etwa die fernöstlichen (chinesischen und indischen) Einflüsse auf die französische Aristokratie schon seit dem 17. Jahrhundert beweisen.

Selbst wenn sich nun diese Aristokratie in einem dauernden Wettbewerb mit dem Bürgertum bewegt, so müssen wir festhalten, daß das Ancien Régime bis zum Jahre 1789, auf dem europäischen Kontinent wenigstens, unangefochten besteht (mit den wichtigen Ausnahmen der Schweiz und der Niederlande). So geschieht es zwar, daß sich die höfischen Moden ausbreiten; diese Ausbreitung geht aber – mit wenigen Ausnahmen – nicht sehr weit, weil die anderen das Zeremonial eben doch nur unvollkommen beherrschen. Davon zu unterscheiden ist dann das Aufkommen ausgesprochener »Phantasiemoden« in bestimmten Schichten, etwa bei den Landsknechten seit dem 15. und 16. Jahrhundert (die »Schlitztracht«). Hier handelt es sich um einen Teil der Bevölkerung, der auf Grund der Ereignisse außerordentlich mobil geworden war und dessen Auszeichnungsbedürfnis nach den ausgefallensten Mitteln griff, um vor den erstaunten Bürgern und Bauern zu paradieren. So sehen wir es schon bei dem schweizerischen Zeichner Urs Graf, der in heftigem, leidenschaftlichem Linienzug diese Randseiterexistenzen der Reisläuferei für die Nachkommenschaft meisterhaft festzuhalten wußte. Strahlt von den Prunk- und Renommiermoden der Aristokratie etwas Vereisendes aus, indem jede persönliche Regung hinter dem Panzer des Zeremonials verschwindet, so zeigen diese Phantasiemoden der Landsknechte oft eine puerile Freude am Ausgefallenen, das vor allem in die Augen stechen will und demzufolge auch oft vom Zeichner in einer Weise dargestellt wird, daß man nicht mehr genau weiß, ob er das Dargestellte ganz ernst nimmt und nicht vielleicht doch nur karikiert.

Hierbei ist es nicht unwichtig zu bemerken, daß sich dieser karikaturistische Stil vorwiegend bei Männern, resp. der Darstellung männlicher Moden findet; seine Funktion liegt darin, den männlichen »Gockel« herauszustellen, der mit seiner Männlichkeit paradiert; in Lateinamerika hat man dafür sogar einen eigenen Ausdruck geprägt, man spricht von »Machismo«. Bei den Frauen, speziell den jungen, fehlt etwas analoges; es wird bestenfalls gezeigt, daß sie nicht davor zurückschrecken, sich in eine häßliche Uniform zu zwängen, wenn sie gerade modern ist. Der dem »Gockel« entsprechende »Vamp« hat dagegen keine komische Note.

Es bleibt aber: Die Mode geht mit der Macht. Da die Macht vorerst — wenn auch nicht unangefochten — in Händen der absoluten Monarchie und der höfischen Aristokratie lag, blieb dies System bis 1789 erhalten, obgleich die Bürgerklasse eine Position nach der anderen übernahm. Aber sie hatte dabei nur den Ausweg, sich der Aristokratie anzunähern, womit allein bezeugt wird, daß das alte System innerlich schon lange unterhöhlt war. Denn von jetzt ab bediente sich der Absolutismus weitgehend des Bürgertums, um das Land in der Hand zu halten, während sich die Aristokratie unter dem Prachtabsolutismus allmählich völlig ruinierte, falls es ihr nicht gelang, ihre Söhne mit den Töchtern des »Bourgeois Gentilhomme« zu verheiraten und damit die verblaßten Wappen neu zu vergolden. Das aber war schon ein Leben aus zweiter Hand.

Die Mode in der bürgerlichen Geldaristokratie

Wir stehen nunmehr unmittelbar vor der Ausbildung eines anderen Stils der sozialen Ausbreitung der Mode, der auch der Anfang dessen ist, was in unserer Zeit noch vorwiegt. An seinem Ursprung liegt der totale Zusammenbruch des ständischen Systems, des Absolutismus und seiner Aristokratie. Da aber gerade mit dieser Wendung seit der Französischen Revolution eine neuerliche Beschleunigung des modischen Wandels einsetzt, die bis heute noch nicht nachgelassen hat, können wir allein daraus ersehen, wie wenig die Mode im Grunde mit dem ständischen System zu tun hat. Zugleich wird von jetzt ab in ganzer Klarheit die Polyphonie in der Motivation der Mode sichtbar, die nicht nur die inhaltlichen Anregungen von überall hernimmt, sondern sich gleichzeitig nach einer Fülle von Prinzipien ausrichtet, von denen wir einige schon kennen, andere noch kennenlernen werden. Immer mehr erweist sich die Mode in ihrem Charakter als ein universales Gestaltungsprinzip der Gesellschaft, das ihre Entwicklung in der Zeit geradezu tyrannisch beherrscht, wobei ihr in der modernen Wirtschaft ein Bundesgenosse mit wahrhaft unerschöpflichen Reserven erwächst. Wir betonen allerdings schon hier: Ohne die vorher gezeichneten urtümlichen

Wurzeln der Mode hätte die wirtschaftliche Entwicklung allein niemals diese Höchstblüte der Mode erzeugen können. Eine bestimmte Disposition war da, dazu die historische Erfahrung und Gewöhnung in der Ausbildung eines besonderen Lebensstiles. Jetzt wuchsen der Mode noch ungeahnte technisch-wirtschaftliche Mittel und eine eigenartige Sozialverfassung zu, so daß die ursprüngliche Anlage plötzlich die unwahrscheinlichsten Entfaltungsmöglichkeiten fand, ohne daß man darum sagen dürfte, die Wirtschaft allein habe sie geschaffen.

Vorerst aber sind wir noch nicht so weit und dürfen nur Schritt um Schritt voran machen, da sich eine ganze Reihe von Zwischenstufen zwischen der Französischen Revolution und unserer eigenen Gegenwart aufweisen lassen. Vor allem aber haben wir damit zu rechnen, daß – abgesehen von den verschiedenen restaurativen Strömungen – die alten Stände und Aristokratien nicht mit einem Schlage verschwanden. Im Gegenteil: Sie erfuhren eine sehr eigenartige Umformung in der Zeit unmittelbar nach ihrer politischen Entmachtung, von der die stärksten Anreize auf die Mode und vor allem auf die Art ihrer sozialen Ausbreitung ausgingen. Wenn die Macht verschwindet, dann ist nicht etwa plötzlich gar nichts mehr da; vielmehr hat sie die Möglichkeit eines merkwürdig irrealen und gelegentlich geradezu phantomhaften Nachlebens, das wir »Prestige« nennen. Dies kann unter Umständen um so höher aufleuchten, je ferner die Wirklichkeit ist, wie etwa die Idee des Ständesystems und des mittelalterlichen Kaiserreichs in der deutschen Romantik. Dazu kommen dann noch die unentwegten Lobredner der »guten alten Zeit«. So geschieht es seltsamerweise, daß das Bürgertum – jenseits aller spontanen modeschöpferischen Taten, die es seit dem Ende des Mittelalters geleistet hatte – ausgerechnet in dem Augenblick als radikaler Nachahmer der alten Aristokratie auftritt, als diese definitiv entthront ist! Ein merkwürdiges Paradoxon, das uns zugleich nochmals die Begrenztheit der Lehre von der Nachahmung im modischen Wandel zeigt. Dabei ist zusätzlich zu bedenken, daß immer weniger von einem durch Nachahmung der Oberen durch die Unteren bedingten Modewandel die Rede sein kann. Denn diese entmachtete Aristokratie verfügt jetzt nicht mehr – und zwar je mehr wir zeitlich vorangehen, um so weniger – über die Mittel, um sich von den nachdrängenden bürgerlichen Schichten abzusetzen. Wohl aber kommt es zu einer sehr merkwürdigen Nachahmung des aristokratischen Systems im ganzen durch die bürgerliche Welt. So entsteht das bürgerliche Klassensystem des 19. Jahrhunderts, das sich – wie man heute weiß – in viel höherem Maße, als man früher annahm, von Überlebseln des alten ständischen Systems nährt, selbst wenn dies nicht auf den ersten Blick sichtbar sein sollte.

Man kann sogar sagen, daß ursprünglich die bürgerliche Industriegesellschaft mit der Emphase aufgestanden ist, alle Vorurteile des Ancien Régime überwunden zu haben. Wie wenig dies indessen der Fall ist, gerade in modischer Beziehung, zeigt Edmond Goblot in einem ungemein witzigen Büchlein, das uns schon die Begriffe der »Barriere« und des »Niveaus« in die Hand gab. In einem unübersetzbaren Wortspiel drückt er das ganze Problem mit einem Satze aus: »Ce qui distingue le bourgeois, c'est la distinction.« Damit werden also »Distinktion« oder »Vornehmheit« definitiv mit Absonderung ineinsgesetzt, womit das Bürgertum am Anfang des 19. Jahrhunderts genau in die gleiche Stellung einrückt, wie sie vorher die höfische Aristokratie innegehabt hatte. Nicht die modischen Inhalte werden also nachgeahmt, sondern die modemäßige Absonderung mit Hilfe von Etikette und Zeremonial. Damit allererst entsteht das klassische Bild einer

Klassengesellschaft, bei der es die obere Klasse sorgsam vermeidet, in allzu naher Nachbarschaft mit den anderen zu sein und unerwartete Kontakte mit ihnen zu erfahren. Daher denn auch das bezeichnende Synonym im Deutschen für »schlechte Gesellschaft«: eine »gemischte« Gesellschaft. Eine gemischte Gesellschaft ist eine solche, in der man nicht »unter sich« ist. All das aber sind die typischen Erscheinungsformen aristokratischer Absonderung, die hier einfach in globo nachgeahmt werden. Sie erscheinen uns heute etwas verstaubt, selbst wenn sie zeitlich gar nicht einmal so weit hinter uns liegen.

Am Anfang des bürgerlichen Zeitalters steht also die betonte Trennung der »Vornehmen« von allen anderen. Dementsprechend werden auch viele alte Sprechweisen übernommen, so wenn man etwa im Französischen sagt: »Je vais dans le monde«, um auszudrücken, daß man Hang zur Geselligkeit hat. »Le monde« ist aber ursprünglich identisch mit der begrenzten und eifersüchtig nach außen gehüteten Welt der Aristokratie, die den »richtigen« Ton in allen Lebenslagen als ihr eigentlichstes Privileg pflegt. Und von dieser entliehenen Plattform aus versucht man sogar noch, gewisse Randerscheinungen der modernen Gesellschaft als Funktion jenes längst verblichenen »Monde« darzustellen, indem man etwa von »Demimonde« spricht. Dies Verfahren entspricht übrigens genau jener anderen Sprechweise, mit der man die neue und die alte Welt auf ein und derselben Linie zu behandeln suchte, indem man die moderne Lohnarbeiterschaft und das »Proletariat« vom Anfang des 19. Jahrhunderts als den »Vierten Stand« bezeichnete, ohne zu bedenken, daß die Existenz der Lohnarbeiterschaft und des Proletariats jedes ständische System als solches widerlegte und vielmehr dem davon völlig unterschiedenen nachrevolutionären Klassensystem angehörte. Stände und Klassen sind aber nicht dasselbe, selbst wenn sich die Spitzengruppe der neuen Bourgeoisie vom Anfang des 19. Jahrhunderts durch ihr Gehaben noch so sehr als Nachfolger der alten Aristokratie darzustellen suchte.

Die Abhebungstendenz der bürgerlichen Oberklasse überträgt sich nun auf das gesamte Leben. Alles ist »erster«, »zweiter« und »dritter« Klasse: die Eisenbahn oder die Sitzplätze im Theater. Das Unterscheidungsmerkmal ist jetzt jedoch nicht mehr das »Wie« des Verhaltens, sondern einfach der »Preis«, womit plötzlich der Reichtum mit der ihm eigenen Unerbittlichkeit als das eigentliche Unterscheidungsmerkmal der Lebensstile auftritt. Wir betonen, daß diese Einstellung bis vor gar nicht so langer Zeit selbst in der literarischen Welt eine außerordentliche Bedeutung hatte, indem etwa in England bis vor dem Zweiten Weltkrieg die Romanliteratur durchwegs zuerst in einer teuren Ausgabe erschien (durchschnittlich 12 Schillinge), die das begüterte und zugleich besonders modeanfällige Publikum kaufte; einige Monate später kam eine zweite, billigere Ausgabe (durchschnittlich 7 1/2 Schillinge) und schließlich nach einem oder mehreren Jahren die »Volks«-Ausgabe zu einem Schilling. Auch die Franzosen kannten dies System, aber bei ihnen hat es insofern eine andere Funktion, als die billigen und die verschieden teuren Luxusausgaben gleichzeitig erscheinen; das Ergebnis ist dann durchschnittlich so, daß einer, der Gefallen an dem betreffenden Buche findet, nach Lektüre der billigen Ausgabe sich die bessere in den Bücherschrank stellt. Zweifellos wirkt sich auch in Frankreich der reine Geldgesichtspunkt und Snobismus aus; daneben überleben aber doch noch die rein künstlerische Einstellung zum Buch und die entsprechende Bewertung. Erscheinungen dieser Art verdecken jedoch immer wieder die Bedeutung des neuen Reichtums der Industriegesellschaft, der auf den verschiedensten Wegen erworben werden kann (wie etwa Balzacs Romane zeigen), so daß die Reichen keine Gruppe für sich bilden. Im ständischen und aristokratischen Lebenssystem steht dagegen am Anfang ein eigener Stil, eine eigene Etikette, zu der dann sekundär auch das Darbieten des Reichtums gehört. Unabhängig davon ist natürlich das Weiterleben rein feudalistischen Geistes und der Aufbau einer eigentlichen »Geldaristokratie«, indem es manchen Familien vom Beginn des 19. Jahrhunderts gelang, bis heute weiterzuleben und aus ihrer wirtschaftlichen Spitzenstellung eine Art von Lebensstil zu entwickeln. Es liegt aber in der Natur der Sache, daß es sich hierbei nur um eine verschwindend kleine Gruppe handelt.

Der neuen Bourgeoisie blieb im Grunde kein anderer Weg der Auszeichnung als die Absonderung. Denn nach dem Gesetz, nach dem sie angetreten, gab es ja keine Unterschiede der Geburt mehr, die den Aristokraten als solchen designierten. So muß also das Bürgertum die Distanz künstlich unterstreichen, die es von den anderen trennt. Es kommt damit zu einer eigenartigen Paradoxie: Die Verachtung des Volkes, die schon das Ancien Régime charakterisierte, wird nochmals verschärft, nachdem das Volk die Herrschaft angetreten hat. Jetzt wird das modische Gehaben zu einer ausgesprochenen Lebensnotwendigkeit; das fordert gleichzeitig die Konkurrenz der anderen heraus. Denn wo es einzig um den Besitz als Unterscheidungsmerkmal geht, da ist die Barriere nur klein; einen Geburtsstand kann man nicht erwerben, wohl aber das Geld. Und da mit dem Beginn des 19. Jahrhunderts auch der soziale und wirtschaftliche Aufstieg großer Menschenmengen durch das System der Industriewirtschaft erfolgt, werden jetzt in der Tat die »Spitzen der Gesellschaft« dauernd zur Veränderung der Mode gezwungen, weil ihnen viele andere Gruppen unmittelbar auf den Fersen folgen.

Unter diesem Druck bildet sich ein neuer Kanon der Wohlanständigkeit aus, dessen Umschreibung gar nicht so einfach ist, da wir ja nicht mehr über die geburtliche Abstammung als das erste Auszeichnungsmerkmal verfügen. Vielmehr liegt das Hauptgewicht jetzt ganz allein auf der Etikette, die sich traditionslos neu aufbauen muß, nachdem sich das Bürgertum der Industriewirtschaft großenteils auch aus ganz anderen Schichten als das alte händlerische Stadtbürgertum rekrutiert hat. Die Regelung des modischen Verhaltens wird dementsprechend ungemein schwer. Die Vertreter der neuen Bourgeoisie stehen in der Spannung zwischen gestern und morgen, ohne über eine eigene Tradition zu verfügen, die ihnen mit Sicherheit sagen könnte, wie man sich heute zu verhalten hat. Anders ausgedrückt, man kann sich weder kleiden nach der Mode von gestern noch nach der Mode von morgen. Die Mode von gestern ist populär geworden und daher »kommun«. Die Mode von morgen überläßt man dem Snob, den man voller Ehrfurcht verachtet. Damit wächst sich die Frage nach der modischen »Neuheit« zu einem eigentlichen Problem aus. Das wirklich »Neue« ist nämlich im ersten Moment seines Auftretens für die Bourgeoisie keineswegs ganz unmittelbar neu; denn wenn man jede Anregung sofort aufnehmen wollte, würde man »aus dem Rahmen« fallen. Das aber widerspricht dem Kanon der Wohlanständigkeit; man muß sich anpassen, unauffällig sein und, wenn irgend möglich, nach der allgemeinen Regel leben. So zeigt sich überraschenderweise, daß die Bourgeoisie des 19. Jahrhunderts von sich aus gar nicht modeschöpferisch sein kann. Sie braucht notwendig Vorbilder. Damit kommen wir zu einem neuen Prinzip der Ausbreitung der Mode, nämlich dem modischen Vorbild, das jetzt im strengen Sinne nachgeahmt wird. Da aber die höfische Aristokratie nicht mehr unmittelbar nachgeahmt werden kann (obwohl auch das nachlebt), fragt es sich, woher die führende Bourgeoisie ihre Vorbilder nehmen soll.

Die Vorbilder können, wenn wir dem neuen Kanon folgen, einzig jene Personen sein, die sich nicht scheuen aufzufallen. Dazu gehören der Snob, der Dandy, der Geck, die »Incroyables« und »Merveilleuses«, kurz, eine ganze Reihe gesellschaftlicher Randseiter wie auch Schauspieler und Schauspielerinnen, ferner die Vertreter des »Demimonde«, die insbesondere in Frankreich eine große Rolle spielen. Die Bourgeoisie übernimmt dann diese Moden, sowie sie nicht mehr auffällig sind, aber trotzdem noch auszeichnen. Der entscheidende Prozeß geht hier eindeutig in die Richtung der Vermeidung aller Extreme. Das »juste milieu« ist die Parole. So wird allmählich das »Neue« zur Mode, nachdem es sich abgeschliffen hat. Es gilt als vornehm, das heißt als »distinguiert« und Unterschiede schaffend, sowie es nicht mehr exzentrisch ist. Entscheidend für diesen neuen Ausbreitungsstil der Mode ist also das Auftreten eigentlicher »Pioniere der Mode«, die sie den anderen vordemonstrieren. Darin macht sich auch der große Traditionsbruch bemerkbar, den die Französische Revolution bedeutet, indem das Neue nicht mehr aus dem überlieferten Kanon herauswächst, sondern unter Umständen so neu ist, daß es alle Gewohnheiten sprengt. Deutlich wird dies insbesondere kurz nach der Revolution sichtbar, wo einerseits für die Männer die lange Hose modern wird (der »Sansculottismus«) und sich bei den Frauen unter dem Einfluß verschiedenster Ideen die Chemise-Mode durchsetzt, die für das Empire so bezeichnend ist. Dieser Traditionsbruch hat, wie man erwarten kann, auch eine große Unsicherheit der modischen Gestaltung zur Folge: Man beginnt modisch zu experimentieren, mehr oder weniger bewußt, wobei auch viele modische Fehlgeburten erscheinen, was den Betrachter nicht wundernehmen kann, wenn man die Vorbilder bedenkt. Gleichzeitig tritt aber eine andere Persönlichkeit auf, die bisher unbekannt war, nämlich der eigentliche »Créateur«, der Modeschöpfer, der nun planmäßig seine Eroberungszüge ins Niemandsland vorantreibt, um dem Publikum immer neue »Nouveautés« vorzusetzen. Der Modeschöpfer aber greift seine Anregungen überall auf; von jetzt an nehmen dementsprechend die rein äußerlichen Einflüsse immer mehr zu, denen man einzig nachkommen kann, wenn man über eine sehr eingehende Kenntnis der Sittengeschichte der Zeit verfügt. Gleichzeitig kommt eine Art historischen Geistes in der Modekreation zum Zuge, indem man bewußt ältere Moden studiert und aus ihnen Anregungen für die Gegenwart übernimmt. Dieser »historisierende« Geist der modischen Kreation scheint uns vor allem in Zeiten des Übergangs hervorzutreten, in denen man gern mit Anregungen aus der Vergangenheit experimentiert. In jüngster Zeit wurden sogar die Männermoden hiervon erfaßt. Übrigens greifen diese Erweckungsbewegungen oft sehr weit aus, und zwar zeitlich und räumlich. So wurde an den amerikanischen Colleges von den Studentinnen der mexikanische Poncho (quesquemetl) wieder aufgenommen und strahlte von dort auf Europa aus; das gleiche gilt für die indianischen Fransenjacken aus Wildleder.

Es bleibt also dabei, daß die Oberklasse der Bourgeoisie die Mode von den Vorbildern aufnimmt, nachdem die Mode nicht mehr ganz neu ist und sich einigermaßen abgeschliffen hat, damit »man nicht auffällt«. Aber es läßt sich nicht vermeiden, daß die Mode immer weitere Kreise zieht, da die in vollem Aufstieg begriffenen mittleren Schichten sehr schnell jede Eigentümlichkeit der Oberklassen nachahmen, um sich ihr anzugleichen. Damit ist aber zugleich entschieden, daß die Oberklasse eine Mode nur so lange tragen kann, wie sie auch nicht zu alt ist. So stoßen wir wieder auf die Doppelfunktion der Mode, wie sie vor allem Goblot herausgearbeitet hat. Die Mode ist erst eine Barriere; eine bewegliche Barriere zwar, aber doch eine Barriere, die nicht ohne weiteres übersteigbar ist. Andererseits wirkt sie sich auch aus in der Bildung eines Niveaus. Man wechselt zwar die Mode schnell, wenn sie nicht mehr Reservat einer kleinen Oberschicht ist; aber man akzeptiert sie auch erst, nachdem sich herausgestellt hat, daß sie niveaubildend wirken kann. Wenn es nämlich darauf ankommt, daß die Mode nicht ohne weiteres jedermann außerhalb des eigenen Kreises zugänglich ist, so muß sie dennoch imstande sein, nicht nur der Auszeichnung eines einzelnen Individuums, sondern der ganzen Klasse zu dienen. Das ist wenigstens die Situation im 19. Jahrhundert und auch teilweise in einzelnen Nachwirkungen bis heute noch. Daneben sind in unserer Gegenwart wieder neue Probleme aufgetreten, nachdem die Klassenproblematik des 19. Jahrhunderts einer vollständig neuen sozialen Verfassung Platz gemacht hat.

Mit dieser Wendung, daß es sich vor allem um die Auszeichnung einer ganzen Klasse handeln muß, ist zugleich angedeutet, daß sich der rein persönliche Geschmack nur im Detail und nicht in der großen Linie auswirken kann. Geschmack ist eine individuelle Angelegenheit, Mode ist eine klassenmäßige Barriere. Dementsprechend kann sich auch der Geschmack einzig in der Weise auswirken, »wie« einer die Mode trägt, keineswegs aber darin, »daß« er sie trägt. Solange die Mode ein Mittel der Klassendifferenzierung ist, muß sie den Träger nicht nur davor bewahren, »kommun«, sondern auch durch persönliche Modifikation allzusehr umgeformt zu werden. Der Exzentriker ist der Tod der Mode, ebenso aber der Ästhet, der einen sehr ausgeprägten persönlichen Geschmack besitzt. Das ist der letzte Rest der höfischen Etikette.

Männlicher Puritanismus gegen weibliche Mode

Wir haben im Vorhergehenden schon öfters gesehen, daß die Mode regelmäßig nicht nur in besondere soziale Verfassungen eingeordnet ist, sondern darüber hinaus auch in bestimmte kulturelle Horizonte. Um das eben Gesagte in seiner ganzen Tragweite ermessen zu können, müssen wir jetzt noch einen letzten Blick werfen auf die umfassenden Kulturwandlungen, die sich seit Reformation und Renaissance, vor allem aber auch mit der Ablösung der alten Welt des Feudalismus und Absolutismus durch die bürgerliche Industriegesellschaft vollzogen haben. Diese haben nämlich eine ganz bestimmte Gewichtsverlagerung in der Mode zur Folge gehabt, vor allem in bezug auf die verschiedenartigen Rollen von Mann und Frau im Prozeß des modischen Wandels.

So bestehen zum Beispiel starke Beziehungen zwischen dem alten Feudalismus, dem Absolutismus und dem Patriarchalismus. Daher ist denn auch in dieser Welt der Mann in stärkstem Ausmaße Träger von Auszeichnungsmerkmalen und der Mode, während die Frauen teilweise stark zurückgestellt sind. Und wenn sie schon in Erscheinung treten, so meist nur in repräsentativer Funktion (etwa Königinnen) oder als Königsmätressen; dies gilt vor allem für die eigentliche Renaissance. Jenseits des ausgesprochen höfischen Lebens in der Provence und in Burgund herrschte nach dem Ausgang des Mittelalters bei den Frauen – mit teilweiser Ausnahme des städtischen Patriziats und der italienischen Renaissance – allergrößte Zurückhaltung, wofür etwa die spanische Mode besonders bezeichnend ist. Wir möchten hier hervorheben, daß dem in gewisser Weise eine offensichtlich ganz urtümliche Veranlagung des Menschengeschlechts entgegenkommt, indem in der primitiven Welt der Mann eindeutig ein viel größeres Schmuckbedürfnis zeigt als die Frau. Es steht damit nicht viel anders als im Tierreich, wo die Männchen sich durch prächtiges Gefieder, buntere Farben und auffällige Geweihe auszeichnen, meist auch größer sind (nicht immer) als die Weibchen. Dies ist nun ein Zug, der sich um so mehr ändert, als wir uns der Gegenwart nähern, wo die Männermoden immer nüchterner werden, während die Frauenmoden immer phantasievoller aufblühen. Dieser auffällige Wandel muß einen Grund haben, der tief im Gefüge des modernen Kulturbewußtseins verankert ist, sonst würde er es nicht vermocht haben, die »natürliche« Ordnung gleichsam umzukehren.

Schon im spanischen Absolutismus beginnt sich dieser neue Stil einer betonten Nüchternheit der männlichen Mode zu Worte zu melden, die sich gleichzeitig in das enge Korsett des höfischen Zeremoniells einzwängt, aus dem uns die Gesichter der Könige und ihrer Familien fast geisterhaft unwirklich ansehen. Das Merkwürdigste aber ist, daß der große Gegenspieler der spanischen Monarchie, der Protestantismus, in dieser Hinsicht wenigstens seinem Todfeind getreulich folgt, wie auch mitten im Kriege spanische Moden nach England und in die aufständischen Niederlande wandern. Im Grunde geschieht dies ganz auf der gleichen Linie, wie sehr häufig Jesuitismus und radikaler Calvinismus, wenigstens was die Unerbittlichkeit der Disziplinierung des gesamten Lebens betrifft, einander zum Verwechseln ähnlich werden, wie man oft bemerkt hat (E. Gothein). So wandern auch die dunklen Farben, vor allem Schwarz, aus Spanien zum calvinistischen Bürgertum nach England und Holland, wie es etwa Richard Alewyn eindringlichst gezeigt hat: »Schon lange ehe er sich in der Klostergemeinschaft von San Yuste begrub, kleidete sich Karl V. in Schwarz, das auf Tizians Porträt so unheimlich den müden, mißtrauischen Blick des Kaisers einfriedigt. Im Zeichen des beginnenden Barocks legt sich die Farbe des Todes über die Tracht der Gesellschaft Europas. Sie herrscht, solange Spanien die Mode regiert. Es liegt darin eine kühlere, zurückhaltendere Eleganz als in der unbefangenen Farbenlust der Renaissance, wie sie eben der neuen Vorstellung vom Hofmann entsprach. So umrahmt das Schwarz die unzugänglichen und gleichsam gefrorenen Gesichter, die uns aus den Porträts der Manieristen anschauen. – Das Schwarz ist aber auch der natürliche Ausdruck des neuen Pessimismus, der sich über die Welt breitete, der mit dem Trübsinn des alternden Michelangelo, des alternden Shakespeare anhebt und sich steigert zu den wütenden Ausbrüchen von Welthaß und Weltangst, mit denen Eiferer und Büßer die schöne Welt der Renaissance zerstörten. Das Leben lohnt nicht die Mühe, der Mensch ist ein lebender Leichnam, die Welt ein Trauerhaus – so tönte es von allen Kanzeln. Was Wunder, daß alle Welt die Farbe der Trauer anlegte? – Das Reich des Schwarz greift über die höfische Welt hinaus. Kaum jemals ist eine modische Anregung vom Bürgertum so willig aufgegriffen und so treu bewahrt worden. Dem weltfeindlichen Pathos der Protestanten und dem sachlichen Sinn der Bürger waren die bunten Farben, waren die schillernden Samte und Seiden ein gottloser Greuel. Die Hugenotten in Frankreich, die Puritaner in England erkannte man an den dunklen, stumpfen Tuchen, in denen sie sich trugen. Und überall, wo Bürger regierten, von den Nobili in Venedig bis zu den Regenten in Amsterdam, regierten sie in Schwarz. Die Holländer fügten zu dem toten Schwarz des Festgewandes das unsinnliche Weiß reinlicher Wäsche. Gekleidet in die Farben des Ernstes und der Sauberkeit zeigten sich die holländischen Patrizier auf den Regentenbildern des Rembrandt und Frans Hals. Diese Farbenskala – die gedämpften Wollen- und Baumwollenfarben für den Alltag, das abstrakte Schwarz-Weiß für den offiziellen Anzug – ist durch das ganze bürgerliche Zeitalter die Grundlage der Herrenmode geblieben. Nur wo der Adel seine gesellschaftlichen Domänen bewahrt hatte, in der Diplomatie und beim Militär, hat sich die alte Buntheit gehalten. Denn diese hatte sich in der Gesellschaft nach dem Intermezzo in Schwarz wiederhergestellt, wenn auch nicht in ihrer alten Unschuld.«

Seit der Reformation, die in mehr als einer Hinsicht die erste große politische Selbstbestätigung der bürgerlichen Welt ist, vor allem aber im Rahmen des angriffslustigen Calvinismus, zeigt sich von Anfang an eine starke Aversion gegen den höfischen Prunk wie auch gegen die höfische Etikette, dazu auch gegen allen Luxus und Verschwendung, die durch das Postulat der Sparsamkeit ersetzt werden. So entsteht bei Männern und Frauen gleichzeitig eine neue Tracht der Nüchternheit und Bescheidenheit, die auch in starkem Kontrast steht zu dem Prunk der bürgerlichen Städter in den katholisch gebliebenen Ländern – ein Unterschied, der sich übrigens bis heute bemerkbar macht, indem die Farbenfreude bei Männern wie bei Frauen in Italien und Spanien etwa (dann in Südamerika) viel größer ist als nördlich der Alpen. Diese calvinistisch nüchterne Mode, die mit den Passagieren der »Mayflower« über den Atlantik nach Nordamerika hinüberwanderte, ist von einer Zeitmode zu einem ausgesprochenen Stilmerkmal vor allem der Männerkleidung geworden. Der Männeranzug von heute ist im Grunde ein direkter Abkömmling des Puritanerkleides und damit noch immer eine politische Demonstration gegen höfischen Prunk. Es ist im übrigen kein Zufall, daß England, das Vaterland des siegreichen Puritanismus, in Männermoden bis heute maßgebend geblieben ist, während Paris, das die Reformation eben nicht mitmachte und ausgerechnet durch eine Florentinerin, Katharina von Medici, in der Bartholomäusnacht gewaltsam zum katholischen Glauben zurückgeführt wurde, das Zentrum für die Frauenmode immer geblieben ist, nachdem die Frauen in Frankreich schon seit dem Absolutismus in beherrschender Funktion hervorgetreten waren. Darin unterscheidet sich Frankreich sowohl von Spanien wie von England.

Nachdem nun das zutiefst männlich puritanische Ethos die Welt dem modernen Wirtschaftsstil eröffnet und gleichzeitig in der englischen Revolution seit 1640 dem Ancien Régime den ersten entscheidenden Stoß versetzt hatte, war es politisch entschieden, daß die Puritanerschicht die neue Welt bestimmen würde. Und so läuft denn in der Tat seit jener Zeit eine einheitliche Linie bis in die Gegenwart, die sich mit der Zeit immer deutlicher ausprägt. Dementsprechend ist noch heute dem Manne der modische Wandel nur im kleinsten Rahmen gestattet (etwa: Krawatte, Pochette, Schuhe, Socken), dies im Gegensatz — wie gesagt — zu den katholisch gebliebenen Ländern. Von ihnen hat nur Frankreich, das trotz der Bartholomäusnacht tiefer von hugenottischem Geist geprägt worden ist, als man so gemeinhin annimmt, wie etwa Bernhard Groethuysen gezeigt hat, ebenfalls die nüchterne Männertracht übernommen und durch die lange Hose ergänzt. Dasselbe gilt für die anderen reformierten Länder, bis sich schließlich auch die katholischen Kulturen dem neuen Wirtschaftsstil anglichen und ebenfalls die neue Mode übernahmen.

Gänzlich verschieden von der Einstellung des Mannes ist jedoch die der Frau. Zunächst vereinfacht sich in reformierten Kreisen auch bei ihr die Tracht. Parallel damit läuft aber die Lockerung des alten Patriarchalismus und wird — ebenfalls zuerst im puritanischen England — allmählich durch eine größere Gleichberechtigung ersetzt, die engstens mit der politischen Emanzipation der bürgerlichen Welt zusammenhängt. Dies ist aber vorläufig nur ein Ansatz, aus dem erst nach der Französischen Revolution Konsequenzen herauswachsen werden. Jenseits dessen gilt, daß sich unter dem Druck des religiösen Gebots auch die Frauen zunächst der größten Einfachheit befleißigen. Nun hat aber die Forschung gezeigt, daß zwar ursprünglich die Wirtschaftsgesinnung ganz ausnehmend durch das calvinistische Ethos geprägt wurde, selbst wenn eine Reihe von Erscheinungen (insbesondere der modernen Geldtechnik) im Mittelalter schon vorbereitet waren; mit der zunehmenden Säkularisation des ganzen Lebens, die unter anderem auch durch den neuen Wirtschaftsstil beschleunigt wurde, ändert sich dies jedoch nach der Mitte des 18. Jahrhunderts sehr wesentlich. Jetzt begann die diesseitige Wirtschaftswelt eindeutig das Übergewicht zu erlangen. Parallel dazu läuft die Entfaltung der bürgerlichen Klassengesellschaft, von der schon vorher gesprochen wurde, und es kommt zu einem neuen Stil der sozialen Ausbreitung der Mode. Dieser betrifft nun — und das ist das eigenartig Neue — überwiegend die Frau, während sich die Männerkleidung, abgesehen von einigen geringfügigen Änderungen, zu einer Art von Dauerform kristallisiert. So ist der Mann bis heute bei seiner großen modischen Entsagung geblieben.

Schon Thorstein Veblen hat darauf hingewiesen, daß im 19. Jahrhundert die Männerwelt den Traditionszusammenhang mit der höfischen Aristokratie weitestgehend abgerissen habe, nicht jedoch die Frauen. Diese tragen in der Tat ein höchst eigenartiges modisches Verhalten zur Schau, in dem sich schon eine Reihe von Zügen anmelden, wie sie für die Massendemokratien des 20. Jahrhunderts so bezeichnend geworden sind. Dieser Umstand ist – nebenbei gesagt – von den größten wirtschaftlichen Folgen gewesen. Da nämlich die Frau in der überwältigenden Zahl der Fälle als Konsumkäuferin auftritt, muß sich dieses eigenartige modische Verhalten auch auf die Wirtschaft im ganzen auswirken. Dementsprechend kann auch dieser Wandel im modischen Verhalten der Frau gar nicht hoch genug eingeschätzt werden. Im Gegensatz zur relativ starren Männermode beweist die Frauenmode eine außerordentliche Beweglichkeit, so daß sie unter Umständen jede »Saison« neu werden kann. Und das gilt nicht nur für das Detail, sondern gelegentlich auch in den großen Linien, die sich häufig in geradezu abenteuerlichen Sprüngen verändern. Das Wort vom »New Look« ist ein recht brauchbarer Allgemeinbegriff zur Bezeichnung dieser Entwicklung (jenseits seines besonderen modischen Gehaltes); denn was sich wandelt, ist nicht nur ein nebensächliches Attribut, sondern das Aussehen im ganzen. Es wurde vorher schon gezeigt, wie die bürgerlichen Oberschichten, angeregt durch bestimmte Vorbilder, mit dem Wandel beginnen und danach allmählich von den mittleren Schichten eingeholt werden. Die Frau zeichnet sich nun in diesem Prozeß dadurch aus, daß sie in dem Aufholen des Abstandes ganz ungemein schnell ist. Die Frau ist im Grunde, seit sie voll anerkannt in die Geschichte eintritt, die perfekte Demokratin. Sie duldet keinerlei klassenmäßigen Abstand. Was sich die reiche Frau heute leistet, wird morgen schon mit billigen Mitteln nachgeahmt. Und nachdem die Konfektion aufgetreten ist, zeigt sich, daß sich diese nur eine ganz kleine Verspätung (oft nur um ein paar Wochen) vor der Haute Couture erlauben kann, weil sich die weiblichen Konsumkäuferinnen aller Schichten umgehend auf die neue Linie eingestellt haben. Diese Erscheinung ist darum von so außerordentlicher wirtschaftlicher Bedeutung, weil nicht nur eine kleine Oberklasse in dieser Weise reagiert, sondern fast die Frauenwelt insgesamt, also auch die berufstätigen Frauen (mit Ausnahme etwa der Bauernfrau).

Zunächst aber steht die Arbeitswelt im 19. Jahrhundert eindeutig im Zeichen des Mannes, während die Frauen erst später ins Erwerbsleben einrücken. Allerdings tun sie das unter den eigentümlichen Voraussetzungen, die wir im vorigen Kapitel besprochen haben. Das heißt: Nachdem zu Beginn des Jahrhunderts vor allem die Vertreterinnen der Oberklasse in den quasi-feudalistischen Modewettbewerb eingetreten waren, verbreitet sich dies Verhalten schnellstens über fast die gesamte Frauenwelt, wobei dann übrigens am Schluß ein völlig neuer Stil der sozialen Ausbreitung der Mode erreicht wird, der im wesentlichen noch der unsere ist. Bis dahin fanden aber noch umwälzende Änderungen in der Frauenwelt statt, die man beachten muß, wenn man den Abstand ermessen will, der die heutige Situation von der damaligen trennt. Während der bürgerliche Mann nur das Ethos der wirtschaftlichen Arbeit kennt und die Muße der alten Aristokratie verachtet, genießt am Anfang des Jahrhunderts die Frau in Stellvertretung des Mannes die Muße. Das konnte sich natürlich erst in dem Augenblick vollziehen, als die Vertreter des neuen Wirtschaftsstiles begonnen hatten, einige Reichtümer anzuhäufen. Das mußte dann die Stellung der bürgerlichen Frau jener der aristokratischen Frau außerordentlich ähnlich machen. Gleichzeitig war es durchaus etwas Neues; denn bis zu dieser Zeit war die Frau des Bürgers regelmäßig in den wirtschaftlichen Prozeß eingeschaltet gewesen, nur daß ihre Arbeit — im Gegensatz zu heute — nicht außerhalb, sondern innerhalb des Hauses stattfand. Die müßige Frau im Bürgertum ist also eine unverhältnismäßig junge und auch nur vorübergehende Erscheinung.

In der Übernahme aristokratischer Lebensweisen mußte es nun geschehen, daß der demonstrative Konsum im ganzen auf die Frauen überging, nachdem einmal gewisse Reichtümer erworben worden waren; denn das Überleben der alten Ideen und die neue politische Atmosphäre verwehrten beide den Männern diesen Weg. So wird die Mode von jetzt ab ein Privileg der Frauen, die damit auch ihre Geschlechtlichkeit in ein ganz neues Licht setzen, das früher unbekannt gewesen war. Da aber der demonstrative Konsum ein Ausdruck der Macht ist, taucht gleichzeitig der Wettbewerb wieder auf. Nur kämpfen jetzt nicht mehr die Männer miteinander im modischen Turnier, sondern sie übertragen diese Aufgabe ihren Frauen, während sie selber der Arbeit nachgehen. Im Leben des Mannes spielen Arbeit und Geld die Hauptrolle, dazu persönliche Sparsamkeit und Hortung von Reichtümern; diese werden allerdings nicht dem Konsum zugeführt, sondern vor allem der Neuinvestition. Auf der weiblichen Seite der Gesellschaft werden, wenigstens in der Oberschicht, die ewige Hetze der Arbeit wie das Geld diskriminiert. Man tut sich etwas darauf zugute, gerade nicht zu arbeiten; es beginnt die Vergötterung jener Hand, die sich nie mit niederen Handreichungen beschmutzt hat (ähnlich wie beim chinesischen Mandarin, der sich als deutliches Symbol seiner Verachtung der Handarbeit die Fingernägel so lang wachsen läßt, daß er beim besten Willen mit seinen Händen nicht schaffen kann).

So entsteht das Idealbild der »Dame« im 19. Jahrhundert, die auf einem hohen Piedestal thront, mit ihren Füßen die Erde nicht berührt und gleichzeitig in Stellvertretung ihres Mannes die Funktion des demonstrativen Konsums übernimmt. Mit Bitterkeit geißelt Arthur Schopenhauer das »Damenunwesen«, über welches »nicht nur ganz Asien lacht, sondern Griechenland und Rom ebenso gelacht hätten«. Dann heißt es mit aller Schärfe: »Die Vernunft nämlich ist es, vermöge derer der Mensch, nicht wie das Tier, bloß in der Gegenwart lebt, sondern Vergangenheit und Zukunft übersieht und bedenkt; woraus dann seine Vorsicht, seine Sorge und häufige Beklommenheit entspringt. Der Vorteile wie der Nachteile, die dies bringt, ist das Weib, infolge seiner schwächeren Vernunft, weniger teilhaft: Vielmehr ist dasselbe ein geistiger Myops, indem sein intuitiver Verstand in der Nähe scharf sieht, hingegen einen engen Gesichtskreis hat, in welchen das Entfernte nicht fällt; daher eben alles Abwesende, Vergangene, Künftige viel schwächer auf die Weiber wirkt als auf uns, woraus denn auch der bei ihnen viel häufigere und bisweilen an Verrücktheit grenzende Hang zur Verschwendung entspringt. Die Weiber denken in ihrem Herzen, die Bestimmung der Männer sei, Geld zu verdienen, die ihrige hingegen, es durchzubringen; womöglich schon bei Lebzeiten des Mannes, wenigstens aber nach seinem Tode.« Diese Sätze sprechen für sich selbst und bedürfen keines Kommentars. Höchstens könnte man hinzufügen, daß Schopenhauer irrt, wenn er meint, damit die Frauen allgemein zu charakterisieren; vielmehr bezieht sich alles nur auf die »Dame« der bürgerlichen Wirtschaftsgesellschaft vom Anfang des 19. Jahrhunderts.

Allerdings hält sich diese Dame nicht allein; sie braucht nicht nur Geselligkeit, sondern auch den männlichen Zuschauer zu ihrem modischen Spiel. Ihr Ehemann fällt für diese Rolle aus, da er in Fabrik und Kontor rastlos damit beschäftigt ist, das System der neuen Wirtschaft zu erweitern, bis er sich mit dem »Weltmarkt« die ganze Welt erobert hat. So sucht die Frau nach Ersatz, und sie findet ihn auch bald. Dieser Ersatz ist der »Dandy«, der Geck. Dieser Dandy lebt einerseits gewiß aus Restbeständen des Feudalismus; so ist es auch kein Wunder, daß diese Gestalt aus England stammt (wo sich der Feudalismus auch im Industriesystem erhalten hatte) und sich seit 1815 allmählich über ganz Europa verbreitete. Zugleich aber übernimmt der Dandy Stilelemente aus der Welt der Dame, und so entsteht eine sehr eigenartige Kulturatmosphäre weiblicher Natur, in der nicht – wie früher – der Mann die Frau »hofiert«, sondern umgekehrt, die Frau sich in den Augen bestimmter Männer spiegelt, um narzißtisch ihre Schönheit zu genießen und ihr Selbstgefühl zu stärken. Es ist ungemein bezeichnend zu sehen, wie der Dandy immer mehr italienische Elemente in der Kleidung übernimmt, um sich damit wachsend von der bürgerlichen Welt zu entfernen. Ebenso bezeichnend ist es, daß diese Elemente ausgerechnet aus einem Lande übernommen werden, das sich der Reform verschlossen hatte und das damals auch als industriell unterentwickelt angesehen werden mußte. Dem Dandy steht dann der – meist – reformierte Pionier der modernen Industriewirtschaft gegenüber, der nüchtern seine Arbeit verrichtet. Sein radikaler Gegenspieler ist der »Beau Brummell« (1778 bis 1840), der Festgenosse König George IV. von England und Arbiter elegantiarum, der allerdings auch im Armenhaus zu Caen starb, nachdem er vor seinen Gläubigern hatte aus England fliehen müssen. Zu ihm stoßen dann die Vertreter der »Jeunesse dorée«, die ebenfalls vor den müßigen Damen paradieren, während die Ehemänner und Väter Geld verdienen. Einen eigenartigen Zwischentyp stellt etwa Benjamin Disraeli dar: als junger Mann ein perfekter Snob und Dandy, als Erwachsener dagegen der Prototyp des nüchternen kapitalistischen Imperialismus, Schöpfer des zweiten Britischen Empire und getreuer Diener seiner Königin Victoria und ihrer prüden Phantasielosigkeit.

Dieser Kulturstil kam in Europa zu seinem Ende, nachdem sich seit 1850 ungefähr das neue Kulturbild des Naturalismus aufzubauen begonnen hatte, das ganz und gar aus der Welt der Industriewirtschaft herausgewachsen war. Die radikale Kulturkritik des Naturalismus bedeutet insgesamt eine weittragende Ernüchterung der romantischen Welt der Dame und des Dandy, wenn dies auch in der weltgeschichtlichen Farce des Second Empire unter Napoleon III. noch eine höchst seltsame Transfiguration erlebte, die allerdings 1870 vor dem Ansturm der preußischen Armeen zusammenbrach. Der reinste Exponent dieser Zwischenperiode im Für und Wider ist Jacques Offenbach (1819–1880), dessen Erfolg bezeichnenderweise nach 1870 ruckartig verschwand. Der Spiegel, in dem sich diese Gesellschaft des Second Empire selbst betrachtete, war die Operette, in der alle die Personen auftreten, von denen wir gesprochen haben. Die Operette wird übrigens auch zu einem wichtigen Entfaltungsort der neuen Moden, die dann bald von den müßigen Damen und ihren Dandys übernommen werden. Gleichzeitig ist dies die Zeit der Entstehung der französischen Ehebruchs-Komödie, in der die beiden Welten scharf aufeinanderprallen: Eugène Scribe (1791–1861) ist der unerreichte Meister jenes Genre, der einen Großteil seines Witzes daraus bezieht, daß die Männer tagsüber schwer arbeiten, während ihre Frauen mit den Jünglingen der Jeunesse dorée das erworbene Geld verschwenden und es auch mit den Gesetzen der ehelichen Treue nicht so sehr genau nehmen. Das Ende dieses Theaters stellt Alexandre Dumas-

Fils (1824-1895) dar, der mit dem gleichen theatralischen Geschick wie Scribe das alte Ehebruchstheater geißelt, nachdem er in seiner Jugend selber ein Prototyp der spätromantischen Kultur und Lobredner des »Demimonde« gewesen war, dem er sogar in »La Dame aux Camélias« ein unvergleichliches Denkmal setzt. Im Naturalismus wurde dann diese ganze Welt ausgewischt, die einerseits einen faszinierenden Schimmer um das Leben zu breiten wußte, uns Heutigen aber gleichzeitig beunruhigend ferngerückt ist.

Der Gerechtigkeit halber muß aber hinzugefügt werden, daß die modischen Schöpfungen dieser Epoche wenigstens in einer Hinsicht von größter Bedeutung für die Gegenwart geworden sind. Einerseits leben bestimmte Grundzüge ganz unverändert fort, wie etwa die Pariser Kaffeehäuser, Brasseries und Restaurants noch immer die Spiegelwände des Second Empire haben, in denen sich eine illusionistische Phantasiewelt auftut. Andererseits hat aber diese Gewichtsverlagerung des modischen Spiels auf die Frauen außerordentlich weitreichende Konsequenzen gehabt, indem sie im wesentlichen verantwortlich sind für den Aufbau eines bürgerlichen Wohnstils im 19. Jahrhundert. Teils lebt auch dieser von feudalistischen Erinnerungen: Man bedenke nur die billigen Scheußlichkeiten des industriell hergestellten Louis-XV-, Louis-XVI- oder Empire-Innenstils mit seinen dünnbeinigen steifen Stühlchen und den schwerfälligen Marmorcheminées. Daneben wurde aber gleichzeitig von der Frau die Grundlage für einen »intimen« Innenstil geschaffen, die moderne bürgerliche Wohnkultur des »Intérieur«, Dinge, die dem Kleinbürgertum des 17. und 18. Jahrhunderts unbekannt gewesen waren, während das vorhergehende städtische Patriziat zwar sehr ausgesprochene Stile geschaffen hatte, die aber doch nur für die Repräsentationsräume galten und nicht für die Intimität. Diese stellt vielmehr eine typische Entdeckung des 19. Jahrhunderts dar.

So kann man wohl sagen, daß der Entwicklung der modernen Familie mit ihrem starken Bedürfnis nach Intimität auch eine totale Veränderung des Wohnstils entspricht. Im Gegensatz zu den großen Hallen von früher zieht sich das Leben mehr und mehr in kleine Räume zurück, die auch eine immer differenziertere Ausstattung erlauben. Selbst die Hervorbringungen der Kunst passen sich diesem Interieurstil an, die Riesenstatuen und nur nach der Zahl der Quadratmeter meßbaren überdimensionierten Ölbilder der Vergangenheit verschwinden und werden durch kleinformatige Werke wie auch durch eine Fülle kleiner und kleinster Gegenstände der modernen Gebrauchskunst ersetzt (die Nippes, um den dafür allgemein akzeptierten französischen Ausdruck zu verwenden).

Die Mode ergreift die großen Massen

Trotz der unübersehbaren feudalistischen Allüren des Industriebürgertums aus der ersten Hälfte des 19. Jahrhunderts, die natürlich in gewissen Kreisen noch bis heute nachleben, hat der bisher letzte Stil der sozialen Ausbreitung der Mode, der auch unsere Gegenwart noch bestimmt, von hier seinen Ausgang genommen. Natürlich ist eine Reihe neuer Einflußmomente hinzugekommen (vor allem von seiten der Wirtschaft), aber im wesentlichen sind doch von den Frauen ganz außerordentliche Wirkungen ausgegangen, denen gleichzeitig die Entfaltung der egalitären Demokratien entgegenkam, in denen das alte Klassensystem langsam, aber sicher abgebaut wurde. Unangesehen aller politischen Forderungen konnte nämlich niemand die Frauen daran hindern, die immer neuen Moden der Oberklasse aufzunehmen, so daß sich die »Uniformierung« bei jedem einzelnen Modewechsel mit größter Beschleunigung herstellte. Darum mußte auch der modische Entfaltungsrhythmus immer schneller werden, bis er in der Tat im Jahreszyklus zu rotieren begann und nur in der großen Linie länger lebte als ein Jahr. Diesem Bedürfnis wurde gleichzeitig von der industriellen Ausgestaltung der Produktion von Kleidern durch das Mittel der Konfektion entgegengewirkt, wobei außerdem die sich schnell ausbreitenden Massengüter-Industrien die modische Gestaltung von immer mehr Gegenständen des täglichen Lebens erlaubten, die gleichzeitig auch einem kleinen Geldbeutel zugänglich wurden. So rückten allmählich die großen Massen hinein in die Dimension des modischen Konsums, der ihnen früher prinzipiell verschlossen gewesen war.

Die Möglichkeit, daß sich die Mode über so große Massen ausbreiten kann, liegt aber beschlossen in einer neuerlichen, sehr prinzipiellen Veränderung unseres ganzen sozialen Systems. Die alten Stände sind verschwunden, ebenso der Absolutismus; nach ihnen hat auch die bürgerliche Klassengesellschaft vom Beginn des 19. Jahrhunderts weichen müssen. Natürlich soll das nicht heißen, daß sämtliche Reste dieser alten Ordnungen verschwunden seien; vieles lebt davon in den verschiedensten Kreisen unserer Gesellschaft heute noch weiter. So können wir auch sagen, daß sämtliche bisher behandelten Triebfedern der Mode noch in Wirksamkeit sind, wozu dann noch eine Reihe anderer treten, die in der Vergangenheit teils vorgebildet, teils vollkommen neu sind (wie etwa die Massengüter-Industrien). Damit geschieht es dann, daß die Motivik in der Polyphonie der Mode immer reicher wird; dementsprechend wird es auch immer unmöglicher, das ungemein komplexe Phänomen der Mode auf nur eine einzige Wurzel zurückzuführen.

Es ist vor allem ein Zug der Gegenwartsgesellschaft, der einer bedeutend beschleunigten Entfaltung der Mode Vorschub leistet, nämlich der Zug, den man heute als »soziale Mobilität« bezeichnet. Soziale Mobilität bedeutet soviel wie Verflüssigung der Gesellschaft, die – befreit von allen ständischen und klassenmäßigen Schranken – innerlich wie äußerlich in eine außerordentliche Bewegung geraten ist. Es gibt heute — für den einzelnen wie für ganze Gruppen — kaum mehr schicksalhaft vorbestimmte Standorte in der Gesellschaft; sowohl in der Horizontalen verändern die Menschen dauernd ihre Stellung (Ausweitung des Verkehrs und auch der Verkehrsdisposition des Menschen) wie in der Vertikalen, indem ein unabgerissener sozialer Auf- und Abstieg im Leben des einzelnen wie der Generationen, für das Individuum wie für ganze Gruppen alle starren Stände und Klassenordnungen zerbrochen hat. Dazu kommt noch in der Dimension der Ideen das egalitäre Evangelium, die Grundlage jeder demokratischen Ordnung, das gleiche Chancen für jeden fordert. Das alles soll gewiß nicht heißen, daß damit alle Unterschiede zwischen den einzelnen verwischt würden, auch nicht, daß es kein Machtgefälle in den heutigen Gesellschaften mehr gäbe. Im Gegenteil: Mit der unglaublichen Entfaltung der Wirtschaft sind sogar ganz neuartige Machtpositionen eröffnet worden, die in der Vergangenheit nichts Vergleichbares haben. Aber alle diese Ordnungen haben ihren schicksalhaften Charakter verloren, wie allein der historische und soziale Aufstieg der Arbeiterschaftt im ganzen beweist. Aus dem Proletarier von 1850 ist heute ein selbstbewußtes und gleichberechtigtes Mitglied der Gesellschaft geworden, das in seinen Gewerkschaften sogar eigene Machtpositionen aufgebaut hat, die ebenfalls den alten Mächten gleichberechtigt gegenüberstehen. Und was die Verwischung der persönlichen Unterschiede betrifft, so muß gesagt werden, daß gerade die modische Bewegung mit ihrem Ineinanderspielen von sozialisierender Etikette und persönlichem Takt, von Uniformierung und individueller Abwandlung, Auszeichnungsmerkmale herbeischafft, mit deren Hilfe die Einzigartigkeit des Individuums unter Umständen sehr stark unterstrichen werden kann.

In der Tat sind die modernen Gesellschaften gegen

früher viel flüssiger geworden; dies tritt zugleich in einer Fülle von Erscheinungen zutage, die ebenfalls für die Gegenwart bezeichnend sind. Dazu gehört vor allem die Ausbildung der Großstadtkultur, in der die Verwischung aller Ränge wohl ihren Höhepunkt erreicht hat, gleichzeitig mit dem Auftreten der großstädtischen Massen. In diesem neuartigen Milieu geschieht es dann, daß unverhältnismäßig große Menschenmengen alle Neuigkeiten fast vom ersten Tage ihres Erscheinens ab öffentlich sehen, so daß die »Signalzeit«, die es braucht, damit eine Mode aufgenommen werden kann, denkbar herabgesetzt ist. Dies wird seinerseits durch einen Umstand unterstützt, dessen Bedeutung für die Mode und ihre Ausbreitung meist nicht erkannt wird: Wir meinen die ungeheure Ausbreitung des elektrischen Lichtes, das sowohl auf der Straße wie im Theater-, Konzert- oder Festsaal die Menschen einander regelmäßig in Sichtweite näherbringt, so daß sie in Stand gesetzt werden, die neuen Moden bis ins kleinste Detail genau zu sehen.

Einen wie wesentlichen Bestandteil das Licht im modernen Lebensstil darstellt, konnte man erkennen, als im letzten Kriege und teilweise im Nachkriege die öffentliche Beleuchtung eingeschränkt oder ganz abgestellt werden mußte. Dabei war dies vor der Erfindung der Gasbeleuchtung eigentlich das Normalbild aller Städte bei Nacht gewesen. Zugleich nehmen heute auch die Gelegenheiten immer mehr zu, an denen die Menschen in großen Scharen in relativer Muße des Abends zusammenkommen, nicht nur zu eigentlichen Festen, sondern bei einer Menge anderer Anlässe (und sei es nur ein Bummel über die Hauptstraße zum Window-Shopping, ein Gang ins Kino oder Kaffeehaus), nachdem mit der Verkürzung der Arbeitszeit die verschiedenen Freizeitbeschäftigungen eine viel größere Bedeutung angenommen haben als jemals vorher. Die Freizeit wird heute auch nicht mehr notwendig im Heim verbracht, da schnelle und billige Beförderungsmittel die Menschen bequem von der Peripherie der Städte ins Vergnügungszentrum bringen, wo sie wiederum die neuen Moden zu sehen bekommen, die sie auch kaufen können, nachdem sowohl der allgemeine Lebensstandard der großen Massen gestiegen wie die modischen Massenartikel billiger geworden sind. Das alles wird im übrigen darum von immer größerer Wirksamkeit, weil sowohl die unteren Mittelklassen, vor allem die verschiedenen Angestelltengruppen, wie die Arbeiter derart in ihrem Selbstbewußtsein und Selbstrespekt gewachsen sind, daß sie den modischen Lebensstil auch für sich als eine Selbstverständlichkeit beanspruchen. Dagegen melden sich nur immer häufiger gewisse Widerstände von seiten des alten Bürgertums, das sich natürlich unter diesen Umständen seiner Führungsfunktion beraubt sieht und dementsprechend sauer und ätzend reagiert gegen das modische Gebaren der großen Massen, ein Argument, das fast schon zum Ladenhüter einer bestimmten Form von Kulturkritik geworden ist.

Zu dieser Kenntnisnahme durch den Augenschein kommen dann noch das ausgebildete Pressewesen und die Illustrierten, Zeitschriften und Magazine, die alle der Mode eine große Aufmerksamkeit zu widmen pflegen, von den außerordentlich verbreiteten, spezialisierten Modejournalen gar nicht erst zu reden, ferner noch die neuen Massenkommunikationsmittel vom Film bis zum Fernsehen, durch die sich jeder einzelne zusätzlich orientieren kann, wie auch schon das allgemeine Unterrichtssystem in dieser Richtung wirken mag. Diese Wirkung des großstädtischen Milieus beschränkt sich aber keineswegs auf die Einwohner der Stadt oder der Metropole; vielmehr stehen die großen Städte weithin sichtbar im

Lichte der Öffentlichkeit, so daß eine faszinierende Wirkung von ihnen auch auf den Rest der Bevölkerung ausstrahlt. All dies hängt wiederum engstens mit der Entwicklung der Wirtschaft zusammen, so daß wir hier vor einem sehr eigenartigen Gesellschaftssystem stehen, in dem auch die soziale Ausbreitung der Mode eine neue Form annehmen muß.

Dies gilt allein schon darum, weil die Führungsfunktion bestimmter oberer Stände oder Klassen gegen früher viel schwächer geworden ist, so daß entsprechend auch die Anreize für die Auslösung des modischen Wettbewerbs an ganz anderen Orten gesucht werden müssen, und zwar — wie wir sehen werden — an vielen Orten gleichzeitig. Dies hat natürlich ganz bestimmte Konsequenzen, die für die Mode heute von entscheidender Bedeutung sind und die wir darum schon jetzt hervorheben müssen. Stand es früher mehr oder weniger eindeutig fest, nach wem man sich modisch zu richten hatte, so ist dies heute keineswegs mehr der Fall. So kommt ein unübersehbares Moment der Unsicherheit in die modische Gestaltung hinein, die nicht nur dem modischen Experimentieren Vorschub leistet, sondern darüber hinaus auch der modischen Spekulation. Da nämlich auch der Konsument von dem allgemeinen Wirbel der sozialen Mobilität mitgerissen ist, wird er in seinen Entscheidungen unsicher gemacht und ist allzu häufig ganz orientierungslos. Dies wirkt sich wiederum in einem noch beschleunigteren Modewechsel aus, auch in Übertreibungen, die für den maßvollen Betrachter schon beim ersten Auftreten einen ausgesprochen komischen Charakter haben (man denke etwa an die »Shimmy-Mode« nach dem Ersten Weltkrieg oder an den »Swing-Boy« nach dem Zweiten Weltkrieg). Überhaupt läßt sich sagen, daß diese Unsicherheit, aber auch die Bereitschaft zum schnellen und häufigen Modewechsel bei jenen Kreisen der Gesellschaft am ausgeprägtesten sein müssen, die auch die höchste Mobilität haben. Gewisse Gruppen der Gesellschaft waren schon von jeher außerordentlich mobil, dementsprechend blühte auch schon früh bei ihnen die Mode besonders phantastisch auf: Man führe sich nur die Zeit der Reisläufer und Landsknechte vor Augen. Ähnlich finden wir es heute, daß sich die höchste Phantastik, die allzu häufig auch reine Willkür ist, bei den mobilsten Teilen der Bevölkerung findet, zu denen zum Beispiel ganz allgemein die jüngeren Altersklassen zwischen zwanzig und dreißig Jahren zu rechnen sind. Diese Einstellung erreicht naturgemäß ihren Höhepunkt in den Großstädten, wobei sich wiederum die Frauen beweglicher als die Männer erweisen, insbesondere die jungen Frauen. Neuerdings sind aber auch die jungen Männer modisch aktiv geworden, wozu gleich mehr.

Abgesehen davon, daß all die Triebkräfte der Mode, von denen wir schon früher gesprochen haben, nach wie vor in Wirksamkeit sind, treten heute noch zusätzlich bestimmte »Prestige-Persönlichkeiten« und auch bestimmte Tätigkeiten in Erscheinung, die für das große Publikum einen faszinierenden Reiz haben. Der Prototyp einer solchen Prestigepersönlichkeit war etwa der Prince of Wales als König Edward VII. (1841–1910). Zu solchen Persönlichkeiten gehört ein gewisser Nimbus, der sich höchst paradoxerweise zusammensetzt aus einer Art von Verbundenheitsgefühl aus der Ferne, kombiniert mit jener geheimnisvollen Aura, die alle Ferne ausstrahlt. Im Grunde ist dies der gleiche Nimbus, der von Schauspielern, vor allem Filmschauspielern, von den Heroen des Sports und ähnlichen Gestalten ausgeht, die dementsprechend eine denkbar starke Wirkung auf die Mode ausüben, indem das Publikum mit allen Mitteln dem Geheimnis ihres Prestiges auf die Spur zu kommen sucht. Als einfachstes Mittel, dies zu erreichen, das übrigens noch dem Benützer eine Art von Auszeichnung verleiht, bietet sich die Mode. Ein junges Mädchen in den zwanziger Jahren, das eine Frisur à la Greta Garbo trug, wiegte sich bewußt oder unbewußt in der Illusion, den gleichen Reiz auszuüben wie jene. In den fünfziger Jahren übte Brigitte Bardot einen ähnlichen Einfluß aus. Das gilt aber auch für die harmlosesten Dinge des täglichen Gebrauchs: Wenn etwa eine Schauspielerin mit besonders schönem Teint beteuert, sie benutze nur eine bestimmte Seifenmarke oder ein besonderes Kosmetikum, so wirkt sich das aus dem gleichen Grund als Anreiz für starke modische Strömungen aus. Die Werbung aller Art macht reichlich Gebrauch von diesem Mittel.

Darüber hinaus ist aber für unsere Gegenwart bezeichnend, daß sie ihre Vorbilder keineswegs nur aus Kreisen relativ abgesonderter und »hochstehender« Personen nimmt, sondern eigentlich bereit ist, überall zuzugreifen, wo ihr etwas Neues geboten wird. In diesem Sinne sind auch Dinge Mode geworden, die aus dem einfachsten Alltagsmilieu herauswachsen: etwa der Pullover oder der Trainingsanzug des Sportlers, aus der Welt der Arbeit das Hemd mit angenähtem Kragen (das sogar zu einem Dauerbestandteil unserer Garderobe geworden ist) und ohne Krawatte, wie auch der Overall, die Blue jeans oder die Farmerhose. Es kann sogar geschehen, daß manche Kleidungsstücke dieser Art schon lange in gewissen Kreisen getragen worden sind, bevor sie modisch werden; dies gilt zum Beispiel vom »Lumberjack« (bekannt seit mehr als 100 Jahren) und vom »Buschhemd«. Die Blue jeans gaben dem amerikanischen Westen seit 1850 sein besonderes Gesicht, wobei sogar zunächst eine einzige Firma, »Levi Strauss«, führend war; so entstand der Reklameslogan: »The West grew up in Levis.«

Der weltweite Gebrauch der Blue jeans in den siebziger Jahren des 20. Jahrhunderts rechtfertigt wohl eine kurze Notiz über den Erfinder Levi Strauss, einem aus Bayern in den amerikanischen Westen eingewanderten jungen Juden auf der Suche nach seinem Glück. Er kam mit einer Rolle Segeltuch als seinem einzigen Vermögen, das er einem Zeltmacher verkaufen wollte. Als er aber erkannte, daß die Bergarbeiter in Kalifornien vor allem widerstandsfähige Hosen brauchten, ging er ins Hosengeschäft und eröffnete seine erste Firma in Sacramento; 1853 finden wir ihn bereits in San Francisco, zusammen mit zwei Brüdern als Kompagnons; er zieht mehrfach um, um sich zu vergrößern, und eröffnet 1870 schließlich auf der Battery Street ein großes Geschäft, das erst 1906 beim Erdbeben und Brand von San Francisco vernichtet wurde. Über die ganze Zeit hat sich die Form der Blue jeans nicht geändert, nur daß er das ursprüngliche Segeltuch durch Köper ersetzte, dem er die seither übliche blaue Farbe gab. Damals erfand er auch die Kupfernieten zur Verstärkung der Nähte, die er sich patentieren ließ. Seit 1930 begannen auch Frauen und Mädchen Blue jeans zu tragen, und heute sind sie vielleicht das einzige universale Kleidungsstück in der Welt, das von den Reichsten und den Ärmsten zugleich getragen wird. Wenn auch verschiedene neue Muster in den hundertzwanzig Jahren ihrer Existenz herausgebracht wurden, so hat sich doch die blaue Variante bis heute erfolgreich behauptet. Levi Strauss starb 1902 als Junggeselle und hinterließ das Geschäft seinen Neffen, deren Familien die Firma noch heute tragen.

Eine Eigentümlichkeit unserer Gegenwart ist auch die Tatsache, daß gelegentlich ganze Trachten oder Trachtenbestandteile aus unteren Schichten entlehnt und modisch ausgewertet werden (etwa das »Dirndlkleid«, aber auch die Baskenmütze). Dazu gehört noch der »Exotismus« in der

Mode, der seit dem Ende des 19. Jahrhunderts immer intensiver in Erscheinung tritt, obwohl er ursprünglich als das schlechthin Verdammenswerte angesprochen worden ist. In allen diesen Fällen sind es meist sehr äußerliche Einflüsse, welche die unberechenbaren Launen der Mode bestimmen, oder aber die Tatsache, daß eine Gruppe, welche diese Dinge trägt, aus irgendeinem Grunde ins Licht der Öffentlichkeit gerät (wie etwa nach Ausbruch des koreanischen Krieges die »Korea-Jacke«, später mit dem Krieg in Vietnam die ostindische Linie, mit der auch die Hosenanzüge zusammenhängen, dann noch der mehr politisch orientierte Mao-Look und die Che-Guevara-Linie). Da eine große Zahl von Menschen dauernd »auf dem Sprunge« und in der Erwartung des Neuen lebt, genügt unter Umständen der geringste Anreiz, um eine Veränderung des Verhaltens zu erreichen. Dazu treten dann noch gern besondere Gruppen, die wir als die »Pioniere« der Mode bezeichnen; diese sind dadurch charakterisiert, daß sie es nicht scheuen, sich sogar lächerlich zu machen, wenn sie nur der erstaunten oder verblüfften Umwelt etwas Neues oder Ausgefallenes »vortragen« können, wie ein Mannequin bei einer Modeschau die letzten Modelle vorführt. Wir heben nochmals hervor, daß auch hierin eine gewisse Unsicherheit zum Ausdruck kommt. Die Auszeichnung vor den anderen steht jetzt im Dienste der Selbstbestätigung der Persönlichkeit. So wird es uns nicht wundern, wenn wir unter diesen »Pionieren« oft bestimmte jugendliche Gruppen finden, wie etwa in jüngster Zeit die Adepten von Saint-Germain-des-Prés – oder die »Halbstarken«, Guaglioni, Beatnicks, Provos, Blousons noirs, Gammler, Hippies.

Damit und mit einer Fülle weiterer Beobachtungen, die hier anzuschließen wären, wird ein Prinzip, das in jüngster Zeit während und nach dem letzten Kriege in England viel diskutiert wurde, aufs äußerste in Frage gestellt. Wir denken an das sogenannte »Utility-Prinzip«, welches meint, daß Zweckmäßigkeit als solche modeschöpferisch werden könne oder wenigstens als Begleitursache wirke. Wir haben schon in unseren wenigen Bemerkungen über den Ursprung der Kleidung gesehen, wie wenig Zweckmäßigkeit hierbei wirksam war; und alle weiteren Betrachtungen konnten uns zeigen, daß die irrationalen Momente in der Mode stark überwiegen. Was ist nicht schon alles als besonders »zweckmäßig« angepriesen worden, das uns heute als der Gipfel des Unpraktischen erscheint. Was als zweckmäßig zu gelten hat, ist ebenfalls abhängig von der Meinung der Menschen, und diese wandelt sich immerfort. So haben auch die Engländer die Utility-Kleidung schnell wieder aufgegeben, nachdem ihnen das durch den fortschreitenden Abbau der Kriegswirtschaft ermöglicht worden war, und die sogenannten »Reformkleider« vom Beginn des Jahrhunderts sind für uns heute nur noch eine Scheußlichkeit mehr neben so vielen anderen. Selbst wenn es einen Kulturstil gibt, der sich selber als »Neue Sachlichkeit« bezeichnet, so ist dieser eben gleichfalls eine Modeangelegenheit, wie es die verschnörkelten Ornamente des »Jugendstils« waren, die heute eine Renaissance erleben.

Wichtiger als Überlegungen dieser Art scheint uns ein ausgesprochener Wandel in der heutigen Erotik, der insbesondere dem Auszeichnungsbedürfnis der Frau entgegenkommt. Nachdem die gegenseitige Anziehung der Geschlechter allgemein nicht mehr als etwas Verdammenswertes, sondern als die natürlichste Sache von der Welt angesehen wird, muß dieser Faktor eine starke Bedeutung für die modische Gestaltung im ganzen wie auch für die Varietät der Mode erhalten. Ob in der Ehe oder im Beruf, die Frau will heute immer reizvoll und immer neu erscheinen; die Mode wird dabei zu einem überwältigend starken Verbündeten, mit dem sie ihre Erscheinung und Gestalt jahraus, jahrein zu verwandeln weiß. Da zudem im »Prozeß der Zivilisation« die Erotik allgemein gebändigt wurde, kann und darf die Frau der erotischen Lockung viel unbefangener als jemals in der Geschichte nachgeben; denn auch das Spiel der Geschlechter ist von seiner rein sexuellen Wurzel abgelöst und der Ästhetik eröffnet worden, so daß erotische Lockung keine unmittelbare Gefährdung mehr bedeutet. Auch unter diesem Aspekt bewirkt das eigenartige modische Verhalten der Frau eine Entwicklungsbeschleunigung der Mode, und dies sogar in der größten Öffentlichkeit. Nur so ist es zu erklären, daß die Frau im Beruf es immer wieder abgelehnt hat, sich zu einer einheitlichen Berufskleidung zu bequemen; sie will auch im Beruf vor allem als Frau genommen werden und nicht als neutrale Größe. Und dafür werden alle Mittel benutzt, vor allem das Make-up, aus dem heute eine der mächtigsten Weltindustrien erwachsen ist, die kosmetische Industrie. Auch hier: Was früher das Vorrecht einiger weniger begüterter Frauen war, ist heute zum Alltagsbedürfnis der Frau überhaupt geworden. Da aber jeder Reiz in einer Zier begründet ist, erwächst von hier aus ein starker Impuls für die allgemeine ästhetische Ausgestaltung unseres Alltages, den viele andere Erscheinungen derart verdüstert haben, daß wir etwas Schönheit in den kleinen Dingen des Lebens sehr wohl gebrauchen können.

Von hier aus erfährt erwartungsgemäß die Kosmetik, deren biovitale Wurzeln wir schon früher erkannt haben, eine enorme Erweiterung. Sie wird nicht nur die stärkste Bundesgenossin der Mode, sondern geradezu ein zentrales Mittel der Sozialisierung. Zeigt sich schon im Bereich des animalischen Lebens, daß sich eine starke Ablehnung, ja geradezu Aggression der Artgenossen gegen ein Individuum richtet, dessen Äußeres aus irgendeinem Grunde von der üblichen Durchschnittsnorm abweicht, so finden wir ähnliches beim Menschen. Man muß nicht an den extremen Fall des Albinismus denken, sondern es genügt, an die Folgen der Rothaarigkeit zu erinnern, um zu verstehen, eine wie große Rolle die äußere Erscheinung des Menschen im Sozialisierungsprozeß spielen kann, was dann logischerweise die planmäßige Einwirkung auf das Äußere des Menschen zur Folge hat. So hat man hervorgehoben, daß die Person durch Entstellung ihres Äußeren in ihrer Kommunikation »blockiert« und isoliert wird. Angesichts der Tatsache, daß in den fortgeschrittenen Industriegesellschaften neben sachlichen (funktionalen) Fertigkeiten auch extrafunktionale, also z. B. soziale Fertigkeiten erwartet werden, muß die Therapie der menschlichen Entstellungen auch eine immer wachsende Bedeutung gewinnen, die sich unter anderem in der wissenschaftlichen Entwicklung der pharmakologischen Therapie des menschlichen Äußeren darstellt. Damit befreit sich die Kosmetik von der nur routinemäßig und traditionell gehandhabten Technik und wird zur »Phäniatrie« (Hans Freytag), wie man gesagt hat, mit deren Hilfe die »Phänomorbosität«, d. h. die Tatsache der Entstellung und ihrer verschiedenen sozialen Folgen, durch die Mittel der »Phäniatrika«, d. h. der Körperpflege überwunden wird. Es scheint uns nicht übertrieben, wenn Freytag in diesem Zusammenhang den Ausdruck der »Rehabilitation« verwendet. Das Problem liegt aber heute darin, daß Kosmetik für die großen Massen eine Wirklichkeit geworden ist, wobei sich zunehmend auch die Männer ihrer bedienen, die anfänglich vor allem den Frauen vorbehalten war.

Es ist wohl auch bezeichnend, daß kosmetische Operationen heute mehr und mehr von den Krankenkassen als ebenso notwendig wie psychiatrische oder psychotherapeutische Behandlung angesehen werden, nachdem man erfahren hat, ein wie starkes Handikap das Äußere eines Menschen bedeuten kann, das sich nicht nur im Kommunikationsmangel, sondern letztlich sogar in einer daraus resultierenden Beeinträchtigung der gesamten sozialen Existenz, also in eigentlicher Invalidität kundtut. So erweist sich, um ein beliebtes Argument der ewigen Kulturkritiker aufzugreifen, die Entfaltung der kosmetischen Industrie nicht als ein Mittel der »Manipulation des Menschen«, sondern genau umgekehrt als die Eröffnung eines Weges zur Befreiung der Person, der heute für alle zugänglich ist und nicht mehr nur für eine kleine Schicht von Privilegierten. So wies jüngstens W. E. J. Schneidrzik darauf hin, daß Menschen, die nach einer kosmetischen Operation verlangen, häufig an schweren Neurosen leiden. Man hat auch festgestellt, daß viele Zuchthäusler an entstellenden Körperfehlern leiden; werden diese operativ korrigiert, so sinkt die Quote der Rückfälligkeit. Das Ganze erweist sich also als Ursache einer echten »Organneurose« (H. Meng).

Nachdem die Erforschung der sozialen Vorurteile aller Art und der ihr folgenden Diskriminierung einzelner Menschen und ganzer Gruppen gezeigt hat, wie bedeutend als Auslöser selbst Kleinigkeiten der äußeren Erscheinung sind, dürfte die Beschäftigung mit diesen Problemen nicht leichthin behandelt werden. Denn von der Zurückstellung eines Menschen wegen seines schlechten Teints bis zur Diskriminierung wegen der Hautfarbe ist nur ein kleiner Schritt. Wenn es auch nicht möglich sein wird, die Hautfarbe aller Menschen einander anzugleichen, so sollte man sich Gedanken darüber machen, wie stark die gesamte soziale Existenz eines Menschen durch sein Äußeres beeinträchtigt werden kann.

Die soziale Ausbreitung der Mode in der Gegenwart

Erst nachdem diese Voraussetzungen erkannt sind, wird die Art begreiflich, wie sich heute die Mode sozial ausbreitet. Sie nimmt in der Tat ihre Anregungen von allen Seiten zugleich. Dementsprechend wird es auch immer schwieriger, dem Entstehen auch nur einer einzigen Mode genauer nachzugehen; denn die Zahl der Imponderabilien kann gelegentlich fast unübersehbar werden. Immerhin lassen sich ein paar prinzipielle Gesichtspunkte aussprechen, die wir an die Spitze dieser abschließenden Betrachtungen stellen wollen.

Zunächst sind die Frauen aller Wohlstandsschichten (mit Ausnahme der rein bäuerlichen Bevölkerung) ansprechbarer auf modische Neuerungen im großen und kleinen. Dazu kommt, daß die jüngeren Altersklassen von etwa zwanzig bis dreißig Jahren leichter auf die Mode ansprechen als die älteren. Allerdings muß man vorsichtig sein beim Aussprechen dieses Satzes; denn die Älteren waren, als sie noch zehn, zwanzig, dreißig Jahre jünger waren, ebenfalls ansprechbar für die Mode. Aber ihre damalige wandelbare Einstellung hat sich von einem gewissen Augenblick zu einer Dauerhaltung, zu einer Gewohnheit verfestigt. Man kann also nicht im strengen Sinne sagen, daß sie in keiner Hinsicht modeanfällig seien, sie sind nur in den Moden von vorgestern oder gestern stehengeblieben, haben feste Gewohnheiten entwickelt und sind darum nur noch bereit, ihre Haltung in Einzelheiten zu ändern und in ganz kleinen, vorsichtigen Schritten der modischen Entwicklung mit einem gewissen Abstand zu folgen. Wenn wir eine beliebige Bevölkerung in drei Altersklassen aufteilen (von zwanzig bis dreißig Jahren, von dreißig bis fünfzig und von einundfünfzig und darüber) und zugleich mit Bezug auf irgendeinen modischen Artikel ihre Einstellung nachprüfen, so werden wir deutlich erkennen, wie die Mode von heute in der ersten Schicht lebendig ist, die von gestern in der zweiten und die von vorgestern schließlich in der dritten. Natürlich heißt dies wiederum nicht, daß die Älteren überhaupt nicht mehr ansprechbar für die Mode wären; sie nehmen nur langsamer auf als die anderen und dann in einer viel geringeren Beteiligung sowie in weniger Hinsichten, da bei vielen die Konsumgewohnheiten schon definitiv erstarrt sind. So zeigt sich auch, wenn wir die Ausbreitung einer Mode verfolgen, daß zuerst die Jüngeren und unter ihnen wiederum die Frauen und vor allem die jungen Mädchen das Neue am schnellsten und mit überwältigender Majorität annehmen. An zweiter Stelle folgt die nächstältere Schicht mit einem geringeren Prozentsatz, am Schluß nach einer ziemlichen Weile die älteste Schicht mit einer meist sehr kleinen Beteiligung.

Damit sind aber die einigermaßen eindeutigen Ausbreitungsgesetze der Mode keineswegs erschöpft. Wir müssen noch die wirtschaftliche Stellung und die Scheidung der Bevölkerung nach Stadt und Land in Verbindung mit den obigen Merkmalen berücksichtigen. In dieser Hinsicht ist es ungemein aufschlußreich, zu sehen, daß Wohlstand allein heute in keiner Weise mehr über die modische Anfälligkeit entscheidet. Hier hat sich in der Tat ein fundamentaler Wandel im Verhältnis zum 19. Jahrhundert vollzogen, wie wir auch schon gesehen haben, daß die »Reichen« im Gegensatz zu den alten Ständen und Aristokratien keine geschlossene Gruppe mehr bilden. Am Anfang des 19. Jahrhunderts konnten sich die Spitzenreiter der neuen Industriewirtschaft im Überschwange ihrer neu errungenen politischen, wirtschaftlichen und sozialen Position noch in der Illusion wiegen, daß sie im Gesamtgebäude der Gesellschaft an jene Stelle gerückt waren, die vorher die Aristokratie des Ancien Régime innegehabt hatte. Die nachfolgende Entwicklung zerstörte aber diese Illusion sehr gründlich, was natürlich nicht besagen soll, daß sich einzelne Personen dieser Kategorie noch heute so benehmen, »als ob« sie eine solche Aristokratie bildeten. Dazu gehören auch eine Reihe exotischer Prinzen und Fürsten, die sich auf Grund der Zurückgebliebenheit ihrer Länder noch heute ein solches Auftreten leisten können. Aber sie bilden eine verschwindende Minorität, selbst wenn gewisse illustrierte Zeitschriften breit und umständlich von ihren Verdiensten und Taten reden, die gar keine sind. Sie spielen im Grunde mit einiger Verspätung die gleiche Rolle wie gewisse russische Großfürsten vor hundert Jahren, die in Baden-Baden oder in Monte Carlo allnächtlich ein Vermögen verspielten. Sie sind auffällig, gewiß; eine Bedeutung haben sie aber kaum mehr für die Mode, von allem übrigen zu schweigen. Daneben bleiben noch ein paar Persönlichkeiten, von denen auf Grund ihrer Stellung ein echtes modeschaffendes Prestige ausstrahlt; aber auch diese Persönlichkeiten sind in den obersten Wohlstandsschichten selten geworden. Nach dem Worte eines entthronten orientalischen Potentaten könnte man versucht sein, zu sagen, daß der Tag nicht mehr fern ist, an dem einzig noch der König von England ein solches Prestige ausstrahlt, vorausgesetzt, daß er bis dahin noch über die Mittel verfügen sollte, zur obersten Wohlstandsschicht gerechnet werden zu können.

Hier hat sich in der Tat ein grundlegender Wandel vollzogen: Die obersten Wohlstandsschichten sind nur noch sehr teilweise in modischer Führungsfunktion lebendig; diese Leistung ist vielmehr ganz eindeutig an die mittelhohen und mittleren Einkommensschichten übergegangen, die auch für die Wirtschaft viel interessanter sind. Deutlich kann man dies etwa an der Entwicklung des Automobilismus erkennen: Der außerordentlich teure Rolls-Royce-Wagen ist in seinem Äußeren seit Jahrzehnten fast unverändert gleichgeblieben; eine starke modische Beweglichkeit weisen dagegen die mittelteuren Wagen der Serienproduktion auf. Man könnte vielleicht sogar die Aussage wagen, daß die obersten Wohlstandsschichten eher eine Tendenz zur Unauffälligkeit haben, die sich auch – bei Männern wie bei Frauen – in einem betonten modischen Konservatismus bewegt. Es mag auch ein Bedürfnis dabei mitwirken, sich vor der großen Öffentlichkeit zu verbergen. Umgekehrt sind die mittleren Gruppen heute modisch besonders ansprechbar, wobei hervorzuheben ist, daß diese Beweglichkeit bei den Frauen bis in die untersten Einkommensschichten anhält, wie ein einziger Blick nach Geschäftsschluß über die Kaufzentren der Großstädte beweist. Dort wird die neue Mode meist sehr kurz nach ihrem Auftreten unverzüglich auch von dem wirtschaftlich meist denkbar schwach gestellten weiblichen Personal der großen Geschäftshäuser aufgenommen. Somit kann man heute nicht mehr sagen, daß die neue Mode langsam von den obersten Wohlstandsschichten nach unten über immer größere Teile der Gesellschaft absinke. Vielmehr beginnt sie in den mittleren Schichten (wobei höchstens die oberen Mittelschichten eine gewisse Führung übernehmen) und breitet sich von da gleichzeitig sowohl nach oben wie nach unten aus. Dabei beweisen die unteren Einkommensschichten der weiblichen Bevölkerung in den jüngeren Altersklassen eine wesentlich höhere Beweglichkeit und Anpassungsfähigkeit als die entsprechenden Vertreterinnen der obersten Wohlstandsklassen.

Schließlich wirkt sich im gleichen Sinne modefördernd auch das Gesamtmilieu aus, vor allem die Großstadt. Allgemein ist der Großstädter schon nach Neuem begierig; das erscheint genauso in seinem modischen Gebaren. So finden wir heute regelmäßig eine Ausbreitung der Mode aus der Metropole über die Groß- zur Mittel- und schließlich zur Kleinstadt und zum Lande (sofern dieses überhaupt modische Anregungen zur »rechten« Zeit akzeptiert und nicht mit so großer Verspätung, daß sie der Zeitgenosse überhaupt nicht mehr als Mode wahrnimmt). Unter den Großstädten und ausgesprochenen Metropolen sind es dann wieder ganz bestimmte, welche diese Führungsfunktion in allerhöchstem Maße leisten, so etwa Paris. Wir möchten darauf hinweisen, daß die Führungsfunktion von Paris nicht gerade darauf zurückgeht, daß es in besonderer Weise »modern« wäre, das heißt dem Gegenwartsgeist erschlossen; Frankreichs Uhren gehen wirklich anders. Vielmehr wirkt sich hier noch am intensivsten jener Geist der überlebenden Aristokratie und des quasi-feudalistischen Bürgertums aus, das für den Anfang des 19. Jahrhunderts so bezeichnend war. So führen sich denn auch die Vertreter der Haute Couture in Paris nur zu oft wie feudale Potentaten der Mode auf, was natürlich in gewissen Kreisen niemals seine Wirkung verfehlen wird. Andererseits ist dies Prestige von Paris doch außerordentlich hartnäckig, so daß es sich ziemlich unangefochten hat erhalten können, selbst nachdem andere Städte mehr oder weniger lange in modischen Dingen aktiv geworden waren: wie etwa Wien, Rom und New York. Dies Prestige von Paris läuft letztlich bis auf das Zeitalter Ludwigs XIV. zurück; dazu gesellt sich noch der

Umstand, daß sich mit der Zeit zahllose modische Zubringerindustrien in Paris konzentriert und allmählich eine fast institutionelle Beharrungskraft gewonnen haben.

Trotz dieser überwältigenden Beschleunigung der modischen Entwicklung erleben wir es aber immer wieder, daß aus Moden, ja gelegentlich sogar aus betonten Modetorheiten, plötzlich ausgesprochene Dauergewohnheiten entstehen. Nehmen wir nur drei Beispiele: der Halbschuh, die Armbanduhr und der Füllfederhalter, der nach dem Zweiten Weltkrieg vom Kugelschreiber abgelöst wurde. Als Gebrauchsgüter gehören sie heute zum festen Inventar unseres Alltags; die Mode wandelt also nicht mehr den Gebrauch als solchen, sondern nur noch die Darbietungsform. Das gleiche gilt von einer Fülle belangloser Dinge, etwa von Kreuzworträtseln, Astrologie und Horoskopen, ja selbst vom Ping-Pong-Spiel, während sich das Jo-Jo-Spiel nicht hat halten können und der Jugend von heute wohl nicht mehr bekannt ist. Auch teure Gebrauchsgüter können sehr wohl als Mode beginnen und dann allmählich in den Rahmen des »Komforts« eingeordnet werden, so daß man sich ein Leben ohne sie nicht mehr vorstellen kann. Wir nennen nur drei Beispiele: das Automobil, die Waschmaschine und den Kühlschrank!

Jenseits dieser Problematik bleibt uns jetzt nur noch die Kurve der sozialen Ausbreitung einer Mode zu betrachten, wobei noch einige wichtige Punkte zum Vorschein kommen werden, die das Bild der Mode in der Gegenwart abzurunden vermögen. Zu Beginn einer neuen modischen Entwicklung läßt sich regelmäßig ein ausgesprochenes Zögern feststellen; diese Periode kann mehr oder weniger lang sein: Man will mit der Mode zwar Schritt halten, aber doch nicht zu früh sein. So bleiben also regelmäßig die Pioniere allein, und sei es auch nur für ein paar Wochen. Nach dieser Zögerzeit steigt indessen die Welle der modischen Ausbreitung regelmäßig und mit wachsender Beschleunigung auf ihren Höhepunkt und stürzt danach sehr schnell wieder ab. Das ist gewissermaßen das Normalbild der Entwicklung. Genau aber wie das Entstehen einer Mode häufig aus ganz zufälligen äußeren Einflüssen erfolgt, kann auch diese Entwicklungskurve aus ebenso zufälligen Gründen auf halbem Wege abgebrochen werden. Dazu gehören nicht nur ausgesprochen modische »Fehlgeburten« oder Fehlspekulationen, die vom Publikum einfach nicht akzeptiert werden, sondern auch ganz unberechenbare äußere Ereignisse wie etwa ein plötzlicher Wetterwechsel am Ende des Sommers oder ein Krieg. Dies Problem der vorzeitig abgebrochenen Moden ist übrigens bis heute noch wenig untersucht worden (die wichtigste Ausnahme bildet der Amerikaner Paul Nyström). Von der Wirtschaft aus gesehen bieten sich hier mehrfache Auswege: etwa die Umdisposition von der Großstadt auf das Land oder auch in einen anderen Erdteil, wo der Sommer erst im Kommen ist. Es gibt aber noch die Möglichkeit, daß zum Beispiel eine Mode eine schlechte Saison überlebt und zu Beginn der nächsten entsprechenden Jahreszeit sofort ohne Anlauf im Fortissimo einsetzt. Dann erscheinen beim ersten schönen Sommertag plötzlich buchstäblich alle Frauen in der gleichen Aufmachung. Wir haben in diesem Falle mit der *latenten Fortwirkung der Mode* zu rechnen, und die große Frage ist, ob man dies vorher erkennen könne, damit die Wirtschaft richtig disponieren kann. Wir heben wenigstens ein Symptom hervor: Wenn etwa kurz vor Herbstbeginn noch leichte Sommerstoffe oder am Ende des Winters noch Pelze gekauft werden, so läßt das vermuten, daß die gleichen Dessins und Modelle noch am Anfang der nächsten entsprechenden Saison gekauft und getragen werden – falls nicht andere unvoraussehbare Ereignisse eintreten.

Von hier aus kam der eben genannte Nyström zu einer sehr bedeutenden Unterscheidung, die uns für das Verständnis der sozialen Ausbreitung einer Mode nicht unwesentlich erscheint. Der Konsumkauf eines modischen Artikels und der effektive Gebrauch dieses Artikels laufen nämlich nicht auf einer Linie, indem regelmäßig eine Mode länger getragen als gekauft wird. Wenn also am Ende einer Saison noch gekauft wird, so kann man daraus mit Sicherheit schließen, daß die Mode später noch getragen werden wird. Am Anfang einer Mode steigen also der Kauf und der Gebrauch ganz gleichmäßig an; auf dem Höhepunkt der Mode bricht dagegen der Kauf meist ruckartig ab, während die Gebrauchskurve viel langsamer absinkt. Dies Beharrungsvermögen des Gebrauchs wird ganz einfach durch die Notwendigkeit bestimmt, die Sachen »auftragen« zu müssen. Umgekehrt muß auch von der Produktionsseite her darauf geachtet werden, daß modisch besonders anfällige Dinge aus nicht zu gutem Material hergestellt werden, um mit dem schnellen Verschleiß der neuen Mode den Weg zu erleichtern. Wäre das Material zu gut, so würde sich die alte Mode als Hemmnis für die neue auswirken. Dies Problem ist übrigens in der Vergangenheit häufig insofern mißverstanden worden, als man daraus eine ganz allgemeine »Minderwertigkeit« modischer Gebrauchsgegenstände ableiten wollte. Gewiß ist die Haltbarkeit der Stoffe, insbesondere für Frauenkleider, die einem schnellen modischen Wechsel unterliegen, geringer als etwa die der Männerstoffe. Da sich aber der modische Wettbewerb so außerordentlich intensiviert hat, mußte sich die Qualität von der Haltbarkeit etwa auf die Farbe, den Druck und überhaupt die Originalität des Dessins »verschieben«, für die denn auch ein großes Maß an Nachdenken, Experimentieren und Erfindung völlig *neuer Veredelungsverfahren* aufgewendet wird. Bei anderen Bestandteilen der Frauengarderobe, die weniger modeanfällig sind, wie etwa beim Tailleur, liegt dagegen die Qualität noch immer bei der eigentlichen Haltbarkeit.

Die Kurve der sozialen Ausbreitung der Mode läßt sich aber noch in einer anderen Hinsicht feiner analysieren. Wenn wir diese Kurve rein statistisch betrachten, erfahren wir nämlich nur etwas über die Gesamtentwicklung (den »Trend«), nicht aber über die Individuen, die diese Welle aufbauen, und über ihr Verhalten. Dies kann aber mindestens in einer Hinsicht eine besondere Form annehmen, indem keinerlei Notwendigkeit dafür besteht, daß die effektiven Träger einen Modezyklus von Anfang bis zum Ende durchhalten. Vielmehr finden wir eine ganze Reihe von Personen, die von einer gegebenen Mode wieder abspringen, selbst bevor diese ihren Höhepunkt erreicht hat. Dies geschieht wiederum im Sinne des Wettbewerbs und der Distanzierung von den anderen, wobei diese Neugierigen dann entweder schon zu neuen Moden übergehen, falls solche bereits da sind, oder in der Zwischenzeit modisch experimentieren. In solchen Momenten tauchen dann gern die sogenannten »fads« auf, also kleine modische Varianten von teilweise äußerst geringer Lebensdauer.

Dies Verhalten läßt sich nur zu leicht verstehen, wenn man bedenkt, mit welcher unheimlichen Geschwindigkeit sich eine Mode auf ihrem Höhepunkt ausbreitet. Diese Geschwindigkeit wird übrigens nicht nur durch den unmittelbaren Kauf bedingt, sondern zusätzlich noch dadurch, daß die Abspringenden häufig die Dinge verschenken, die sie eventuell avantgardistisch vor ein paar Monaten noch den anderen vorgetragen haben. Zur Zeit der »Saisonausverkäufe« feiert dann die Uniformierung regelmäßig wahre Orgien, womit aber gleichzeitig all die Impulse ausgelöst werden, die dem Neuen den

Weg bereiten helfen, während die anderen die Sachen auftragen. So muß sich also regelmäßig jede Mode selbst »überleben«, sei es nun, daß sie zu einem Dauerbestandteil des Alltags werde oder daß sie nur bei weniger begüterten Kreisen eine Art von posthumer Nachexistenz friste.

Besonders aufschlußreich ist in dieser Hinsicht der Wandel, der mit der Einrichtung des »Ausverkaufs« vor sich gegangen ist. Während dieser früher im wesentlichen »Räumungs-Ausverkauf« war, bei dem die »Ladenhüter« zu beträchtlich herabgesetzten Preisen abgestoßen wurden, also das nicht mehr Moderne, liegt die Sache heute völlig anders. Den Ausverkäufen kommt nämlich ganz im Gegenteil insofern eine spezielle Bedeutung für die Ausbreitung der Mode zu, als eigens dafür produzierte und angeschaffte Waren zu billigsten Preisen angeboten werden, welche die neue Mode definitiv popularisieren helfen. Der durchschnittliche Kunde lehnt es heute durchaus ab, die nicht mehr moderne Ware aufzunehmen, nicht einmal zu sogenannten Schleuderpreisen. Dies ist wiederum ein Ausdruck dafür, daß gerade die großen Massen ein modisches Bedürfnis haben, dem sie bei den Ausverkäufen nachgehen können. Da die Ausverkäufe aber unmittelbar die großen Publikumsscharen erfassen, kommt mit ihnen auch der Überdruß an der neuen Mode in gefährlichste Nähe. Während man nun früher die Restbestände in der düstersten Provinz oder auf dem Lande absetzen konnte, ist dies unter den geschilderten Voraussetzungen auch nur noch in beschränktem Maße der Fall, da Illustrierte und Modemagazine, der Film und das Fernsehen die Kenntnis des Neuen überall hinbringen. Vor allem gilt dies für die Gruppe der jungen Mädchen und jungen Frauen, von denen bereits gesprochen wurde. So kann man bestenfalls damit rechnen, die Restbestände bei der älteren Generation abzusetzen, die regelmäßig in ihrem modischen Gehaben hinter den Jungen herhinkt. Zu all den genannten Faktoren, welche die soziale Ausbreitung der Mode bestimmen, kommen noch eine Reihe anderer teils beschleunigender, teils hemmender Natur hinzu, zum Beispiel von seiten der Wirtschaft. Dazu gehört neben der allgemeinen Verkehrserschließung und der Publizität der Mode durch zahlreiche Modezeitschriften bis zu den Schnittmustern, denen durch die zu einem eigenen Beruf gewordene Werbung heftig nachgeholfen wird, vor allem das Auftreten billiger Massengüter-Industrien auf allen Gebieten. Diese selbst konnten sich aber erst entfalten nach der Erfindung der »Standardisierung« in der Produktion, mit der die »Konfektionierung« in der Bekleidungsindustrie in Erscheinung trat, welche die teure Einzelfertigung verdrängte und damit die modischen Neuheiten zu einem vernünftigen Preis immer größeren Bevölkerungsschichten anbieten konnte. Es ist ungemein bezeichnend zu sehen, daß sich heute nicht mehr nur die Haute Couture der Modenschau als Mittel der Werbung bedient, sondern auch die höhere Konfektion. Damit wird wiederum bezeugt, daß die modische Gestaltung keineswegs zu minderwertigen Produkten führen muß, sondern daß die heutige Konfektion einen Qualitätsstand erreicht hat, der sich buchstäblich genommen »sehen lassen« kann. Während ursprünglich die Konfektionierung nur für billige Kleider galt (etwa Arbeits- und Arbeiterkleider), wobei auch die massenhafte Herstellung von Uniformen für Polizei und Armee einen gewissen Einfluß hatte, ist sie mit der Zeit zunehmend in der Leistung aufgestiegen, bis sie das Niveau erreichte, das sie gegenwärtig auszeichnet.

Dieser Prozeß ist bei weitem noch nicht abgeschlossen, sondern läuft in unserer Gegenwart noch immer weiter. Um sich das klarzumachen, bedenke man nur, daß etwa bei

Schuhen – wohl eines der ersten Objekte ausgesprochener Massenfertigung – ursprünglich (wie heute noch im Orient) zwischen rechtem und linkem Schuh nicht unterschieden wurde. Der Käufer mußte die Schuhe selber eintreten. Man vergleiche damit das heutige Sortiment mit seinen enormen Varietäten; selbst orthopädische Schuhe werden bereits von spezialisierten Firmen in Massenfertigung hergestellt. Das sollte nur ein Beispiel sein, dem man aus der großen Menge der alltäglichen Konsumgüter viele andere zur Seite stellen könnte.

Alte Techniken produzieren neue Moden

Überhaupt muß man sich darüber klar sein, daß die Mode in ihrem Drange nach Selbstentfaltung nicht nur den ganzen Menschen ergreift, sondern auch alle verfügbaren technischen Mittel, wenn sie nur besonders ästhetische Effekte erlauben. Dazu kommt noch, wie eben angedeutet, die Chance der Massenfertigung, so daß im Grunde nicht nur die Auszeichnungsfunktion einer Farbe, eines Musters, eines Dessins, einer Textur, sondern gleichzeitig die sozialen Ausbreitungsmöglichkeiten einer Mode davon beeinflußt werden.

Seit die Menschheit besteht, hat sie dementsprechend viel mehr Aufwand mit der Erfindung von Verfahrensweisen, Techniken und Maschinen zur Herstellung und Bearbeitung von Dingen, die den Körper schmücken, als zur Stillung unmittelbarer Bedürfnisse getrieben. Wenn der Mensch allerdings Fasern und Haare benutzte, um Garn zu spinnen, und daraus weiter Stoffe und Flechtwerke herstellte, so war zunächst der wirtschaftliche Aufwand dabei relativ gering, wie auch die ursprünglichen Menschengruppen klein waren. Das ändert sich erst mit den alten Hochkulturen, die größere Menschenmengen als jemals vorher vereinigten, und hat sich seither immer mehr akzentuiert, bis in die Zeit der Massendemokratien und der Massenfertigung hinein. Mit der Entwicklung der *Seidenindustrie* kam es sogar zu einem ersten großen Wirtschaftskampf zwischen China und dem Rest der Welt. Seit dem 3. Jahrhundert v. Chr. etwa hatte China eine ausgesprochene Monopolstellung für Seide und produzierte beachtliche Mengen von Seidengeweben für den Handel, die auf den »Seidenstraßen« von Osten nach Westen reisten. Später gelangt die Kenntnis der Seidenraupenzucht nach Byzanz, dann nach Spanien und Italien (zwischen 1000 und 1200). Seit dem Mittelalter finden wir wachsende Produktionsziffern für Seidengewebe auch in Europa, die bis heute immer neue modische Verwandlungen erfahren haben; sie konnten auch durch die *Kunstfasern* nicht verdrängt werden, die seit dem Ende des 19. Jahrhunderts ihren unvergleichlichen Siegeszug antraten und bald eigene modische Neuerungen anbahnten, unter ihnen die bedeutendste von allen: den Damenstrumpf.

Zum Spinnen gesellt sich bald das *Weben,* wobei auch hier zunächst die Einzelfertigung im Haushalt überwiegt. Es ist aber erstaunlich zu sehen, wie früh schon die maschinelle Fertigung einsetzt. Der Webstuhl in verschiedenen Formen ist uralt, er findet sich schon im alten Ägypten um 2000 v. Chr. Natürlich wird er ursprünglich von Hand betrieben. Aber mit Beginn des 18. Jahrhunderts entsteht der mechanische Webstuhl, dessen sich bald die Dampfmaschine bemächtigt. Es ist interessant dabei, daß sich ausgerechnet hier zuerst die automatische Steuerungstechnik einer Maschine anbahnt; so lief seit etwa 1816 der mechanische Webstuhl von Jacquard mit einer Art von Lochkartensteuerung, welche die Automation vorbereitete. Dies geschah zudem in einer Zeit, da die Gewebearten schon außerordentlich differenziert waren, so daß sehr bald die höchsten Ansprüche an die neuen Maschinen gestellt wurden. Aber wir wollen hier nicht wiederholen, was man in jeder Textilgeschichte besser nachlesen kann, sondern einzig zeigen, wie aus alten Techniken neue Moden entstehen, wie durch die Wandlung des modernen Lebensstils bereits altbekannte Techniken auf völlig neuartige Verwendungsformen umgepolt werden und damit einen beachtlichen Funktionswandel erleben.

So finden wir neben der Webetechnik seit dem 13. Jahrhundert die *Strickerei,* die natürlich ebenfalls zunächst von Hand besorgt wurde. Damit entstand aber ein Gewebe, das — wie gezeigt werden soll — in unserer Gegenwartsmode eine neue und weltweite Verbreitung erleben sollte, die aus ihm für gewisse Lebensbereiche gewissermaßen das Schlüsselprodukt für zahllose Kreationen macht. Die technischen Mittel der alten Weberei erfordern ein straffes Anziehen der Fäden und bedingen dadurch die Bildung von Stoffen mit geringer Elastizität. Da nun beim Stricken und Wirken die Fadenverbindung grundsätzlich anders ist als beim Weben, sind die daraus entstehenden Stoffe außerordentlich dehnbar und dazu porös. Sie passen sich den Körperformen besonders gut an und erleichtern auch das Atmen der Haut, das den modernen Hygienikern so wichtig erschien, daß das Tragen von Maschenware einmal eine kleine Revolution auslöste, als *Prof. Jägers Normalwäsche* ihren sensationellen Erfolg errang, der in der porösen Unterwäsche von heute noch weiterlebt und gewissermaßen eine der Dauererrungenschaften der modernen Zivilisation geworden ist. Europäischen und amerikanischen Arbeitern ist diese Wäsche derart selbstverständlich geworden, daß sie nach der Arbeit und im Hause ohne weiteres im Unterhemd bleiben, das also für die »kleinere« Geselligkeit durchaus akzeptabel ist und zeitweise in gewisser Weise sogar eine Art von beruflicher Symbolfunktion für den Arbeiter im Gegensatz zum Angestellten aller Kategorien hatte.

Ungleich wichtiger als die Porosität dieser Gewebe ist aber ihre Eigenschaft, sich den Körperformen plastisch anzupassen. Im Augenblick, da mit der Betonung der natürlichen Körperformen, zum Beispiel der weiblichen Brust, neue ästhetische Reize verbunden wurden, mußte diese alte Gewebetechnik einen neuen, glanzvollen Aufstieg erleben.

Vor der weiblichen Büste stehen aber die Waden des Mannes. Das entscheidet über die ganze erste Entwicklungsperiode der Maschenmode, die einwandfrei seit dem 13. Jahrhundert nachgewiesen ist. Dazu kam noch, daß viel früher noch als für die anderen Gewebe schon 1589 eine Strickmaschine von William Lee erfunden wurde, die schnell mehrere Verbesserungen erfuhr und erstaunliche Leistungen vollbrachte. Diese Maschine ist verantwortlich für die erste weltweite Verbreitung der Maschenmode. Allerdings hatte sie damals eine Funktion, die durch die Gesamtlinie der Mode diktiert und in Schranken gehalten war. Die Maschenartikel kamen nicht für sich allein, sondern meist nur im Zusammenhang mit dem allgemeinen Bekleidungsstil zur Geltung, in der einfachsten Weise als Strümpfe für Männer und Frauen, dann als Kniestrümpfe (mit Bundhosen) und schließlich auch als Strumpfhose vor allem für Männer. Die Strumpfhose hob auch gern das Geschlechtsglied des Mannes besonders hervor, das in einem eigenen Sack deutlich sichtbar und übertrieben vergrößert getragen wurde, und zugleich seine Waden. Auch diese müssen eine Art von geschlechtlicher Prunkfunktion gehabt haben, wie der weitreichende Gebrauch falscher Waden beweist, die wohl genau die gleiche Bedeutung damals hatten wie ausladende Büstenhalter und falsche Busen (falsies) heute bei der weiblichen Jugend. Es ist interessant zu vermerken, daß eine weibliche Strumpfhose (außer ihrer professionellen Verwendung bei Tennisspielerinnen und Balletteusen) erst in unseren Tagen zu allgemeiner Bedeutung gekommen ist, seit der kürzere Rock und besonders der »Minirock« ein unmittelbares Bedürfnis dafür geschaffen haben.

Nach ihrer ersten Blüte in der Männermode fiel aber die Maschenmode zunächst eine Zeitlang in Vergessenheit, nachdem die langen Hosen der demokratischen Industriekultur die aristokratischen Bundhosen verdrängt hatten und den Strumpf auf die mindere Existenzform der Socke reduziert hatten, die bei der Bauern- und Arbeiterbevölkerung anfänglich (und bei der Armee noch lange) durch die sogenannten »Fußlappen« ersetzt wurde. Man erkennt daran wieder einmal, wie lange es dauerte und wie vieler Umwege es bedurfte, bis die Uniform des modernen Mannes vollendet war. Aber seit dem letzten Drittel des 19. Jahrhunderts erlebt die Maschenmode plötzlich einen neuen Entwicklungsimpuls, der sich sofort in sehr verschiedenen Formen und Verwendungsweisen ausprägt. Dieser neue Aufstieg wurde gleichzeitig seit den sechziger Jahren durch eine neue und leistungsfähigere Maschine unterstützt, nämlich die Strickmaschine von Lamb. Jetzt erst erleben wir es, wie in wenigen Jahren fast gleichzeitig eine ganze Reihe neuartiger modischer Kreationen entsteht, die seither allgemein zum modischen Inventar des modernen Menschen gehören.

Abgesehen von den verschiedenen Formen poröser Unterwäsche (verschieden nach Material und Schnitt, bis zur delikatesten, hauchdünnen, fast nur eine Verstärkung der Haut darstellenden Luxuswäsche für Frauen) wächst der Maschenware mit dem zur gleichen Zeit sich entwickelnden Massensport eine völlig neuartige Verwendungsweise als *Trikot* zu. Von hier aus bildet sich auch der Sammelbegriff der Trikotagen. Die Trikotkleidung für Sportler wird seit den achtziger Jahren des 19. Jahrhunderts ein fester Bestandteil der Zweckkleidung des modernen Menschen. Wir vergessen das allzu leicht, wenn wir die für unseren Geschmack grotesken Dessins und Zuschnitte dieser alten Trikots betrachten, die bestenfalls noch als Karnevalskleidung eine trübe Nachexistenz fristen (mit oder ohne Streifen), nachdem für Männer und Frauen immer ansprechendere Modelle entwickelt worden sind, die eigenen modischen Strömungen unterliegen. Diese hängen natürlich zumeist mit den großen Ereignissen der Sportwelt, den *Olympiaden,* zusammen, die heute die gleiche Signalfunktion haben wie früher die großen Feste und Triumphzüge. Dazu kommen dann noch die Kreationen und Entschlüsse einzelner Persönlichkeiten des Sports, wie etwa die französische Tennismeisterin Suzanne Lenglen als erste im kurzen Röckchen ohne Strumpfhose spielte und damit auch im weiblichen Sport das nackte Bein akzeptabel machte. Zum Sporttrikot gehört natürlich auch das Badekostüm, eine völlig neuartige Schöpfung (denn früher gingen die Menschen entweder nackt oder mit vollen Kleidern ins Wasser). Auch dies Kleidungsstück erlebte eine rapide Entwicklung, die von monströsesten Formen, von Rüschen und halblangen Pumphosen verunstaltet, bis hin zu einer der einzigartigsten Kreationen unserer Zeit reicht, dem »Bikini« als der letzten Konsequenz in der Entwicklung des zweiteiligen Badekostüms. Es gibt übrigens in den Mosaiken einer römischen Villa von der Wende des 3. zum 4. Jahrhunderts in Piazza Armerina (Sizilien) ein Vorbild für den Bikini, das speziell die Bauchpartie der Mädchen stark herausmodelliert. Dies entspricht zugleich einer neuen Form erotisch-ästhetischen Empfindens, für das die sonnengebräunte Haut des weiblichen Körpers mit ihren samtenen Lichtern eine Bedeutung gewonnen hat wie nie zuvor. Dem weiblichen Bikini entspricht der männliche »Slip«, der endlich der alten lappigen Dreiecksbadehose unserer Großväter eine ansprechende Form gegeben hat, die ohne das neue Material gar nicht möglich gewesen wäre.

Das ist aber nicht alles. Wer Sport sagt, sagt auch immer *Jugend*. Allgemein entwickeln sich die neueren Moden in Richtung der Betonung der Jugendlichkeit, was gleichzeitig einen relativ billigen Preis fordert, dem die Massenfertigung entgegenkommt. Damit eröffnen sich ganz neue Möglichkeiten der modischen Selbstgestaltung, bei denen die Maschenmode noch einmal ihre große Chance bekam. Entscheidend ist jetzt aber, daß sie nicht mehr ein modisches Akzessoire bleibt, das sich mit dem begnügt, was man ihr übrigläßt, sondern sie erhält selbst einen modischen Führungscharakter. Es ist dabei auffällig, daß die Sortimente dieser neuen Kleidungsstücke sich sofort in großer Breite entfalten, die von der billigsten Massenware bis zu ausgesprochenen Luxusfertigungen reicht. Das ist ein völlig neuer Zug im Ausbreitungsstil der heutigen Moden; denn früher kamen solche Differenzierungsprozesse erst zustande, nachdem ein beliebiges Kleidungsstück über längere Zeit vom Publikum akzeptiert worden war.

All das gilt in ausgeprägtem Maße für den *Pullover,* vielleicht das repräsentativste Kleidungsstück unserer Zeit, das übrigens Männern und Frauen gemeinsam ist. Seit dem Ende des Ersten Weltkriegs begann er seinen unwiderstehlichen Siegeszug in der Welt, der am Ende des Zweiten Weltkriegs in den Kellern von Saint-Germain-des-Prés durch Juliette Greco einen neuen Impuls erhielt. Anfangs war der Pullover Ausdruck eines gelockerten Lebensgefühls, das freie Beweglichkeit für den Körper suchte und weder durch enge und beengende Westen noch durch Jacken aus schweren gewebten Stoffen belastet werden wollte. Dann aber wurde der weibliche Pullover auch Symbol eines neuen erotischen Empfindens, das in unbefangener Selbstdarstellung die Brust als das sichtbarste sekundäre Geschlechtsmerkmal der Frau in der Kleidung nachmodelliert. Dabei veränderte sich allgemein die Körperhaltung der Frau. Im Gegensatz zur mittelalterlichen Körperhaltung, die ebenfalls in erotischer Absicht den Unterbauch stark vorschob und dafür die Schultern einfallen ließ, so daß die Brust als Geschlechtsmerkmal verschwindet oder gar weggebunden wird, geht das junge Mädchen von heute mit eingezogenem Leib und offenen Schultern, so daß die Brüste dekorativ herausstehen und sowohl durch den Büstenhalter wie durch den Pullover noch stärker unterstrichen werden. Bei taillierten Kleidern ohne Ärmel tritt die Schulterpartie mit den frei sich wölbenden Oberarmen hervor, deren erotische Funktion wie die der Brüste unabweisbar ist.

Für den Mann hat das gleiche Kleidungsstück eine ganz andere Bedeutung, die vor allem der Lockerung des Alltags dient und dementsprechend nicht so sehr im Berufsleben, sondern insbesondere in der *Freizeit* Verwendung findet. Damit leistet der Pullover seinen entscheidenden Beitrag zur Entbürgerlichung der modernen Wirtschaftswelt, wobei nur die Frage offenbleibt, wieweit es gelingen wird, die modische Entsagung des männlichen Geschlechts damit allmählich einer neuen Lebensform aufzuschließen. Vorläufig scheint eine klare Trennung der beiden Welten für viele selbstverständlich zu sein. So gilt in der Berufswelt für die meisten noch immer die alte puritanische Uniform mit ihrem Affekt gegen alles Modische, das als unsolide und unseriös angesehen wird. Das ändert sich erst in dem Augenblick, da die Männer aus ihrem Berufsleben heraustreten, am Feierabend, am Wochenende, während der Ferien, auf Reisen. Es ist eine völlig neue Welt, die sich vor uns öffnet, die auch einen neuen naturverbundenen Lebensstil geschaffen hat, der dem Out-door-life angepaßt sein muß. Es ist bezeichnend, daß man heute etwas phantasievollere Jacken für Männer unter der Bezeichnung *Freizeitjacke* einzuführen sucht. Teilweise hat sich diese neue Form der Männerkleidung als eine Fortführung der Sportkleidung dargestellt. Allmählich haben sich aber die »spezialistischen« Kleidungen für Sport und Jagd deutlich von den anderen differenziert, die nunmehr allgemein der Pflege der Freizeit dienen. Mit der Erweiterung der Freizeit für immer mehr Menschen wächst auch die Chance, daß der Mann in eine neue Phase verstärkter modischer Aktivität eintreten wird. Vorläufig lebt er aber noch in einer Art schizophrener Situation, in der der verkappte Puritaner, der nach wie vor in jedem Manne steckt, sein Leben von Montag bis Freitag rastloser Arbeit widmet, um am Samstag und Sonntag gewissermaßen die Persönlichkeit zu wechseln. So entstand seit Beginn des Jahrhunderts der angelsächsische Wochenendstil, der sich zunächst in einer einfachen Vernachlässigung bourgeoiser Wohlanständigkeit ausdrückte und sich einer Art wohlgeordneter Liederlichkeit zur Entspannung hingab. Die Frage ist nur, ob und wie weit auf die Dauer die legere Haltung der Freizeit in die geheiligten Bezirke disziplinierter Abtötung modischer Versuchungen eindringen und im Berufsleben eine neue modische Revolution zeugen wird.

Für alle Techniken der Textilgestaltung hat aber seit dem Ende des 19. Jahrhunderts eine völlig neue Phase begonnen mit der explosionsartigen Entwicklung der *Kunstfasern,* welche sich zunehmend neben die tierischen und pflanzlichen Fasern stellten, die man bis dahin allein kannte. Wie man von der Industrie gesagt hat, daß in ihr das Eisen- und Stahlzeitalter durch das Aluminium- und Kunststoffzeitalter abgelöst worden ist, so gilt das auch für die Textilgestaltung insgesamt. Nachdem sich die aus organischen Bestandteilen aufgebaute Rayonne-Seide mit ihrem aufdringlichen Glanz als ein bloßes Übergangsstadium erwiesen hat, haben die verschiedenen Arten der sogenannten *Chemiefasern,* die also vollsynthetisch sind, ihren Siegeszug angetreten. Durch sie sind auch die alten Bearbeitungstechniken revolutioniert worden, die völlig neuartige Texturen ermöglicht haben. Gleichzeitig erfuhren dadurch auch die alten Färbetechniken eine weitgehende Umwandlung, und zwar nicht allein durch die gleichzeitig erfolgte Entwicklung der Farbenchemie, sondern auch dadurch, daß mit der Vereinigung von Kunstfasern und neuen Farben Kolorierungen möglich geworden sind, die es früher niemals gegeben hat. Auf diese hat übrigens der Farbfilm mit seinen von den »natürlichen« Farben abweichenden Farbmixturen einen nicht zu unterschätzenden Einfluß gehabt. Mit einem Wort: in unserer Gegenwart revolutionierten neue Erfindungen die alten Techniken und gaben damit der modischen Gestaltung unerwartet neue Impulse.

Ein erstes Zwischenspiel: Busenfrei oder nicht?

Vor einigen Jahren tauchten im Frühsommer plötzlich an vielen Orten busenfreie Kleider und Badeanzüge auf; »oben ohne« oder »topless« war das Label. Die Presse und andere Massenkommunikationsmittel waren sofort gefüllt mit ironischen, besinnlichen, eifernden, verdammenden und kulturkritischen Bemerkungen, und ein großer deutscher Philosoph, der sonst nie aus dem Konzept kam, da er sowieso alles ablas (aus Furcht, sich selbst mißzuverstehen), verließ plötzlich wortlos das Katheder, als ihn einige Studentinnen busenfrei umtanzten. Trotzdem scheinen sich Frauen und junge Mädchen eifrig dafür zu interessieren: in Kalifornien gibt es Nightclubs mit busenfreien Serviererinnen, ebenso in den Play-Boy-Klubs in vielen amerikanischen Städten, am Mittelmeer kann man im Sommer junge Frauen in langen Abendkleidern bewundern, die den bloßen Busen nur mit einem durchsichtigen Voile bedecken. Es wird auch berichtet, daß die Polizei nach Aufforderung in der Bundesrepublik in einem Nachtlokal zwei Damen inspiziert habe, die in busenfreien Abendkleidern erschienen waren; merkwürdigerweise fand die Polizei, das Ganze sei nicht anstößig. Auch von höchster Regierungsseite wurde das Thema aufgegriffen. Dabei hieß es sehr nüchtern, man befürchte einzig, daß diese Mode nicht nur von den richtigen Damen getragen werden würde, das heißt von jungen, die für eine busenfreie Mode etwas zu bieten haben. So löste eine Kontroverse die andere ab. Angesichts dieser Lage darf man wohl ein paar Überlegungen anstellen, die zur Deutung dieses Problems und damit zu seiner Entschärfung beitragen können.

Die Frage, ob busenfrei oder nicht, hängt natürlich allgemein mit dem Dekolleté zusammen. Wir wissen auch schon, daß dieses sehr alt ist. In den Renaissancestädten Deutschlands trugen sogar Bürgersfrauen kühne und offenherzige Dekolletés. Man sagte damals, daß die Damen »die Laden aufmachten«. In Burgund waren die Frauen bei gewissen Festen sogar ganz nackt aufgetreten oder nur mit dünnen Schleiern umgeben, die voll durchsichtig waren, wie die Chemise-Mode im Frankreich des Directoire (1795—1799) mit der Reine du Directoire, Madame de Récamier. Das durchsichtige Hemd hatte eine hochsitzende Taille, so daß die Brüste über den lockeren Hemdrand hervorschauten. War dies in manchen Fällen erfreulich anzusehen, so war es doch nicht die Regel, indem das Dekolleté manchmal bei solchen Damen besonders freimütig war, die es eigentlich am wenigsten vertragen konnten. Das forderte eine Kritik heraus, die nicht moralisch, sondern ästhetisch war. Vielleicht darf man auch eine Bemerkung des Fürsten Talleyrand zitieren, der bei einer Ballveranstaltung zurückfuhr vor einer ungewöhnlich dekolletierten, sehr kräftigen Dame. Sein Gesprächspartner fragte ihn: »Haben Sie so etwas schon einmal gesehen?« Der Fürst antwortete: »Seit ich entwöhnt wurde, nicht mehr.« Aber auch in der Volkstracht finden wir bis heute eine entsprechende Enthüllung, z. B. in der alpenländischen Miedermode, die dem Betrachter den Busen wie in einem Korb entgegenhebt.

Im Gegensatz zu alledem möchten wir allerdings meinen, daß die heutige busenfreie Mode noch einen besonderen Aspekt hat, der bisher nicht zum Vorschein gekommen ist. So findet sich gelegentlich eine andere Art der busenfreien Mode, die unabhängig vom Dekolleté entstanden ist, indem die Brust nicht nur im Gefolge einer allgemeinen Enthüllung von Hals, Rücken- und Schulterpartie der Frau hervorgehoben, sondern völlig unabhängig von Dekolleté für sich enthüllt wird. So gibt es ein Bild von Agnes Sorel, von 1442—1450 die Geliebte des Königs Karl VII. von Frankreich, die es liebte, bei kleineren Empfängen mit nackter Brust zu erscheinen, was jedoch von vielen (wahrscheinlich recht flachbrüstigen) Hofdamen mißbilligt wurde. Es gibt im übrigen noch andere Bilder und Berichte dieser Art, so daß man vielleicht sagen kann, daß auch dieser Aspekt der Mode bereits seine lange Geschichte hat. Wir haben selber schon vor mehreren Jahren die Frage aufgeworfen, ob nicht im weiteren Verlauf der Frauenemanzipation die jungen Frauen es inskünftig als ihr Recht betrachten würden, bei gewissen Gelegenheiten busenfrei zu erscheinen.

Damit kommen wir dem Kern der Problematik schon näher. Uns scheint nämlich die jüngst diesseits und jenseits des Atlantik so plötzlich ausgebrochene busenfreie Mode genau begrenzt zu sein auf eine bestimmte Altersgruppe junger Frauen, die allgemein in der gegenwärtigen Modegestaltung eine ausgesprochene Pioniershaltung einnehmen. Dies steht sehr im Gegensatz zu früher, wo die modischen Neuerungen von den Frauen der mittleren und älteren Jahrgänge vorgetragen wurden. Heute dagegen stehen wir vor einer eigenen Kultur der jungen Frauen, die jüngstens auch ihre Büstenhalter verbrannten als ein Symbol der aus dem Mittelalter herüberwirkenden Technik des Wegschnürens der Brust, wie es heute noch die Nonnen tun, um möglichst geschlechtslos zu erscheinen. Wenn sich nun die busenfreie Mode auf die jungen Frauen beschränkt, dann können auch die zimperlichsten Ästheten beruhigt sein.

Es läßt sich genauso sicher sagen, daß sich diese Mode auf bestimmte Gelegenheiten beschränken wird. Dazu gehört zweifellos der Strand. Wir könnten uns auch denken, daß bei bestimmten Sportarten inskünftig eine lockerere Bekleidung vorgezogen werden wird. Ähnliches gilt für das große oder kleine Abendkleid. Das rollt dann sofort die weitere Frage auf nach dem Make-up. Wenn davon gesprochen wird, daß in der busenfreien Mode die Brust geschminkt und gepudert wird, so scheint uns das nur logisch zu sein. Die sorgfältige Herrichtung des Gesichts läuft dann einfach weiter über Schultern und Brust. Im übrigen erinnern wir uns, schon in der Mitte der fünfziger Jahre bei einem großen Couturier in Madrid ein kleines Abendkleid gesehen zu haben, das fast busenfrei war. Da es von einem Mannequin von knapp 18 Jahren getragen wurde, konnte auch der empfindlichste Beobachter nichts Anstößiges daran finden. Wir haben schon öfters betont, daß junge Frauen bei der Enthüllung ihres Körpers ganz anders reagieren als die Männer, obwohl auch manche Männer bereits beginnen, die eigenartigen Wertungen der Frauenkultur zu übernehmen. Was so oft als eine rein erotische Lokkung mißverstanden werden könnte, ist in Wahrheit nichts anderes als Ausdruck einer neuen Stellung der jungen Frau in der Gesellschaft, insbesondere der Selbstdarstellung ihres Körpers, die mit zunehmender Selbständigkeit auch eine »öffentliche« Bedeutung bekommt. Diese Einstellung der jungen Frau wird sich vielleicht von den zunächst angesprochenen jungen Männern auch über die Männer insgesamt verbreiten. So könnten wir es uns durchaus vorstellen, daß nur die ältere Generation der Männer an dieser Mode Anstoß nimmt und in ihr eine sexuelle Preisgabe erblickt, während sie für die jungen Männer sehr schnell eine Selbstverständlichkeit werden wird.

Darüber hinaus bleibt uns noch zu fragen, ob diese Mode auf Dauer wird rechnen können. Angesichts der häufigen Wiederkehr von dekolletierten und busenfreien Moden, die letztlich bis auf die kretisch-minoische und die ägyptische Kultur um 2000 vor unserer Zeitrechnung zurücklaufen, aber auch angesichts ihres immer erneuten Verschwindens, könnte man der Meinung sein, daß wir auch diesmal nur mit einer kurzen Lebensfrist werden rechnen können. Immerhin ist es beachtlich, daß es heute nicht nur einige wenige, sondern viele sind, die diese Mode übernommen haben. Eines steht aber trotz allem fest: diese Mode wird beschränkt bleiben auf die jungen Frauen und auf gewisse Gelegenheiten. Im übrigen möchten wir auch die einseitig erotische Bewertung des ganzen Phänomens zurückweisen und statt dessen seine emanzipatorische Bedeutung betonen.

Gewiß hat die Gesamtsilhouette der Frau in jedem Zeitalter auch eine erotische Bedeutung. Man bedenke nur, wie seit Beginn der zwanziger Jahre nicht nur die Länge der Röcke immer mehr zurückgegangen ist, sondern auch die Gestalt der Frau sich grundsätzlich geändert hat. Eine schlanke Linie, bei der die natürlichen Rundungen des Körpers klar zum Ausdruck kommen, ferner eine allgemeine Streckung der Erscheinung, vor allem eine durch regelmäßige Sportausübung bedingte Verlängerung der Oberschenkel, die mit dem »kurzbeinigen« Geschlecht Schluß gemacht hat, schließlich aber eine durch vermehrtes Leben an frischer Luft, Sonne und Wasser bedingte Dauerbräunung des Teints, die wie ein natürliches Make-up (noch vor allem Schminken) wirkt, all das hat die Frau als erotisches Wesen heute total verschieden gemacht von allem, was wir früher gesehen haben. Wenn wir über die vielen Völker unseres Planeten in Gegenwart und Vergangenheit blicken, und auch in unsere eigene Geschichte, werden wir mit Leichtigkeit erkennen, daß außerordentliche Differenzen in der Auffassung bestehen, was nun jeweils als erotisierend angesehen wird. Insbesondere zeigt sich, daß die Verteufelung des nackten Körpers nur die Marotte einer kleinen Sekte religiöser Eiferer darstellt, deren Wirkung sich auf eine Minderheit der sogenannten »westlichen« Welt (die puritanischen und exaltiert prüden sozialistischen Kulturen inbegriffen) beschränkt, die allerdings wirtschaftlich sehr stoßkräftig war, so daß man sie zeitweise mit der Welt überhaupt verwechseln konnte. Wir befinden uns aber heute auch in dieser Welt seit rund 50 Jahren in einem fundamentalen Wandel aller sozialen Beziehungen, somit auch der erotischen. Darum ist mit Sicherheit anzunehmen, daß sich die Experimentierfreudigkeit der jüngsten Zeit auch auf die nächste Zukunft auswirken wird, bis die neue Gestalt der Frau zu einem eigentlichen Stilelement geworden sein wird. Erst in diesem Augenblick wird es zu einer neuen Stabilisierung der Mode kommen. Wir sind aber sicher, daß in diesen zukünftigen Moden von der emanzipierten Frau in den modernen Massendemokratien die Enthüllung des Busens stets von neuem aufgegriffen werden wird als Symbol einer erreichten neuen Freiheit des weiblichen Alltags. Aber selbst dann wird diese Enthüllung immer nur auf besondere Gelegenheiten beschränkt sein.

Ein zweites Zwischenspiel: Mode und Anti-Mode

Die im Titel angedeutete Frage ist nicht eindeutig, weil die Herkunft der neuen Mode selbst nicht eindeutig ist: Juliette Greco wurde groß in den Kellern von Saint-Germain-des-Prés, in denen sich unmittelbar nach dem Kriege nicht nur eine Gegenmoral zur offiziellen Moral der sich neu etablierenden bürgerlichen Welt aufbaute, sondern auch eine Anti-Mode. Versuchte der große Lyoneser Industrielle Boussac mit der Lancierung von Christian Dior nicht nur die französischen modischen Exportindustrien, sondern gleichzeitig mit dem »New Look« eine neu-biedermeierliche Mode aufzubauen, die die Schrecken des Krieges vergessen zu machen suchte, so reagierte die neue Jugend ganz anders. Selbst wenn sie, vom letzten Drittel des zwanzigsten Jahrhunderts aus gesehen, schließlich eine neue Jugendmode gestartet hat, so war doch das ursprüngliche Motiv die *Anti-Mode.* Der schwarze Pullover von Juliette Greco war ein politischer Protest, er atmete schwarzen Humor und negative Philosophie im Sinne von Jean-Paul Sartre, er war auch engstens verwandt mit der prätenziösen Verwahrlosung der *Beatnicks* von Greenwich Village und San Francisco. Heute trägt Juliette wohl nicht einmal mehr am Wochenende schwarze Pullover, sondern ist eine ausdauernde Kundin der großen Pariser Modehäuser geworden. Was sie aber einstens abseits der Lichtwelt in den rattenverseuchten Kellern begann, ist mittlerweile an die Öffentlichkeit gekommen und hat sich zu einer neuen Mode erweitert, mit der sich die Jugend von der Welt der Erwachsenen und des Wohlstandes kontrastiert. Im übrigen kann man hier deutlich die Entfaltung einer eigenen modischen Rhythmik verfolgen, die uns vermuten läßt, daß der modische Protest der Jugend zweifellos von längerer Dauer sein wird, als manche allzu naiven Betrachter vermuten. Es handelt sich in Wahrheit nicht um eine kurzfristige Modetorheit, die in ein paar Jahren wieder vergessen sein wird, sondern um eine neuartige Differenzierung unseres Lebensstils, aus der sich viele zukünftige Einzelmoden herauskristallisieren werden, wie auch seine Vorläufer bereits recht weit zurückreichen.

Der anti-modische Affekt der Jugend ist schon mit der Jugendbewegung vom Anfang des Jahrhunderts zu einer ausgesprochenen Mode geworden. Das wiederholt sich mit jeweils veränderten Vorzeichen bis in unsere Tage und gestaltet sich in immer neuen Formen. Dazu kommt eine eigene Weltanschauung, die zur Anti-Mode eine Anti-Ideologie gesellt. Der Wandervogel trägt lange Haare gegen den preußischen Bürstenschnitt und stellt »Natur« gegen die bourgeoise »Konvention«, Landkultur gegen städtische Zivilisation. Die Beatnicks protestieren mit struppigen Bärten gegen die öffentliche Moral der glatten Rasur, welche den animalischen Haarwuchs im Gesicht des Mannes verschwinden lassen will. Alle sind sie gegen Eleganz und gegen die phantasielose Korrektheit der »White Collar Workers« und der Manager mit ihrem peinlich sauberen weißen Hemd, artistisch gebundener Krawatte mit Perlnadel, selbst wenn die Weste gar nicht so einwandfrei ist. Aber die keimfreie, lichtdurchflutete Atmosphäre des

Büros hat für diese Nachtseiten des Lebens keinen Raum. Die Beat-Generation sagte ihr Nein zu alledem sehr deutlich. Erst in zarten lyrischen Extravaganzen, gelegentlich in verzweifelten Aufschreien, schließlich in ausgesprochenen Studenten- und Jugendrebellionen oder aber in dem spontanen Auftreten von *Gammlern* aller Art, die an jedem Ort der Welt anders sind, aber geeint in dem gleichen Protest gegen die Mittelklassenmoral. Darin gewinnen sie jeweils eine einzigartige Weltsicht, die sich unter Umständen auf die wenigen Momente eines »Happenings« beschränkt oder in einander schnell ablösenden Modeströmungen in der Kunst ausdrückt, vom »Pop Art« bis zum »Op Art«, die sich als Anti-Kunst gebärden. Hiervon werden sogar die großen Modemagazine beeinflußt: an die Stelle von »Vogue« und »Harper's Bazaar« ist das Pioniermagazin »Rags« (Lumpen) getreten, das sich zur Aufgabe setzt, die Tradition zu brechen, vor allem den billigen Glanz der immer leicht exaltierten Modereportagen: »Fashion is not fashionable any more« (Mode ist nicht mehr modern). Daß etwas Neues im Werden ist, kann man in Berkeley (Kalifornien) auf der Telegraph Avenue, der eigentlichen Fifth Avenue der Gegenkultur, sowie in London auf der Carnaby Street und der Kings Road leicht feststellen.

Allerdings ist das Ergebnis dieser Anti-Mode keineswegs die Aufhebung aller Mode, sondern nur der Anfang einer neuen Dimension der Mode, die dem Lebensgefühl der heutigen Jugend einen figürlichen Ausdruck verleiht. Ihre kreative Kraft setzt an immer neuen Punkten an, wie jüngstens bei den *Beatles* und in der sogenannten Beat-Musik insgesamt, deren disruptive Wirkung nur mit dem metaphysischen Tiefgang des Jazz in den zwanziger Jahren verglichen werden kann. Disruptiv sagen wir, weil als Wirkung dieser Ausbrüche die sozialen Klassenprobleme des 19. Jahrhunderts verschmolzen und verschlissen und durch neue gesellschaftliche Schichtungsprinzipien ersetzt werden, *für die die Polarität von jung und alt von größerer Bedeutung ist als die alte von Proletariat und Bourgeoisie*. Aber es wäre eine einzige große Illusion zu meinen, damit sei eine Abwendung von der Mode angebahnt. Genau wie es in dem Dienergespräch bei Shakespeare heißt – die Diener und Narren des Shakespeare-Theaters waren die Beatnicks des 16. Jahrhunderts und der Untergründe des alten London! –, daß die Mode den Menschen zwar wirbelig macht, sich aber am Schluß auch in das Verhalten des Kritikers einschleicht und ihn selbst wider seinen Willen in ihren Troß einreiht.

Damit ändert sich die Problemstellung ganz beträchtlich, insbesondere wenn wir an die frühere Art denken, das Problem der Jugendmoden anzugehen. Dieses ist ja im Grunde eine alte Angelegenheit und hat sich schon über Jahrzehnte entwickelt. Darauf nochmals einzugehen, d. h. die Erweiterung der modischen Palette nach Lebensaltern zu diskutieren, würde nur Altbekanntes wiederholen. Heute liegt demgegenüber ein struktureller Wandel vor, nachdem in unseren Gesellschaften von heute die Jugend eine viel größere Rolle spielt als jemals vorher. Nicht, daß es eine Jugendmode gibt, ist unser Gegenstand, sondern vielmehr die Tatsache, daß die Jugendmoden die Mode insgesamt bestimmen werden, und zwar aufgrund der strukturell veränderten Lage der Jugend in der modernen Gesellschaft. Man kann auf Grund dieses Wandels eine Beeinflussung der Erwachsenenmoden durch die Jugendmoden voraussagen.

Allerdings genügt diese Feststellung noch nicht, um den Sinn dieses Wandels zu verstehen. Denn schon um die Mitte des vorigen Jahrhunderts begann, speziell in Paris, die junge Frau modisch hervorzutreten. Während sich die jungen

Frauen damals mit großer Entschiedenheit alle Mittel der Mode zunutze machten, blieben jedoch die Männer, auch die jungen, weitgehend zurückhaltend. Sie haben sich in dieser Periode gewissermaßen modisch kastriert, wobei sie dem uns schon bekannten Trend folgten, der sich seit der Reformation immer mehr verbreitet hat. Diese selbstgewollte Askese hat für Jahrhunderte das bürgerliche Zeitalter charakterisiert. Im 19. Jahrhundert fällt außer in der Periode der Romantik der Mann als modischer Akteur praktisch aus. Das endet erst mit dem Ersten Weltkrieg, wobei man sagen muß, daß sich schon am Anfang des 20. Jahrhunderts Jugendbewegungen bemerkbar machen, die, genau wie teilweise heute, modisch die Stellung der Anti-Mode vertreten. Aber das bleibt damals noch randseitig. Im Grunde war die Situation der jungen Männer die, daß sie das typisch männliche Vorurteil gegen eine allzu modische Ausstattung der äußeren Erscheinung teilten, wie sie aus der großen modischen Entsagung der puritanischen Industriegesellschaft übernommen worden ist. Symptomatisch dafür ist der phantasielose graue Anzug, der in der Linie kaum mehr einschneidende Änderungen durchmachte.

Eine kleine Änderung der Erwachsenenmoden läßt sich übrigens zwischen 1920 und 1930 feststellen; hier war aber die Jugend relativ passiv. Wir finden uns vor folgender Situation: Die gleichen Leute, die am Vortage des Krieges im Jahre 1914 alt waren, waren 10 Jahre später beträchtlich verjüngt. Es ist aus alten Bildern und Fotos der damaligen Zeit leicht zu bestätigen, daß sich das Leben der 30- bis 50jährigen in dieser Periode erheblich verändert hat. Daneben blieben die verschiedenen Jugendbewegungen relativ wirkungslos; sie entwickelten bestenfalls in dem Sinne eine Anti-Mode, daß sie gegen den Typ der bourgeoisen Uniformierung auftraten. Das geschah sowohl in Europa als auch in Amerika.

So finden wir etwa bei den amerikanischen College-Studenten schon seit rund 50 Jahren eine eigene Modebewegung, die sich allerdings dadurch auszeichnet, daß sie nur eine kurze Phase im Leben des Menschen dauert. Im Gegensatz zum gepflegten Äußeren des smarten Geschäftsmannes begannen die Studenten, und zwar sowohl junge Mädchen als auch junge Männer, sich betont salopp zu halten. College Town war eine eigene Welt, in der man sich eher sportlich-nachlässig kleidete als mit dem Anspruch auf Korrektheit. Es lag in der Natur dieser Welt, daß sie zunächst isoliert blieb. Im übrigen änderten auch die Beteiligten von einem Tag zum anderen ihr Verhalten, wenn sie das College verließen. Lebensgeschichtlich besehen war diese Sondermode also von nur vorübergehendem und episodischem Charakter. Sie endete mit dem eigentlichen Eingehen in das Erwachsenenleben.

In jüngerer Zeit ist aber etwas anderes geschehen, das zweifellos auf demselben Ast aufsitzt, aber die Bewegung in eine andere Richtung weiterdrängt. Die Jugend ist nicht nur im Rahmen einer Sondergruppe modisch kreativ geworden, sondern in ihrer Gesamtheit. Damit tritt zum ersten Male ein neues Element in den Vordergrund, nämlich der Einfluß der Jugend auf die Mode überhaupt. Das drückt sich auf zweierlei Weisen aus: Einmal werden selbstverständlich die Jugendmoden dadurch bestimmt. Es ist aber viel wichtiger, daß die enorme Bedeutung dieser Jugendmoden langsam anfängt, auch die Erwachsenenmoden zu ändern. Dieser Strukturwandel ist um so nachhaltiger, als ein Wandel im Bewußtsein zu ihm parallel läuft, indem eine eigentliche »prise de conscience« sich anbahnt, eine Bewußtwerdung von der Einzigartigkeit dieser neuen Situation, die auch eine neue modische Moral entwickelt, dazu neue Wertmaßstäbe, neue Leitideen, neue Weltanschauungen, die sich mehr und mehr verbreiten, nicht nur politisch, sondern auch ästhetisch und modisch. So können wir zusammenfassend sagen, daß sich vor unseren Augen eine weitreichende und sehr breit gelagerte Revolution der Jugend abspielt, die gleichzeitig im Begriff ist, die Gesellschaft im ganzen zu verändern.

Im übrigen ist diese Einwirkung gewissermaßen der einzige Weg, der dieser Jugend bleibt, um sich über sich selbst hinaus zu erhalten. Denn Jugend ist ein Zustand, der schnell vorübergeht. Ein Slogan sagt: »Don't believe anybody over 30 – glaube niemandem über 30.« Nun, über 30 Jahre wird ein jeder nur zu schnell, und dann geht er unaufhaltbar ein in die Welt der Erwachsenen. Aber diese Welt wird sich ebenfalls ändern; denn derjenige, der jetzt in sie eingeht, hat den umfassenden Prozeß der Bewußtwerdung dieser Jugend durchgemacht, und das wird ihn umgeformt haben.

Das ist zugleich ein Zustand, der sich niemals vorher in irgendeiner anderen uns bekannten Gesellschaft gefunden hat. Man könnte geradezu sagen, daß es vor unserer Zeit eigentlich niemals Jugend als Großgruppe mit eigenem Bewußtsein gegeben hat. Man kann das nur zu leicht erklären. Wenn man etwa die alte preußische Statistik aufschlägt und die Tabellen über die erwerbstätige Bevölkerung betrachtet, wird man im vorigen Jahrhundert die Periode der vollen Erwerbstätigkeit von 14 bis 55 Jahre angesetzt finden. Mit 14 Jahren verläßt der Mensch aber gerade erst die Kindheit und sollte in die Adoleszenz eintreten. Wenn er nun gleichzeitig in diesem Augenblick zu erwerben beginnt, dann ist damit außer der Kindheit auch die Jugend schon abgeschlossen. Für mindestens die Hälfte der Bevölkerung, wenn nicht mehr, hörte damit die Freiheit und Freizügigkeit der Adoleszenz auf. Von diesem Moment ab waren diese Menschen in den wirtschaftlichen Prozeß eingegliedert und kamen nie wieder aus ihm heraus.

Das Ergebnis war ein übergangsloser Sprung von der Kindheit zur Erwachsenheit, bei der die eigentliche Jugendphase auf eine ganz kurze Periode zusammenschrumpfte. Wenn man nun den Unterschied von heute zu damals brutal verdeutlichen will, dann muß man nur die folgende Frage stellen: Welcher Arbeiter ist heute mit 14 Jahren voll erwerbsfähig? Die Antwort ist leicht gefunden. Bestenfalls die unterentwickeltsten Stufen der Arbeiterschaft, etwa das Landproletariat; selbst sogenannte ungelernte Arbeiter brauchen noch eine kurze Lehre. Der Großteil der Arbeiter in der Industrie braucht aber eine weitergehende Ausbildung, so daß der Beginn der vollen Erwerbsfähigkeit immer weiter hinausgeschoben wird. Neben der Industriearbeit gibt es noch den Dienstleistungssektor, auf dem ebenfalls dem Menschen immer größere Ausbildungszumutungen gestellt werden. So kommen wir dazu, daß Facharbeiter nicht vor 22 bis 24 Jahren voll erwerbsfähig werden, andere Berufe je nachdem viel später.

Dazu kommt, daß mit der Länge der Ausbildung auch die Zeit der wirtschaftlichen Abhängigkeit zunimmt. Es ist übrigens sinnvoll, die Jugend mit der wirtschaftlichen Abhängigkeit zu identifizieren. Irgendwie sorgen immer andere Menschen für einen, zunächst die Eltern, dann andere Instanzen. Und wenn eine Erwerbstätigkeit stattfindet, ist sie meistens nur vorläufig oder nur partiell. Es gibt sogar bestimmte Lebensbereiche, in denen Menschen bis zum 30. Lebensjahr abhängig bleiben, u. U. noch länger. Solange aber diese ungeklärte Situation andauert, so lange währt auch die Jugend im eigentlichen Sinne.

Das führt uns vor eine neue Paradoxie. Die Jugend dauert heute physisch länger als früher, und zwar aufgrund veränderter wirtschaftlicher und technischer Lebensbedingungen. So läßt sich sagen, daß die Jugend mit dem völligen Wandel des Ausbildungssystems in unseren Gesellschaften strukturell ein immer wichtigerer Faktor wird, der sich gleichzeitig in unserer Gegenwart mit der Ausbildung eines eigenen Bewußtseins erhöht. Erst wenn eine Situation gegeben ist, in der immer mehr Menschen darauf angewiesen sind, eine höhere Ausbildung zu erwerben, wird auch die Chance der Ausbildung eines eigenen Bewußtseins wachsen, es werden, wie wir vorher sagten, eine eigene Moral, eine eigene Weltanschauung, eigene sozialkulturelle und politische Leitideen ausgebildet. Mit einem Wort: Jugend dauert heute länger als früher. Das treibt zur nächsten Frage, ob diese längere Dauer auch mit einem entsprechenden Einfluß auf die Gesamtgesellschaft zusammenhängt. Das wäre genau unser Thema: Wir wollen nicht von Jugendmoden, sondern vom Einfluß der Jugendmoden auf die Mode der Erwachsenen sprechen. Um dieses zu begreifen, müssen wir aber ein detailliertes Bild von dieser Jugend als Jugend gewinnen.

Es ist eine typische Folge der Verlängerung dieser Jugend, daß sie sich in mehrere Untergruppen differenziert. So unterscheiden wir mindestens Teenager und Twens. Diese beiden Gruppen zerfallen aber jeweils wieder in zwei Untergruppen; so die frühen Teenager bis zum 16. und die späteren bis zum 20. Lebensjahr. Im gleichen Sinne kann man zwischen jungen und älteren Twens unterscheiden, wobei die älteren Twens eine typische Übergangsgruppe darstellen; je mehr sie sich der beruflichen Selbständigkeit nähern, desto mehr finden sie Anschluß an die Erwachsenengruppe.

Mit dieser Differenzierung an der Hand können wir jetzt rein statistisch die Frage aufwerfen, wie groß die Gruppe zahlenmäßig ist, die wir heute als Jugend bezeichnen. Sie ist in der Tat erstaunlich groß, umfaßt sie doch nicht weniger als 17 Jahrgänge gegenüber den rund 30 Jahrgängen der wirtschaftlich voll Erwerbsfähigen. Wenn wir nun das enorme modische Potential bedenken, das in diesen 17 Jahrgängen steckt, dann wird man zweifellos zu verstehen beginnen, daß sich ihr Einfluß auch auf den Rest der Gesellschaft bemerkbar machen muß und sich nicht nur darauf beschränkt, sich einzig im Rahmen der Jugendwelt auszuwirken.

Die eigentliche Detailarbeit wird natürlich erst hier beginnen. Die Marktforschung wird das nur als den allgemeinen Rahmen ansehen, innerhalb dessen sich nun jeweils eine Fülle von einzelnen Untergruppen einbaut, die mehr oder weniger gut definiert sind. Wir müssen jede einzelne dieser Altersgruppen unterscheiden nach sozialer Herkunft, nach den verfügbaren wirtschaftlichen Mitteln, nach dem Stand der Ausbildung, der Position in der Berufslaufbahn und der Stellung in der Gesellschaft insgesamt. Damit ist die Meinung zurückgewiesen, es genüge, ganz allgemein Jugendmoden zu entwickeln. Hier wird ein viel feiner entwickeltes Sortiment benötigt. Wichtig ist für uns heute, daß diese Jugend eine große Chance hat, modisch aktiv zu werden, wobei strukturell gesehen keineswegs nur eine lineare Vermehrung von absoluten Zahlen vorliegt, sondern ein qualitativer Wandel. Dieser qualitative Wandel ist ein wesentlicher Zug unserer Gegenwart, der im übrigen noch lange nicht abgeschlossen, sondern immer noch im Werden ist.

Darum begegnen uns auch noch zahllose Unsicherheiten des Verhaltens. Die neuen modischen Formen haben vielfach Experimentiercharakter. Die neuen Moden sind gewissermaßen auf der Suche nach sich selbst und nach neuen Möglichkeiten, die man täglich aufgreift, um sie u. U. ganz schnell wieder abzulegen. Damit ist auch eine extreme Beschleunigung des modischen Wandels eingetreten, wie sie für modische Übergangs- und Experimentierzeiten so bezeichnend ist. Man könnte fast sagen: Jede Woche kommt ein neues modisches Detail zur Explosion und vergeht bis zum Samstag. Wenn man regelmäßig mit jungen Leuten zusammen ist, dann kann man die Augen nicht mehr verschließen vor dem abenteuerlichen Tempo dieser Wandlungsfähigkeit, die Ausdruck der elementaren Tatsache ist, daß sich hier zuhöchst kreative Fähigkeiten verbergen, die ans Licht drängen. Sie ergreifen alle verfügbaren Elemente, um etwas Neues daraus zu machen. Natürlich ist das Gelingen selten, das ist eine zweite Frage. Wir sollten aber zunächst nicht bewerten, sondern erst einmal die Situation verstehen. Angesichts ihrer muß man zugestehen, daß das, was sich vor uns abspielt, nicht eine bloße Jugendmode ist, sondern eine Revolution der Jugend in der Mode, was ganz etwas anderes ist. Diese Revolution war latent zweifellos schon seit Beginn des Jahrhunderts da, aber sie hat sich mittlerweile ausgewachsen zu einem zentralen strukturellen Merkmal der modernen Gesellschaft. Sie bahnt in der Tat eine mehr oder weniger totale Veränderung unseres gesamten Kleidungshabitus an. Auch dieser Habitus ist ja nicht von gestern, sondern hat sich seit der Reformation bis zum 19. Jahrhundert langsam herangebildet. Jetzt hat er wohl sein Ende erreicht, und wir können eine totale Veränderung ins Auge fassen.

Wir sind in der Tat der Meinung, daß bei der heutigen Jugend eines der alten Uniformstücke nach dem anderen abgebaut werden wird. Genau wie es Stilwandel in der Kunst gibt, werden sich auch die Gesamtlinien und Teilaspekte wandeln. Daß dabei gleichzeitig politische Demonstration mit ins Spiel kommt, ist übrigens auch nichts Neues: Auch die Jacketts, die wir heute tragen, waren einmal eine politische Demonstration, genau wie die langen Hosen während der französischen Revolution, welche die aristokratischen Bundhosen ablösten. Der politische Hintergrund unserer Kleidung ist der des protestantischen, kapitalistischen Geschäftsmannes. Mit der Umwandlung dieser alten Industriegesellschaft in eine neue Form ist auch die Möglichkeit des Verschwindens der alten Mode gegeben.

Das soll natürlich nicht heißen, daß im Rahmen eines neuen Zieles nun jede einzelne modische Veränderung sofort eine politische Bedeutung haben müßte, selbst wenn dem in der Anfangsperiode zweifellos so ist. Aber es genügt im Grunde, einen Prozeß der Auflockerung in Gang zu bringen, damit er aus seinen eigenen Möglichkeiten immer neue Anregungen schöpft; denn in dem Moment, wo man sich frei macht von der alten Uniform, wird grundsätzlich alles möglich. Das schließt übrigens keineswegs aus die Schaffung eines neuen Kanons des Geschmacks. Bis man den aber gefunden hat, wird es zahllose Experimente brauchen. Das benötigt aktive Intelligenz und auch Glück; denn es fällt einem nicht immer von selbst das Richtige ein. Entscheidend aber bleibt, daß man sich freihält für neue Möglichkeiten, genau wie das, was wir heute tragen, einstmals neu gewesen ist.

Der Weg, den die Jugend heute gegangen ist, reicht von der Anti-Mode bis zum Vortor eines neuen modischen Stils. Gleich nach 1945 taucht bei den Beatniks von San Francisco die Anti-Mode auf, die sich heute bei den Hippies wiederfindet. Sie lebt nur aus der Opposition. Wenn der Geschäftsmann von San Francisco smart war, war der Beatnik eben nicht smart. Wenn der Geschäftsmann ein weißes Hemd trug, wollte der Hippie ein buntes Hemd. Wenn der Geschäftsmann ein buntes Hemd trug, suchte der Hippie nach einem grell gemusterten Hemd. Er wollte immer anders sein. Schließlich trug er gar keine Hemden mehr, sondern einen Pullover auf der bloßen Haut. Das alles waren Proteste der Anti-Mode, und es ist leicht, für jedes Anti ein Vorbild zu finden. Das hat eine weitere Konsequenz. Der Beatnik von 1945, der in dieser Weise protestierte, war gar nicht frei von der bekämpften bürgerlichen Welt, sondern von ihr abhängig, indem er in jeder Hinsicht das Gegenteil von ihr machte. So schuf er zur Uniform eine Gegenuniform.

Andererseits war das aber nur ein erster Schritt, ohne den es nicht gegangen wäre. So nahmen von diesen ersten Aktionen unendlich viele modische Anregungen ihren Ausgang. Dabei geschah es dann bald, daß sie nicht mehr nur »gegen« etwas waren, sondern innerhalb einer neuen modischen Idee konsequent weiterschufen.

Wir finden ein gutes Beispiel in der Verwandlung des Schmucks von heute. Gegenüber dem »wertvollen« Schmuck des Bürgers, der viel Geld kostet, entsteht ein neuer billiger Schmuck aus tausenderlei billigen Materialien. Federn, Blätter, Samen oder Früchte werden an Schnüren zusammengebunden. Aus Draht werden exotisierende Muster geschaffen. Überall in unseren Städten finden wir heute kleine Stände, wo junge Leute auf der Straße ihren Schmuck basteln und ihn dann verkaufen. Hier spielt nicht mehr der monetäre Wert eine Rolle, sondern aktive Phantasie. Auch kommt es nicht mehr darauf an, gegen etwas zu sein, sondern dem jeweiligen Material sein Gesetz abzulauschen. Wir sind fest davon überzeugt, daß sich diese Schmuckideen bald in breitem Ausmaße bemerkbar machen werden.

Die Verwandlung wird sich aber keineswegs auf die Akzessoires beschränken, sondern weiter um sich greifen. Sie wird insbesondere die aus puritanischen Zeitaltern herüberwirkende männliche Jacke ergreifen, auf die es bereits in den zwanziger Jahren die ersten Angriffe gab, z. B. im Fortlassen von Kragen und Aufschlägen. Die heute sich anbahnende Modifikation wird aber sicher viel weiter gehen als damals, wie die Versuche mit langen Strickjacken beweisen, mit denen der männliche Gürtel eine völlig unerwartete Metamorphose und Auferstehung in zahllosen phantasievollen Formen erlebt hat.

Die Anti-Mode bleibt also nicht Episode, sondern wird zum Ansatz einer schichteigenen Mode, die sich der großen Öffentlichkeit in gewisser Weise entgegensetzt. Da sie aber durch diesen Protest auch an den Gegner gebunden bleibt, unterliegt sie den gleichen Gesetzen wie er, so daß uns als nächste Aufgabe die Analyse jener Welt bleibt, in der immer mehr Menschen an der »offiziellen« Mode partizipieren, was vielleicht für den Protest der Beatnicks aller Arten verantwortlich ist.

Mode und Massenkonsum

Damit ist als letzter Horizont der Mode der eigentliche »Massenkonsum« aufgetreten, was gleichzeitig einen Hinweis darauf bedeutet, daß die Soziologie der Mode im ganzen nur ein Teil der Massensoziologie und Sozialpsychologie der kollektiven Strömungen bildet. Die Mode ist nicht nur ein bedeutendes Prinzip des gesellschaftlichen Wandels, sondern darüber hinaus ein Prinzip des Wandels in Einstellung und Verhalten der »großen Massen«. Dies ist wahrscheinlich auch der bedeutsamste Unterschied dieses bisher letzten Stils der sozialen Ausbreitung der Mode, der sich von allen ihren früheren Erscheinungsformen denkbar deutlich abhebt. Bisher standen immer Minoritäten im Spiel, ja das modische Spiel war wesentlich ein Mittel, um sich von der »vulgären« Lebensart der vielen anderen zu unterscheiden. Heute ist die Mode nicht mehr exklusiv, sondern sie ist umgekehrt zu einem Anpassungsmittel geworden, das sich mit einer sehr eigenen Gesetzlichkeit entwickelt, die trotz aller scheinbaren gelegentlichen Willkür doch eine ganz bestimmte Linie sehen läßt.

Die Voraussetzung für diesen Wandel ist eine umfassende strukturelle Umformung der modernen Industriegesellschaft, wie sie weiterreichend nicht gedacht werden kann. Man muß sich dazu nur die Differenz zwischen der Industriegesellschaft von 1850 und der fortgeschrittenen Industriegesellschaft im letzten Drittel des 20. Jahrhunderts vergegenwärtigen. Um 1850 haben Karl Marx und gleichzeitig mit ihm der durchaus bürgerliche Lorenz von Stein eine Formel für die Struktur der damaligen Industriegesellschaft gefunden. Diese Formel besagte, daß die Gesellschaft in zwei große, einander direkt gegenüberstehende Klassen Bourgeoisie und Proletariat auseinanderfallen werde, wobei das Proletariat die überwältigende Masse darstellt und die Bourgeoisie die machthabende Minorität. Dieses Gesellschaftsmodell ist gewissermaßen das letzte, bei dem eine Minorität als Elite in führender Funktion hervortritt. Vor allem aber behauptet dieses Modell, daß die Mittelklassen zukünftig völlig verschwinden würden, so daß auch für den modischen Transfer das wichtige Vermittlungsglied wegfallen würde. Es ist klar, daß das Absinken des Kulturgutes beeinträchtigt werden muß, wenn vermittelnde Glieder, in unserem Falle die Mittelklassen, wegfallen. Auf Mode bezogen würde das bedeuten, daß sich bei einer radikalen Verwirklichung dieses Modells der Gesellschaft einzig die verschiedenen Teilgruppen der obersten Elite einen Wettkampf um die Mode liefern würden, während der Rest der Gesellschaft modisch völlig apathisch wäre. Bestenfalls könnte man von diesem Rest annehmen, daß er die Moden von vorgestern aufträgt und ihnen damit eine Art von gespenstischer Nachexistenz sichert, die aber niemals mehr stilbildend sein könnte; denn es ist völlig unvoraussehbar, wie sich beim abgesunkenen Kulturgut die Kulturtrümmer verschiedener zeitlicher Provenienz miteinander mischen.

Viele Beobachter im 19. Jahrhundert haben dies gewiß gespürt, so daß vor allem in England mit John Ruskin schon um die Mitte des 19. Jahrhunderts eine intensive Kritik an den ästhetischen Gestaltungsmöglichkeiten der Gesellschaft ausgesprochen wurde. Damals entstand das Wort von den »grauen Massen« der Arbeiter, die sich aller Kultivierung abhold zeigten, und zwar Männer und Frauen zugleich. Und wenn sich das Strukturmodell der industriellen Gesellschaft seit damals nicht geändert hätte, dann dürfte man wohl annehmen, daß dies bis heute gleichgeblieben wäre.

In Wahrheit sind aber die Prognosen von Karl Marx und Lorenz von Stein nicht nur nicht eingetreten, sondern es hat sich ein neues Strukturmodell der fortgeschrittenen Industriegesellschaften entwickelt, das, genau umgekehrt wie das vorhergegangene, das Gewicht nicht auf die Unterklassen, sondern auf die Mittelklassen im weitesten Sinne legt. Selbstverständlich sind auch heute noch Oberklassen vorhanden, aber ihre führende Funktion, nicht nur in der modischen Gestaltung, ist weitgehend zurückgetreten, wie wir gesehen haben. Ebenso haben sich die Unterklassen umgeformt. Diese bestehen nur noch zu einem kleinen Teil aus Arbeitern, und zwar aus den ungelernten Arbeitern der Industrie und den ungelernten Landarbeitern. Diese beiden Gruppen sind auch nach wie vor modisch unansprechbar. Speziell der ungelernte Landarbeiter wirkt heute noch immer wie eine graue Masse. Wenn wir diese beiden Gruppen zusammennehmen, dann stellen sie aber in der Tat eine Minorität dar. Das ganze Schwergewicht der modernen Gesellschaft liegt heute dagegen in der gesellschaftlichen Mitte. Dies ist leicht einsichtig zu machen.

Am Anfang des Industriekapitalismus sprang in die Augen vor allem die ungeheure Vermehrung der ungelernten Arbeiter, so daß man es den damaligen Beobachtern nicht verargen kann, wenn sie meinten, die Entwicklung werde immer im gleichen Sinne weitergehen. In Wahrheit ist das aber nie der Fall gewesen, der höchste Stand, den die Arbeiterschaft insgesamt, auf alle Erwerbstätigen bezogen, erreicht hat, war rund 50 %. Andererseits haben sich auch innerhalb der Arbeiterklasse ziemlich beträchtliche Verschiebungen ergeben. Von den 50 % aller Erwerbstätigen waren damals 10 % gelernte Arbeiter gegenüber 90 % ungelernte Arbeiter, also ausgesprochene Unterklasse. Heute ist dies ganz anders geworden. Erstens hat die Arbeiterklasse selbst die Tendenz, entweder zahlenmäßig gleichzubleiben oder gar leicht rückläufig zu werden. Zweitens aber hat sich das Verhältnis von ungelernten zu gelernten Arbeitern wesentlich verschoben. Heute finden wir nur noch 20 % Ungelernte auf alle Arbeiter und 80 % Angelernte oder Facharbeiter. Von diesen Facharbeitern sind eine Menge in die ausgesprochene Mittelklasse aufgestiegen, etwa als Techniker oder auch als Betriebsingenieure. Außerdem ist die Vermehrung der Arbeiterschaft insgesamt gegen Ende des 19. Jahrhunderts definitiv zum Stillstand gekommen, während eine neue soziale Klasse aufgestiegen ist, die früher nicht einmal annähernd im gleichen Maße vorhanden war, nämlich die Angestellten. Diese traten aber von Anfang an mit typischen Mittelklassenallüren auf, selbst wenn sie gelegentlich nur ein Abklatsch der alten Mittelklassen waren. So trug auch der Angestellte einen steifen weißen Kragen wie sein Chef; nur war der weiße Kragen aus Gummi und abwaschbar. Der Angestellte trug auch eine Perle in der Krawatte wie sein Chef, aber diese Perle war falsch. Immerhin blieb, daß er eine Krawatte trug, im Gegensatz zum Arbeiter, und daß er von Anfang an alle Einsparungen an seinem Familienbudget vornahm, die er immer nur konnte, um auf Kosten der Lebensmittel die Ausgaben für die Wohnung und vor allem für die Kleidung zu erhöhen. So erscheinen gerade die Vertreter der neuen Angestelltenschaft als stark auf ihre Kleidung und äußere Erscheinung bedacht, selbst wenn es ihnen im Anfang des Jahrhunderts noch sehr schwerfiel und auch während der großen Weltwirtschaftskrise um 1929. Der Angestellte sparte am Essen, um ein neues Erscheinungsbild der Dienstleistungsberufe in der modernen Gesellschaft zu schaffen, während für den Arbeiter Essen und Trinken die wichtigsten Genüsse des Lebens darstellten, außer der Liebe.

Die rapide Zunahme der Angestelltenzahlen wird in allen europäischen Gesellschaften um das Ende des 19. Jahrhunderts deutlich sichtbar. Die Angestellten nehmen zunächst absolut und relativ zu. Diese Feststellung ist aber nicht so interessant. Wichtig ist vielmehr die Relation zwischen Angestellten und Arbeitern in den modernen Gesellschaften. Während im Gebiet des alten Deutschen Reiches in den Jahren 1882 bis 1895 sich das Verhältnis Angestellte pro Arbeiter von 1 : 21 auf 1 : 13 verschiebt, beträchtlich, aber noch immer nicht in die Augen fallend, beträgt dieses Verhältnis um die Mitte des 20. Jahrhunderts 1 : 2,5. Ähnlich ist es in allen anderen Industriegesellschaften. Damit ist endgültig ein Strukturwandel eingetreten, der unseren modernen Gesellschaften ein Gesicht gibt, das von dem des alten Kapitalismus um 1850 grundsätzlich verschieden ist. Die oberen Gruppen der Arbeiterschaft nehmen immer mehr teil am Konsum und an den modischen Gütern des Lebens, wie sie sich auch in der Politik immer mehr nach oben spielen. Daneben steht das Riesenheer der Angestellten, beginnend vom eigentlichen Büropersonal bis hin zu den leitenden Angestellten, die oftmals sogar zu den obersten Einkommensgruppen gehören. Sie alle zeichnen sich dadurch aus, daß sie ihre Arbeit auf den Arbeitsmarkt tragen, also abhängig sind, was wohl den tiefsten Unterschied zu den früheren Formen des alten Mittelstandes ausmacht. Neben ihnen stehen dann noch viele andere Vertreter der Mittelklasse, so etwa alle Überreste der alten Mittelklasse, Handwerker, Gewerbetreibende, Beamte und akademische Berufe. Sie alle zusammen bilden, was wir heute die »gesellschaftliche Mitte« nennen. Sie sind gleichzeitig der Boden, auf den die Massenproduktion der modischen Artikel fällt. Gierig greifen sie nach den neuen Mitteln der ästhetischen Selbstgestaltung, so daß aus dieser gesellschaftlichen Mitte etwas wird, das zutiefst unterschieden ist von jener grauen Masse des 19. Jahrhunderts, deren Selbstgestaltungsmöglichkeiten die Kulturkritiker von damals mit soviel Skepsis betrachteten.

Auch hier waren es übrigens die Frauen, speziell die jungen Frauen, die zuerst von den Mitteln des modischen Konsums Gebrauch machten. Wenn wir etwa die Kultur des Impressionismus betrachten, so werden wir sehen, daß in Frankreich schon seit der Mitte des 19. Jahrhunderts die kleinen weiblichen Angestellten zuerst beginnen, sich modisch zu interessieren. Das gilt bis hinunter zu den Arbeiterinnen, so daß man sagen kann, daß die modische Ansprechbarkeit der Arbeiterklasse über die jungen Mädchen gekommen ist. Das typische Bild eines Sonntags im Moulin de la Galette zeigt neben den Vertretern des traditionellen Bürgertums das kleine Mädchen mit ihrem Arbeiterfreund, der selber nach wie vor ohne Krawatte geht, selbst wenn er einen dunklen Anzug trägt; das Mädchen aber bemüht sich, den anderen Frauen nachzueifern, womit ein sehr stark weiblicher Zug in der modischen Selbstgestaltung der modernen Menschheit hervortritt. Dieser wirkt sich als ein ungeheurer Anreiz auf die Konfektionsindustrie aus, dem diese ihren sagenhaften Aufstieg in den letzten 100 Jahren verdankt. Der Weg geht vom billigen Fähnchen zur gepflegten Konfektion von heute, die mit einem außerordentlich breiten Sortiment für jeden Geldbeutel etwas bringt. Dabei ist es eigenartig zu sehen, daß die Frage des Preises sehr unterschiedlich bewertet wird, wie etwa die unverhältnismäßig hohen Preise der Kosmetikindustrie zeigen, aber auch unverhältnismäßig hohe Preise für Markenartikel der Unterbekleidung vom Schlüpfer bis zum Büstenhalter. Der ästhetische Affektationswert scheint bei diesen Artikeln wirtschaftliche Überlegungen durchaus zu überspielen.

In dieser Mittelklassengesellschaft blieb ein Zug vom Anfang des 19. Jahrhunderts durchgehend erhalten, speziell in den großen Städten, in denen sich dieser neue Lebensstil zuerst entwickelte, also in Paris, London und New York. Während der romantische Dandy um jeden Preis aufzufallen suchte und sich unter Umständen wie Baudelaire die Haare violett färbte und einen gezähmten Hummer an der Leine über den »Boulevard des Italiens« führte, so heißt es jetzt umgekehrt: Falle nicht auf, sei zurückhaltend, wenn auch gepflegt. Das Extrem ist nur noch bestimmten Marginalexistenzen vorbehalten, wie wir schon früher sagten; die neuen Mittelklassen halten jede Exzentrizität im Grunde für geschmacklos. Gleichzeitig muß gesagt werden, daß die spezialisierten Techniker, die in der Entwicklung der heutigen modischen Massenproduktion führend werden, selber diesen Mittelklassen angehören und dementsprechend einen nicht unerheblichen Einfluß auf den Stil der modischen Selbstgestaltung der modernen Gesellschaft ausüben, ganz abgesehen von dem immer wachsenden Perfektionismus in der modernen Konfektion. Gleichzeitig schwindet das Mißtrauen der Vertreter dieser neuen Mittelklassen gegenüber der Leistungsfähigkeit der modischen Industrie mit dem wachsenden technischen Verständnis dieser Mittelklassen und ihrer wachsenden Informiertheit durch die Mittel der Massenkommunikation, wie Zeitungen, Zeitschriften, Film und Fernsehen. Die Bewertung des Menschen erfolgt in dieser Gesellschaft nicht nur nach seinem Einkommen, sondern vor allem nach seinem Ausbildungsstand und seiner äußeren Erscheinung. Damit beginnt der moderne Konsumstil in der Massengesellschaft, und zwar – wie sich immer deutlicher herausstellt – sowohl in den westlichen wie in den sozialistischen Gesellschaften. Im übrigen sind auch die Gesellschaften der Dritten Welt davon nicht ausgenommen, wenn sich hier auch erst das Erscheinungsbild einer sehr kleinen elitären Oberschicht verändert hat.

Selbst wenn die Tendenz besteht, einen relativ einförmigen Konsumstil zu verbreiten, was auch wesentlich mit den technologischen Gegebenheiten der Massenproduktion zusammenhängt, so soll das beileibe nicht heißen, daß nun eine allgemeine Uniformierung stattfindet, selbst auf gehobenem Niveau, wie die Kulturkritiker so gern sagen. Gewiß, der ganz große Unterschied zwischen der alten Oberschicht, etwa in den höfischen Kulturen, und den Unterschichten ist verschwunden. Wenn aber große Differenzen verschwinden, so heißt das noch lange nicht, daß darum auch die kleinen Unterschiede verschwinden müßten. Im Gegenteil, wie schon Alexis de Tocqueville bemerkte, als er in den Vereinigten Staaten zum ersten Male Massenkultur studierte: kleine Unterschiede können viel stärker empfunden werden, wo allgemeine Gleichheit sich durchgesetzt hat. Man könnte sagen, daß in den modernen Massenkulturen der fortgeschrittenen Industriegesellschaften nicht die großen Kontraste, sondern die Nuancen wirken; die Nuance ist der vollkommenste Ausdruck in der zunehmenden Demokratisierung der Gesellschaften. Das gilt nicht nur politisch, das gilt vor allem auch im modischen Konsum.

Die Erweiterung des Konsumfeldes

Aber die Mode erfaßt nicht nur die äußere Hülle in Kleidung, Schmuck und Ornament, sondern sie erfaßt den ganzen Menschen, das war unser Ausgangspunkt. Wir können die Wahrheit dieser Behauptung jetzt nochmals auf die Probe stellen, indem von der modischen Gestaltung nicht mehr nur jene Dinge abhängig sind, die irgendwie direkt oder indirekt mit der Kleidung zusammenhängen, sondern daneben eine Unmenge von anderen Dingen und Verhaltensweisen, ja auch Güter des langfristigen Gebrauchs, sofern sie nur in industrieller Massenfertigung hergestellt werden. Damit werden heute auch diejenigen Güter einer modischen Gestaltung zugänglich gemacht, die sich früher als relativ resistent erwiesen. Das gilt zum Beispiel in ganz ausgesprochenem Maße für die Möbelindustrie; aber selbst die Architekturformen wandeln sich heute schneller, und der modische Rhythmus nimmt sogar Einfluß auf die äußere Gestaltung des Bildes unserer großen Städte.

Entscheidend bleibt bei alldem aber die Erweiterung des Konsumfeldes. Man kann sagen, daß sich die verschiedenen Einzelformen des Konsums außerordentlich differenziert haben. Nehmen wir nur als Beispiel Nahrungsmittel. Schon Thorstein Veblen hatte gezeigt, daß die Raffinierung der Genußmittel eine wesentliche Form der modischen Ausgestaltung der Genußgüter darstellt. Damit ist gesagt, daß jedes Genußgut in einer Fülle von Varianten auf den Markt tritt, die den verschiedenen Geschmacksrichtungen gerecht zu werden versuchen. Es kann dabei nicht ausbleiben, daß mit einer solchen qualitativen Differenzierung auch viel wesentlichere Formen der Differenzierung auftreten, nämlich Ausbildung von Spezialitäten und ähnliches. Weit davon entfernt, daß das Konsumieren der großen Massen zur Eintönigkeit der Güter führen muß, zeigt sich der genau umgekehrte Effekt einer fächerförmigen Erweiterung des Konsumfeldes mit einem außerordentlich feingestuften Angebot. Gilt das schon für jedes einzelne Genußgut, so kann man gleich hinzufügen, daß die absolute Menge der Genußgüter beträchtlich im Wachsen ist. Das wirkt sich zunächst so aus, daß früher regional beschränkte Genußgüter allgemein zugänglich gemacht werden, wie etwa das orientalische Marzipan über Byzanz und die mit Byzanz im Handel stehenden Städte des alten Rußland, wie zum Beispiel Kiew, bis an die Ostseeküste und von dort als Lübecker Spezialität bekannt wurde, um heute überall hergestellt zu werden. Speziell Genußgüter, die die Phantasie reizen, haben die Tendenz, sich außerordentlich schnell räumlich auszubreiten. Man denke nur an die Zigarre und die Zigarette, die sich schnellstens die Welt erobert haben, heute an die Ausbreitung von Haschisch und anderen Rauschmitteln. Aber auch andere Genußgüter wandern ähnlich schnell. Als Marco Polo am Hofe Dschingis-Khans war, lernte er dort eine Menge neuer Nahrungsmittel kennen, die er zunächst nach Venedig mitbrachte, von wo aus sie sich über Italien ausbreiteten. Dann wurden zum Beispiel die Spaghettis, die ursprünglich mongolisch-chinesischen Ursprungs sind, ein Weltnahrungsmittel, das sich weit über Italien hinaus verbreitete und damit sogar seine Funktion veränderte; denn ursprünglich sind Spaghettis ein typisches Arme-Leute-Essen, während sie heute speziell außerhalb Italiens zum Symbol des gehobenen Konsums geworden sind, der als »Spezialität« gesucht wird. Heute haben sich die Restaurants, die italienische Spezialitäten anbieten, bis hin an die amerikanische Westküste verbreitet. In den letzten Jahren machte eine andere Spezialität italienischer Armut einen ebenso blitzschnellen Aufstieg durch, ich denke an die neapolitanische Pizza, die man heute gleich gut in Neapel, Paris, London, New York, San Francisco, São Paolo, Buenos Aires, Sydney oder Tokio bekommen kann.

Die Differenzierung des Konsums erfaßt aber im Grunde den gesamten kulturellen Konsum, wobei wir unter Kulturkonsum die ästhetische Erhöhung der einzig der Erfüllung biologischer Bedürfnisse dienenden »Lebensmittel« verstehen. Kultur beginnt also in der Tat mit der Raffinierung und Differenzierung des Konsums. Kultur beginnt in dem Augenblick, da der Mensch nicht nur konsumiert, um seinen Hunger zu stillen, sondern um ein gleichzeitig vorhandenes ästhetisches Bedürfnis zum Zuge kommen zu lassen, das keineswegs nur individuell bedingt ist, sondern seine Ausgestaltung im sozialen Verkehr der Menschen findet. Damit unterscheidet sich die soziale Gestaltung des Kulturkonsums von einer privaten Marotte: denn die Formen des Konsums, die sozialen Kurswert haben, sind auch alle sozial standardisiert.

Es ist eigenartig zu sehen, daß sich diese Formen des Konsumierens auch in anderen Dimensionen fortpflanzen als den bisher behandelten. Man betrachte nur den Musikkonsum. Dieser hat in der Tat in den letzten 50 Jahren eine ganze Reihe von Umformungen erfahren, die die Stellung des Durchschnittsmenschen zur Musik völlig verwandelt haben. Bereits das

Grammophon hat hierin einen Wandel gebracht, indem es erlaubte, den Musikgenuß aus den Konzertsälen in die Privatwohnung zu tragen. Wie bestimmte Speisen geht auch die Musik in die Konserve. Das Radio hat eine ähnliche Funktion, obwohl in diesem Falle der Hörer stärker vom »Programm« abhängig ist als beim Grammophon, wo er auswählen kann, was ihm gefällt. Im Fernsehen erscheinen ebenfalls regelmäßig musikalische Darbietungen. So wird Musik nicht nur im Konzert oder in der Oper, nicht nur bei der aktiven Hausmusik oder im Männergesangverein, sondern auf andere Weisen noch aufgenommen, die es früher nicht gab. An Stellen, wo regelmäßig viele Menschen zusammenkommen, zur Arbeit, zum Einkaufen oder bei der Benutzung öffentlicher Dienstleistungen des Verkehrs, erfolgt zudem eine dauernde »Berieselung« mit diskreter »Hintergrundmusik«, die aus unserem Leben nicht mehr fortzudenken ist. Die industrielle Produktion bestimmter technologischer Mittel hat dieser technisch bedingten Ausweitung des Konsums Vorschub geleistet.

Gleichzeitig muß gesagt werden, daß dadurch keineswegs das Niveau gesenkt werden muß. Wenn man die traurigen und menschenzerstörenden Klimpereien der höheren Töchter des 19. Jahrhunderts und die Grölereien betrunkener Männergesangvereine vergleicht mit den Leistungen der modernen Grammophonindustrie und der großen Radioanstalten, dann ist wohl klar, daß sich genau umgekehrt ein Perfektionismus entwickelt hat, der ohnegleichen ist. Des weiteren erlauben auch die höchst differenzierten Informationen über die Darbietungen dieser Massenkommunikationsmittel mit Hilfe eigener Programmzeitschriften und mit Hilfe einer wachsenden Vertrautheit mit diesen neuen Instrumenten eine entsprechend differenzierte Verwendungsart, so daß wiederum nicht von Nivellierung gesprochen werden kann.

Die Erweiterung des Konsumfeldes ist in der Tat ein wesentlicher struktureller Faktor der modernen Gesellschaften. Das heißt mit anderen Worten, daß diese Art des Konsumierens bedingt ist durch Faktoren, die von dieser Gesellschaft nicht abgetrennt werden können. Dazu gehört vor allem die völlig veränderte Form der Freizeit. Wir haben schon darauf hingewiesen, wie die Freizeit in ganz anderer Weise als früher die Menschen regelmäßig in die Zentren der großen Städte bringt, wo sie instand gesetzt werden, das Warenangebot der modischen Industrien zu betrachten. Darüber hinaus aber entstehen völlig neuartige Bedürfnisse dadurch, daß der Mensch heute nicht nur konsumiert, um seine in der Arbeit verbrauchten Kräfte wiederherzustellen, sondern daß der Konsum bestimmter Güter eine Tätigkeit für sich, ganz unangesehen ihrer Zweckbestimmung, wird.

Ohne sich in phantastischen Utopien zu ergehen, kann man sagen, daß der ganze Komplex, der mit dem Wort »Tourismus« angesprochen ist, eine solche entscheidende Modifikation alter Lebensformen darstellt. Dabei denken wir nicht an den alten Einzeltourismus, der etwa früher die Söhne großer aristokratischer Familien mit einem begleitenden Mentor auf die »Grand Tour« schickte, manchmal sogar für Jahre, sondern an den Massentourismus. Der Massenproduktion der modernen Industrie entspricht die auf die Massen der Erholungsuchenden ausgerichteten Dienstleistungsgewerbe, dazu kommt seit den zwanziger Jahren in Frankreich die gesetzlich gesicherte Einrichtung der »vacances payés« (bezahlte Ferien), die eine notwendige Konsequenz der Beschränkung der Arbeitszeit in der modernen Industrie darstellen. Als Karl Marx den Acht-Stunden-Tag als den »Sieg eines Prinzips« bezeichnete, konnte er nicht ahnen, was sich daraus im letzten Drittel des zwanzigsten Jahrhunderts entwickeln sollte.

Diese Dimension des Freizeitkonsums hat zweifellos viele spielerische Momente. Dies entspricht der Freiheit, die sich in der Muße eröffnet, übt aber weiterhin einen außerordentlichen Druck auf die Produktionssphäre aus. Alle die Güter, die in der Freizeitgestaltung eine Rolle spielen, sind aber ebenfalls modisch stärkstens ansprechbar. So eröffnet sich jenseits der industriellen Arbeitswelt ein ganzer großer Bereich von Verhaltensarten, Gütern und Genußweisen, die durch und durch ästhetisch geformt sind und ebenfalls dem Gesetz der Mode gehorchen in der Wandelbarkeit ihrer Formen.

Die neue Linie

Hier macht sich in der modernen Kulturkritik regelmäßig eine recht negative Stimmung bemerkbar, die diese neuen Formen des Konsumierens, die gegenüber früher in der Tat beträchtlich erweitert sind, einfach als Ausdruck einer gierigen Unersättlichkeit darstellen zu können glaubt. Selbst bei Theoretikern werden hierbei gelegentlich Einstellungen spürbar, die alles andere als sachlich sind. So wird zum Beispiel regelmäßig das wirtschaftstheoretische Modell, das für das Ganze der Volkswirtschaft höchst brauchbar ist, nach dem in der Marktwirtschaft die Grundsätze der »unbegrenzten« Bedürfnisse des Menschen nur begrenzten (also knappen) Mitteln gegenüberstehen, auf das Verhalten des einzelnen Konsumenten übertragen. Dabei werden gleich mehrere Fehler begangen. Vor allem aber wird vergessen, daß die Wirtschaft heute nicht mehr aus der Knappheit erwächst, sondern aus der Steuerung des Überflusses. Ferner ist es völlig abwegig zu meinen, die Bedürfnisse des letzten Konsumenten seien unbegrenzt; denn niemals ist das Verhalten eines konkreten Menschen unbegrenzt, sondern geformt von Brauch, Sitte und Tradition, letztens aber von der Mode. So steht also im wirklichen Konsum keineswegs ein isoliertes Wirtschaftssubjekt einem übermächtigen Angebot gegenüber, so daß es einfach zu Kaufakten verführt werden könnte; vielmehr heißt konsumieren immer noch auswählen, auswählen aus einem breiten Sortiment von Möglichkeiten, die heute, selbst für die einfachsten Lebensbedürfnisse, gegeben sind. Auf dem wirklichen Markt, auf dem wir unsere alltäglichen Beschlüsse fassen, reagieren wir primär nicht wie das abstrakte Wirtschaftssubjekt der Theorie, sondern vor allem als sozialkulturelle Wesen, das heißt aber, daß unsere Bedürfnisse in dieser Dimension keineswegs grundsätzlich unbegrenzt, sondern im Gegenteil immer sozial und kulturell determiniert und gleichzeitig durch die Regeln der Schicklichkeit deutlich begrenzt sind. Modisches Verhalten führt also nicht nur zum Auswählen, sondern genauso auch zur Selbstbegrenzung, wie jede Gestaltung des Lebens diesem Grenzen setzt. Damit allein ist schon eine Quelle sehr schwerwiegender Vorurteile mindestens teilweise verstopft. Von einer maßlosen »Steigerung der Besitzwünsche«, wie es etwa so schön heißt, kann also nicht die Rede sein, wenn auch zugestanden werden muß, daß sich Konsumstile zu verändern vermögen, wenn auch langsam, und daß sie sich vor allem beträchtlich ausweiten können. Da jedoch alles Konsumieren Gewohnheiten ausbildet und gleichzeitig kultureller Normung unterliegt, kann von vornherein angenommen werden, daß sich nach allen, eventuell sogar sprunghaften, Veränderungen das Leben wieder auf relativ stationäre Stile einspielt.

Das wirft noch einmal die Frage auf, unter welchen Bedingungen sich solche Stile zu verändern vermögen. Auch hier greift wieder bei den Kulturkritikern ein Argument ein, das von den meisten nicht in Zweifel gezogen wird, obwohl es bei näherer Prüfung höchst fragwürdig ist. Zumeist wird nämlich ganz einfach entschieden, daß der wesentliche Anlaß für eine

Veränderung des Konsumstiles in der Hand der »geheimen Verführer« liegt, das heißt durch die Werbung verursacht wird. Es soll nun keineswegs geleugnet werden, daß die Werbung in den fortgeschrittenen Industriegesellschaften eine große Rolle spielt, aber es fragt sich, welches diese Rolle eigentlich ist.

Zunächst wird alle Werbung, durch die eingefahrenen Gewohnheiten und die allgemein anerkannten Konsumnormen hindurchgefiltert, deren große Bedeutung für die Gestaltung des Alltagslebens wir schon erkannt haben. Damit geschieht, daß die Werbung selbst modischen Impulsen unterliegt. Weit davon entfernt, modischen Wandel zu erzeugen, ist die Wandlung im Stil der Werbung meistens das erste Symptom für einen eingetretenen modischen Wandel. Was abstrakt als Ursache angesprochen wird, ist also in Wahrheit Ergebnis.

Darüber hinaus stoßen aber die von der Werbung ausgehenden Impulse noch auf andere Gruppenmeinungen, zum Beispiel die Vorurteile der sozialen Klassen (es gibt verschiedene Konsumstile in den Ober-, Mittel- und Unterklassen), oder die Konsumstile verschiedener kultureller Regionen (Nord- oder Südeuropa, Osteuropa), schließlich die Differenz zwischen allgemeinen Lebensstilen wie Stadt- und Landkultur, Binnenland- und Küstenkultur, Flachland- und Gebirgskultur. In allen diesen Fällen handelt es sich also nicht um private oder individuelle Vorstellungen, Neigungen oder Aversionen, sondern um gruppenhaft geprägte Traditionen von zeitlich zum Teil beträchtlicher Reichweite.

Abgesehen von der Wirkung dieser umfassenden Gruppenzusammenhänge, die feste Gewohnheiten ausbilden, gibt es aber noch zahlreiche kleinere Gruppen, die für die Gestaltung des Konsums von ebenso großer Bedeutung sind. Dazu gehören vor allem die Familiengruppe und die Gruppe am Arbeitsplatz für die Erwachsenen, für die Jugendlichen beiderlei Geschlechts vor allem die Gruppen Gleichaltriger.

Hier werden die Fragen des Konsums, der Schicklichkeit, der Etikette, des Takts und des Geschmacks eingehend diskutiert. Das Ergebnis ist wie oben eine ausgesprochene Ablenkung und Umformung der von der Werbung ausgehenden Impulse durch den Umstand, daß diese kaum jemals auf isolierte Individuen treffen, sondern in der überwältigenden Mehrzahl der Fälle auf Gruppen mit sozial geprägten Vorstellungen und Gewohnheiten, die unter den von außen herangebrachten Reizen eine sorgfältige Auswahl treffen. Dabei spielt die Diskussion der verschiedenen Vor- und Nachteile des Angebots eine wichtige Rolle. So wird die Familiendiskussion ein wichtiges Werkzeug bei der Schaffung der Markttransparenz, so daß überhaupt keine Rede davon sein kann, daß der »Normalverbraucher« schutzlos den Mächten der Wirtschaft preisgegeben sei. Umgekehrt: Jedes Angebot der Wirtschaft hat sich vor dem Bollwerk dieser kulturellen und sozialen Schranken, die dem Konsum gesetzt sind, zu bewähren, bevor es akzeptiert wird. Die Wirtschaft beweist übrigens ein wachsendes Verständnis dafür, indem sie mehr und mehr zu Markt- und Meinungsanalysen greift, um sich Einblick in dieses Motivationsspiel des Konsumenten zu verschaffen, von dem der Erfolg einer Produktion letztlich abhängt. Von einer völlig widerstandslosen »Manipulation des Konsumenten« kann also in keiner Weise die Rede sein.

Unter dem Eindruck dieser Ergebnisse hat sich auch die Werbung in den letzten 25 Jahren beträchtlich verändert. Sie ist heute nicht mehr so sehr Lobpreisung eines gegebenen Artikels (das Beste, Größte, Feinste, Billigste usw.), sondern sie informiert zunächst ganz einfach über das neue Konsumgut und ordnet es ein in den Alltag des Lebens. Außerdem beginnt die Werbung mehr und mehr den Ort zu wechseln, indem sie von einer Information zu einem Bestandteil des Konsumguts selber wird, etwa in Form einer gefälligen Verpackung oder in einer ästhetisch neuartigen Gestaltung des betreffenden Gutes in Form des »industrial design« als Ausdruck der neuen Linie – letzteres insbesondere bei den mehr dauerhaften Gütern des Gebrauchs, von Möbeln bis zu Haushaltsmaschinen, von Füllfederhaltern bis zum Automobil. Hier geht die werbende Wirkung vom betreffenden Gute selber aus, das durch die neuartige Formgestaltung zugleich zu einem Bestandteil der modernen Kultur wird. Die Stromlinienform ist in dieser Hinsicht mehr als ein Formelement: Sie ist die Selbstdarstellung bestimmter Güter als sozial anerkanntes Element des Konsums in einem neuen Kulturstil, eben der Kultur der fortgeschrittenen Industriegesellschaften mit ihrer neuartigen Produktgestaltung.

Aus diesem neuen Kulturstil erwächst dann letztlich die »Erwartung«, mit der die menschlichen Gruppen an das Leben und an das wirtschaftliche Marktangebot herantreten. Diese Erwartung bestimmt die Auswahl aus dem ungeheuren Güterangebot und auch die Mengenverhältnisse zwischen Gütern verschiedener Art. Dies gilt vor allem für das Verhältnis zwischen dem Aufwand für Lebensmittel im Familienbudget und dem Aufwand für Ausstattung und Größe der Wohnung, für Kleidung, für Ausbildung, für Kultur- und Freizeitbedürfnisse. Nichts widerspricht so sehr der kritiklosen Annahme von der unermeßlichen Vermehrbarkeit unserer Bedürfnisse wie die auffälligen Regelmäßigkeiten in der Beschränkung der Ausgaben für Lebensmittel, wenn man mit anderen Posten vergleicht.

Der Hunger des Menschen ist in der Tat relativ schnell

gestillt. Das hat ein interessantes Ergebnis im Gefolge: Wo nämlich allgemein der Reallohn steigt, wie in allen demokratischen Industriegesellschaften, wird ein relativ immer kleinerer Anteil des Familienbudgets für Lebensmittel ausgegeben. Das hat wiederum ein unmittelbares relatives Ansteigen der Beträge zur Folge, die entweder für eine komfortablere Wohnweise aufgewendet werden können oder für andere Konsum- und Gebrauchsgüter. So findet eine allmähliche Verschiebung auf dem Markt statt, wie sie für die fortgeschrittenen Industriegesellschaften so bezeichnend ist, indem eine ganze Reihe von neuen Möglichkeiten des Konsums aufgeschlossen werden. Gerade dabei werden aber auch immer mehr Güter der modischen Gestaltung unterworfen, die von einer Randerscheinung des Lebens heute zu einem Marktprinzip geworden ist, in dem die »großen Massen« sich einig sind.

Jenseits der Verschönerung eines für die Mehrheit der Menschen schwer und unerbittlich gewordenen Lebens, jenseits dessen, daß sie mit ihrem spielerischen Charakter eine Freiheit eigener Art aufleuchten läßt, wo sonst nur Zwang und Notwendigkeit herrschen, ist heute die Mode zu einem der wesentlichsten Medien für die Selbstgestaltung der großen Massen geworden. Darin liegt sicher ihre größte Leistung. Die Mode vermag es in der Tat, mit den ihr eigenen, bescheidenen Mitteln den scheinbar chaotischen Massen in unseren Gegenwartsgesellschaften ein eigenes Profil und damit einen ersten Ansatz zur Formgebung zu schaffen.

Anhang mit einigen Literaturhinweisen

Wir beabsichtigen keineswegs, mit diesem Anhang eine eigentliche Bibliographie der Literatur über die Mode zu geben. Da die Zahl derer, die sich mit der Mode befaßt haben, Legion ist, würde eine solche Bibliographie den Rahmen sprengen, den man vernünftigerweise dafür zur Verfügung stellen kann. Wir möchten auch darauf hinweisen, daß man in einer Vollständigkeit beanspruchenden Bibliographie auch jene vielen nebenbei gemachten Bemerkungen mit aufnehmen müßte, wie man sie bei Dichtern, Romanschriftstellern, Literaten und Kulturkritikern aller Art findet und die manchmal aufschlußreicher sind als dickleibige Bücher. Die Faszinationskraft des Phänomens der Mode ist eben so groß, daß sie sich überall auswirkt und Stellungnahmen erzwingt. Aus diesem Grunde sollen hier für die einzelnen Abschnitte der vorgehenden Abhandlung nur jene Schriften genannt werden, die entweder direkt zitiert werden oder denen der Verfasser entscheidende Anregungen verdankt.

Für und wider die Mode: WILLIAM GR. SUMNER, Folkways. A Study of the Sociological Importance of Usages, Manners, Customs, Mores, and Morals, zweite Aufl. Boston 1913; SIGMUND FREUD, Vorlesungen zur Einführung in die Psychoanalyse, in: Gesammelte Schriften, Band VII, Leipzig-Wien-Zürich 1924; ders., Totem und Tabu, in: Ges. Schriften, Band X, Leipzig-Wien-

Zürich 1924; J. C. FLUGEL, The Psychology of Clothes, 3. Aufl. London 1950; EDMUND BERGLER, Fashion and the Unconscious, New York 1923. INGRID BRENNINKMEYER, The Sociology of Fashion, Opladen 1963.

Inhalt und Form des modischen Verhaltens: Über die Mode als Wandel von kurzfristigem Charakter vor allem S. R. STEINMETZ, Die Mode, in: Gesammelte kleinere Schriften zur Ethnologie und Soziologie, Band III, Groningen 1935; man vergleiche auch den Artikel »Mode« des gleichen Verfassers in: Handwörterbuch der Soziologie, herausg. von A. VIERKANDT, Stuttgart 1931.

Neuere Geschichten der Mode: J. LAVER, Style in Costume, London 1949; H. H. HANSEN, Histoire du Costume, Paris 1956.

Die Mode erfaßt den ganzen Menschen: Über den Kristallisationsprozeß berichtet schon STENDHAL in seinem Essai sur l'amour, 1822. A. L. KROEBER, Order in Changes of Fashion und: Three Centuries of Women's Dress Fashions: A Quantitative Analysis, beides in: A. L. KROEBER, The Nature of Culture, Chicago 1952.

Wandel und Beharrung: Man vergleiche dazu vor allem die schon erwähnten Schriften von S. R. STEINMETZ; RICHARD ALEWYN, Formen des Barock, in: Corona X, 6. ROLAND BARTHES, Système de la mode, Paris 1967.

Wurzeln und Verzweigungen: Zu dem geschilderten »Aufsitzen« der Mode auf bestimmten allgemein-menschlichen (anthropologischen) Grundverhältnissen vgl. NICOLAI HARTMANN, Das Problem des geistigen Seins, Berlin 1932.

Modisches Verhalten bei Tieren und Kindern: Zu den Spielen der Affen vgl. WOLFGANG KÖHLER, KARL GROOS und andere. Zum Verhalten von Kindern vor allem die verschiedenen Werke von JEAN PIAGET. Über das Lächeln schon GEORGES DUMAS, Le sourire. Psychologie et physiologie, Paris 1906; HELMUTH PLESSNER, Lachen und Weinen, München 1950. KONRAD LORENZ, Über tierisches und menschliches Verhalten, 2 Bände, München 1965. W. H. Thorpe, The Concept of Ritualisation, in: W. H. THORPE and O. L. ZANGWILL, Hrsg., Current Problems in Animal Behaviour,

Cambridge 1961. J. Eibl-Eibesfeld, Grundrisse der vergleichenden Verhaltensforschung, München 1967.

Das Neue, die Neugier und der New Look: Zum Problem der Neugier vgl. vor allem Hans von Blarer, Die Neugier, Basel 1951.

Schauen und Sich-beschauen-Lassen: Sigmund Freud, Zur Einführung des Narzißmus, in: Gesammelte Schriften, Band VI, Leipzig-Wien-Zürich 1925.

Schmuck und Auszeichnung: Richard Thurnwald, Werden, Wandel und Gestaltung von Staat und Kultur, Berlin und Leipzig 1935; Herbert Spencer, Die Prinzipien der Soziologie, 4 Bände, Stuttgart ohne Datum, insbesondere Band III, 4. Teil: Die Herrschaft des Ceremoniells; über den Ausdruck Schmuckgeld siehe Wilhelm Gerloff, Die Entstehung des Geldes und die Anfänge des Geldwesens, Frankfurt 1940, 3. Aufl. 1947. John Adair, The Navajo and Pueblo Silversmiths, University of Oklahoma Press 1965.

Das Wiedererkennen: Diese Seite der Mode wurde vor allem von Fausto Squillage, La moda, Roma 1912, unterstrichen.

Über Kinderkleidung neuerdings Philippe Ariès, L'enfant et la vie familiale. Paris 1960.

Rivalität und Wettbewerb: Über das Potlatch vgl. Marcel Mauss, Essai sur le don, wieder abgedruckt in dem Sammelband Sociologie et anthropologie, Paris 1950; Georges Davy, La foi jurée, Paris 1922; ders., Des clans aux empires, Paris 1923; Jean Huizinga, Homo Ludens, Basel 1939; Helen Codere, Fighting with Property, New York 1950; Ruth Benedict, Patterns of Culture, zuerst 1934, in Mentor Books 1946, deutsche Übers. in Rowohlts Deutscher Enzyklopädie 1956; Thorstein Veblen, The Theory of the Leisure Class, zuerst 1899; dtsch: Theorie der feinen Leute. Köln 1958.

Abhebung und Anerkennung: Edmond Goblot, La barrière et le niveau, Paris 1925.

Die Nachahmung: Gabriel Tarde, Les lois de l'imitation, Paris 1890; Georg Simmel, Philosophie der Mode, Berlin 1905.

Akteure und Zuschauer: ALFRED VIERKANDT, Gesellschaftslehre, 2. Aufl., Stuttgart 1928.

Zeremonielles Verhalten und Etikette: vgl. dazu die verschiedenen bereits erwähnten Werke von W. GR. SUMNER, H. SPENCER u. a.

Der Prozeß der Zivilisation und die Scham: J. HAESAERT, Etiologie de la répression des outrages publics aux bonnes mœurs, Paris 1931; NORBERT ELIAS, Über den Prozeß der Zivilisation, zwei Bände, Basel 1939, Neuausgabe Bern-München 1969.

Die erste Erweiterung des modischen Verhaltens: Man vgl. dazu die verschiedenen Geschichten der Mode von MAX VON BOEHN und anderen.

Die Mode in der bürgerlichen Gesellschaft: Vgl. zum 19. Jahrhundert insbes. DOLF STERNBERGER, Panorama, 2. Aufl. Frankfurt 1956.

Männlicher Puritanismus gegen weibliche Mode: Man vgl. allgemein zum Problem des Puritanismus in der modernen Wirtschaftsgesellschaft die Werke von MAX WEBER und seiner Nachfolger. RENÉ KÖNIG, Mode und Erotik, in: R. KÖNIG, Soziologische Orientierungen, Köln 1965.

Über die Bedeutung von Jacques Offenbach: SIEGFRIED KRACAUER, J. Offenbach und das Paris seiner Zeit. Amsterdam 1937; ALPHONS SILBERMANN, Das imaginäre Tagebuch des Herrn Jacques Offenbach. Berlin-Wiesbaden, 1960.

Die Mode ergreift die großen Massen: Man vgl. dazu allgemein die verschiedenen Strukturanalysen der modernen Gesellschaft, zum Beispiel RENÉ KÖNIG, Soziologie heute, Zürich 1949; ders., Soziologie der Großstadt, in: R. KÖNIG, Hrsg., Handbuch der empirischen Sozialforschung, Bd. 2, Stuttgart 1969. Über Kosmetik HANS FREYTAG, Die soziale Bedeutung der Kosmetik, in: Parfümerie und Kosmetik, Bd. 52 (1971). Vergl. auch W. E. J. SCHNEIDRZIK, Kosmetische Chirurgie, Düsseldorf 1970. Ebenso R. KÖNIG, Kosmetik als soziokulturelles Problem, in: Kosmetologie I (1971).

Die soziale Ausbreitung der Mode in der Gegenwart: PAUL NYSTRÖM, Economics of Fashion, New York 1928.

Mode und Massenkonsum. ERNEST ZAHN, Soziologie der Prosperität. Wirtschaft und Gesellschaft im Zeichen des Wohlstandes, München dtv 1964 (ursprünglich Köln 1960). RENÉ KÖNIG, Soziologische Orientierungen, Köln 1965. ERWIN K. SCHEUCH, Soziologie der Freizeit, in: R. KÖNIG (Hrsg.), Handbuch . . ., Bd. 2.

Sachregister

Namenregister

C. D. Darlington

Die Entwicklung des Menschen und der Gesellschaft

Eine Kulturgeschichte
dms — das moderne sachbuch — Band 100
908 Seiten, Leinen, 32,— DM

Inhalt:

Teil I: Die Grundlagen; *Teil II:* Vorausplanende Gesellschaften; *Teil III:* Ausbreitung der Völker; *Teil IV:* Die Entwicklung von Imperien; *Teil V:* Die Weltreligionen; *Teil VI:* Der Aufstieg Europas; *Teil VII:* Gesellschaften im Konflikt; *Teil VIII:* Andere Welten; Schlußfolgerungen: Mensch und Gesellschaft

Der angesehene englische Genetiker C. D. Darlington sieht die Menschheitsgeschichte als eine Geschichte der Stämme und Klassen, der Rassen und Religionen, die alle durch ganz bestimmte Erbanlagen charakterisiert sind und entwickelt aus den Forschungsergebnissen der modernen Genetik eine neue, Akzente setzende, faszinierende Kultur- und Gesellschaftsgeschichte der Menschheit.
Darlingtons Buch ist eine Provokation. Ein intellektueller Außenseiter schockiert das wissenschaftliche Establishment, indem er neue Perspektiven der Geschichtsschreibung eröffnet und alle historisch Interessierten mit stilistischer Brillanz und einer Fülle von aufsehenerregendem Material in seinen Bann zieht.

Econ Verlag GmbH · Düsseldorf · Wien

Heinz-Josef Stammel

Das waren noch Männer

Die Cowboys und ihre Welt

432 Seiten und 32 Seiten Abbildungen, Leinen, 25,– DM

Inhalt: Im Anfang war der Hirte / Steaks haben vier Beine / Das Jahr der Entscheidung / Entdecker im Sattel / Prärie-Aristokratie / Ein Prärie-Supermarkt und der Chisholm-Trail / Die Rinderstädte / Dodge City, das Gomorra der Prärie / Das Sexualleben der Cowboys / Das große Treiben / Dem Nordstern entgegen / Die Ranch: Heimstatt der Zentauren / »Winterjob« und Viehdiebstahl / Hanfkrawatten und Sechsschüsser / Sippenfehden und Dornbusch-Vendettas / Weidekriege / Cowboy-Dämmerung / Chronisten und Mythos

»Heavens! Es gibt noch Bücher. Diese Kulturgeschichte der Cowboys hat den Zelluloidwestern den Krieg erklärt. H. J. Stammel schreibt, wie's wirklich war, und er weiß es genau: Sein Quellenmaterial bildet die in Europa umfangreichste Sammlung authentischer Schriftstücke der amerikanischen Pioniergeschichte. Was er daraus an aufregenden Berichten mosaikhaft zusammengesetzt hat, das stürzt unser Bild vom gewalttätigen Mann mit der Puritanerethik völlig um. Das mit immer wieder überraschenden Zeugnissen gespickte Werk hat trotz der Fülle seiner zahllosen Episoden und Details nicht an Übersichtlichkeit, nicht am Fluß seines eingängigen Erzählstils eingebüßt.«

Frankfurter Allgemeine